I0528265

La serie del Santo Hacedor

Meditaciones diarias de Pascua a partir de las obras de San Alfonso

San Alfonso de Liguori

Sensus Fidelium Press

Gastonia, North Carolina

Copyright © 2024 Sensus Fidelium Press

Todos los derechos reservados.

Publicado originalmente por R. Washbourne, Londres y M. H. Gill & Son, Dublín, Irlanda. La edición de Sensus Fidelium Press ha sido reimpresa, con ortografía y lenguaje actualizados. Prohibida la reproducción total o parcial de este libro sin permiso escrito del editor.

ISBN: 978-1-962639-55-2

Para más información, visite sensusfideliumpress.com

ORACIONES DIARIAS

Oraciones de la mañana y de la noche

ORACIONES DE RITO LATINO

Ofrenda de la mañana

Oh JESÚS, por el Inmaculado Corazón de María, Te ofrezco mis oraciones, trabajos, alegrías y sufrimientos de este día por todas las intenciones de Tu Sagrado Corazón, en unión con el Santo Sacrificio de la Misa en todo el mundo, en reparación por mis pecados, por las intenciones de todos nuestros Asociados y en particular por la intención del Apostolado de la Oración.

Acto de Fe

Oh MI Dios, creo firmemente que Tú eres un solo Dios en Tres Divinas Personas, Padre, Hijo y Espíritu Santo. Creo que Tu Divino Hijo se hizo hombre y murió por nuestros pecados, y que vendrá a juzgar a vivos y muertos. Creo éstas y todas las verdades que enseña la Santa Iglesia Católica, porque Tú las has revelado, que no puedes engañar ni ser engañado.

Acto de esperanza

Oh Dios mío, confiando en tu omnipotente poder y en tu infinita misericordia y promesas, espero obtener el perdón de mis pecados, el auxilio de tu gracia y la vida eterna, por los méritos de Jesucristo, mi Señor y Redentor.

Acto de Caridad

Oh Dios mío, Te amo sobre todas las cosas, con todo mi corazón y toda mi alma, porque Tú eres todo bueno y digno de todo amor. Amo a mi prójimo como a mí mismo por amor a Ti. Perdono a todos los que me han herido y pido perdón a todos los que yo he herido.

Oraciones para el día siguiente

Gracia en las comidas

Antes:

Bendícenos, Señor, y bendice estos dones que vamos a recibir de tu generosidad. Por Cristo nuestro Señor. Amén.

Después:

Te damos gracias, Dios todopoderoso, por todas tus misericordias. Que vives y reinas por los siglos de los siglos. Amén.

Acto de Comunión Espiritual

Jesús mío, creo que Tú estás presente en el Santísimo Sacramento. Te amo sobre todas las cosas y deseo recibirte en mi alma. Ya que en este momento no puedo recibirte sacramentalmente, ven al menos espiritualmente a mi corazón. Te abrazo como si ya estuvieras allí y me uno totalmente a Ti. No permitas nunca que me separe de Ti. Amén.

Oraciones de Consagración al Corazón Inmaculado de María

Reina mía, Madre mía

¡Reina mía, Madre mía! Me entrego enteramente a ti, y para mostrarte mi devoción te consagro hoy, mis ojos, mis oídos, mi boca, mi corazón todo mi ser sin reservas. Por tanto, buena Madre, ya que soy tuyo, guárdame y defiéndeme como tu propiedad y posesión. Amén.

Oh (Santa) María, por tu Inmaculada Concepción, purifica mi cuerpo y santifica mi alma.

Oración a San José

Bendito José, esposo de María, acompáñanos en este día. Protegiste y amaste a la Virgen; amando al Niño Jesús como a tu hijo, lo rescataste del peligro de muerte. Defiende a la Iglesia, la Casa de Dios, adquirida por la Sangre de Cristo.

Guardián de la Sagrada Familia, acompáñanos en nuestras pruebas. Que tus oraciones nos obtengan la fuerza para huir del error y luchar contra los poderes de la corrupción, para que en la vida crezcamos en santidad y en la muerte nos regocijemos con la corona de la victoria. Amén.

ORACIIONES BIZANTINAS

ORACIONES INICIALES

En el Nombre del Padre, + y del Hijo, y del Espíritu Santo.

Gloria a Ti, oh Dios; gloria a Ti.

Oh Rey Celestial, Consolador, Espíritu de Verdad, Tú estás presente en todas partes y llenas todas las cosas. Tesoro de bendiciones y dador de vida, ven y habita en nosotros, límpianos de toda mancha y salva nuestras almas, oh bondadoso Señor.

Santo Dios, + Santo y Poderoso, Santo e Inmortal, ten piedad de nosotros. (3 veces)

Gloria al Padre, + y del Hijo, y del Espíritu Santo, ahora y siempre y por los siglos de los siglos. Amén.

Oh Santísima Trinidad, ten piedad de nosotros; Oh Señor, límpianos de nuestros pecados; Oh Maestro, perdona nuestras transgresiones; Oh Santo, ven a nosotros y cura nuestras dolencias por amor de Tu Nombre.

Señor, ten piedad. (3 veces)

Gloria al Padre, + y del Hijo, y del Espíritu Santo, ahora y siempre y por los siglos de los siglos. Amén.

Padre nuestro, que estás en los cielos, santificado sea tu Nombre; venga a nosotros tu Reino, hágase tu voluntad en la tierra como en el Cielo. Danos hoy nuestro pan de cada día; y perdona nuestras ofensas como también nosotros perdonamos a los que nos ofenden Y no nos dejes caer en la tentación, mas líbranos del mal.

Porque Tuyo es el reino y el poder y la gloria, Padre, + Hijo y Espíritu Santo, ahora y siempre y, por los siglos de los siglos. Amén.

ORACIONES DE LA MAÑANA

Despertando del sueño, te adoro, oh Dios bendito; y te ofrezco el Himno Angélico, oh poderoso Señor: ¡Santo, santo, santo eres Tú, oh Dios! Por intercesión de Tus Huestes celestiales, ten piedad de mí.

Gloria al Padre, + y del Hijo, y del Espíritu Santo:

Oh Señor, Tú me has levantado de mi lecho y del sueño; ahora ilumina mi mente, abre mi corazón y mis labios para que pueda cantarte, oh Santísima Trinidad: Santo, Santo, Santo eres Tú, oh Dios. Por las oraciones de todos Tus Santos, ten piedad de mí.

Ahora y siempre, y por los siglos de los siglos. Amén.

El Juez vendrá de repente, y los hechos de todos saldrán a la luz. Temeroso, grito al amanecer: ¡Santo, santo, santo eres Tú, oh Dios! Por las oraciones de la Madre de Dios, ten piedad de mí. Señor, ten piedad. (12 veces)

Te doy gracias, Santísima Trinidad. Por Tu gran bondad y Tu infinita paciencia, no te enojaste conmigo, un ser perezoso y pecador; ni me destruiste a causa de mis transgresiones. Pero, como siempre, Tú has mostrado Tu amor por nosotros; y me has levantado cuando yacía desesperado, para que pudiera recitar estas oraciones y cantar las alabanzas de Tu poder. Ilumina los ojos de mi entendimiento, para que pueda meditar en Tus Palabras, comprender Tus Mandamientos y cumplir Tu Voluntad. Abre mi boca para que pueda cantarte en sincera alabanza; y para que pueda proclamar Tu Santísimo Nombre, Padre, + Hijo, y Espíritu Santo, ahora y siempre y, por los siglos de los siglos. Amén.

Venid, adoremos al Rey, nuestro Dios.

Venid, adoremos a Cristo, Rey y Dios nuestro.

Venid, adoremos y postrémonos ante el único Señor Jesucristo, el Rey y nuestro Dios.

Se recita ahora el Salmo del Arrepentimiento (Salmo 50) u otro salmo apropiado.

SALMO 50:

Oh Dios, ten piedad de mí en la grandeza de tu amor; en la abundancia de tus entrañables misericordias borra mi ofensa. Lávame a fondo de malicia y límpiame de pecado; porque soy muy consciente de mi malicia, y mis pecados están siempre delante de mí. Sólo a Ti he ofendido, he hecho lo que es malo a Tus ojos; por tanto, Tú eres justo en Tus obras y triunfante en Tu juicio. He aquí, yo nací en iniquidades, y en pecados me concibió mi madre. Pero Tú eres el Amante de la Verdad; Tú me has mostrado las profundidades y los secretos de Tu sabiduría. Lávame con hisopo, y seré puro; purifícame, y seré más blanco que la nieve. Hazme oír sonidos de alegría y de fiesta; se alegrarán los huesos que estaban afligidos. Aparta Tu rostro de mis ofensas, y limpia todos mis pecados. Crea en mí, oh Dios, un corazón sin mancha; renueva un espíritu firme en mi pecho. No me alejes de Tu rostro; no quites de mí Tu bendito Espíritu. Devuélveme el gozo de Tu salvación, y que habite en mí Tu Espíritu guiador. Enseñaré Tus caminos a los pecadores, y los impíos volverán a Ti. Líbrame de la culpa de sangre, oh Dios, mi Dios salvador, y mi lengua cantará alegremente Tu justicia. Oh Señor, Tú abrirás mis labios, y mi boca declarará Tu alabanza. Si Tú hubieras deseado sacrificio, yo lo habría ofrecido, pero Tú no estarás satisfecho con ofrendas quemadas enteras. El sacrificio para Dios es un espíritu contrito; un corazón aplastado y humillado Dios no despreciará. En tu bondad, Señor, sé generoso con Sión; que se restauren los muros de Jerusalén. Entonces te deleitarás en la oblación justa, en el sacrificio y en las ofrendas quemadas. Entonces ofrecerán terneros sobre Tu altar.

CREDO DE NICENA:

Creo en un solo Dios, Padre todopoderoso, Creador del cielo y de la tierra, de todo lo visible y lo invisible. Y en un solo Señor Jesucristo, Hijo de Dios, unigénito, nacido del Padre antes de todos los siglos. Luz de Luz, Dios verdadero de Dios verdadero, engendrado, no hecho; de una misma sustancia con el Padre, por Quien todo fue hecho. Que por nosotros los hombres y por nuestra salvación, bajó del cielo, se encarnó del Espíritu Santo y de María la Virgen, y se hizo hombre. También fue crucificado por nosotros bajo Poncio Pilato, padeció y fue sepultado. Y resucitó al tercer día, según las Escrituras. Subió al cielo y está sentado a la derecha del Padre. Y vendrá otra vez con gloria, para juzgar a vivos y muertos; y su reino no tendrá fin. Y en el Espíritu Santo, Señor y Dador de vida, que procede del Padre; que junto con el Padre y el Hijo es adorado y glorificado; que habló por los profetas. En la Iglesia una, santa, católica y apostólica. Profeso un solo bautismo para la remisión de los pecados. Espero la resurrección de los muertos y la vida del mundo venidero. Amén.

ORACIÓN DE PENITENCIA:

Remite, perdona y perdona, oh Dios, nuestros pecados cometidos voluntaria e involuntariamente, de palabra y de obra, a sabiendas y por ignorancia, de pensamiento y de propósito, de día y de noche. Perdona todos ellos, porque Tú eres misericordioso y nos amas a todos.

SALUDO ANGELICAL:

Dios te salve María, llena eres de gracia, el Señor es contigo. Bendita tú eres entre todas las mujeres y bendito es el fruto de tu vientre, porque has dado a luz a Cristo, Salvador y Libertador de nuestras almas.

ORACIONES DE INTERCESIÓN:

Acudimos a tu patrocinio, oh Virgen Madre de Dios. No desprecies nuestras oraciones en nuestras necesidades, sino que tú que eres la única pura y bendita, líbranos de todo peligro.

Oh gloriosísima siempre Virgen María, Madre de Cristo nuestro Dios, acoge nuestras oraciones y ofrécelas a tu Hijo, nuestro Dios, para que Él, por ti, ilumine y salve nuestras almas.

ORACIONES A LOS ÁNGELES Y A LOS SANTOS:

Todas las potencias celestiales, santos Ángeles y Arcángeles, rogad a Dios por nosotros pecadores.

Santos y gloriosos Apóstoles, Profetas, Mártires y Santos, rogad a Dios por nosotros pecadores.

ORACIÓN DEL PUBLICANO:

Oh Dios, + ten misericordia de mí, pecador.

Oh Dios, + límpiame de mis pecados y ten piedad de mí.

Oh Señor, + perdóname, porque he pecado sin número.

ORACIONES VESPERTINAS

Lleva las oraciones iniciales hasta "Porque tuyo es el reino... Amén".

Ten piedad de nosotros, oh Dios, ten piedad de nosotros. Puesto que no tenemos defensa, nosotros pecadores te ofrecemos esta súplica a Ti, nuestro Maestro; ten piedad de nosotros.

Gloria al Padre, + y del Hijo, y del Espíritu Santo:

Señor, ten piedad de nosotros, porque en Ti ponemos nuestra esperanza. No te ensañes con nosotros, ni te acuerdes de nuestras transgresiones, sino míranos ahora con misericordia y líbranos de nuestros enemigos. Porque Tú eres nuestro Dios, y nosotros somos Tu pueblo; todos somos obra de Tus Manos, e invocamos Tu Nombre.

Ahora y siempre, y por los siglos de los siglos. Amén.

Ábrenos las puertas de la misericordia, oh bendita Madre de Dios, para que nosotros, que ponemos nuestra confianza en ti, no perezcamos, sino que por ti seamos librados de la desgracia. Porque tú eres la salvación de todos los cristianos.

Señor, ten piedad. (12 veces)

Oh Dios eterno y soberano de toda la creación, Tú me has permitido llegar hasta esta hora. Perdona los pecados que he cometido hoy de palabra, obra o pensamiento. Purifícame de toda mancha espiritual y física. Concédeme levantarme de este sueño para glorificarte con mis obras durante el resto de mi vida, y que sea victorioso sobre todo enemigo espiritual y físico que luche contra mí. Líbrame, Señor, de todos los pensamientos vanos y malos deseos. Tuyo es el Reino, el Poder y la Gloria, Padre, + Hijo y Espíritu Santo, ahora y siempre y por los siglos de los siglos. Amén.

Oh Madre amorosa de nuestro clementísimo Rey, oh Virgen María pura y bendita, derrama en mi alma inquieta la gracia de tu Hijo, nuestro Dios. Condúceme por tus oraciones a obras saludables, para que pueda pasar el resto de mi vida sin falta, y alcanzar el paraíso a través de ti, oh Virgen Madre de Dios. Porque tú eres pura y bendita por siempre.

Oh Ángel de la Guarda, protector de mi alma y de mi cuerpo, a tus cuidados he sido confiado por Cristo. Obtén para mí el perdón de los pecados cometidos por mí en este día. Ruega por mí, tu siervo pecador e indigno, para que me haga digno de la gracia y de la misericordia de la Santísima Trinidad y de la Madre de nuestro Señor Dios, Jesucristo. Amén.

Somos tuyos, oh Madre de Dios. Ya que nos has librado de toda tribulación, te damos gracias dedicándote nuestros cantos de victoria, oh Campeón salvador. Con tu poder invencible, líbranos de todos los peligros para que podamos exclamarte: "¡Salve, llena eres de gracia!"

Oh gloriosísima y siempre Virgen Madre de Cristo nuestro Dios, ofrece nuestras oraciones a tu Hijo y Dios nuestro, para que por ti, oh Madre de Dios, Él salve nuestras almas. En ti, Madre de Dios, pongo toda mi esperanza. No te alejes de mí, pecador, porque necesito tu ayuda e intercesión. Ten piedad de mí, porque mi alma espera en ti.

¡El Padre + es mi esperanza! ¡El Hijo + es mi refugio! ¡Y el Espíritu Santo + es mi protección! Oh Santísima Trinidad +, ¡gloria a Ti!

Es verdaderamente propio glorificarte a ti, que has engendrado a Dios; la siempre bendita, inmaculada y Madre de nuestro Dios. Más honorable que los Querubines, y sin comparación, más gloriosa que los Serafines; que, virgen, diste a luz a Dios, el Verbo. A ti, verdadera Madre de Dios, te glorificamos.

HIMNO DE LA TARDE

¡Oh Luz gozosa! Luz y Santa Gloria del Padre inmortal; el celestial, el santo, el bendito, oh Jesucristo. Ahora que hemos llegado a la puesta del sol, y vemos la luz del atardecer, cantamos a Dios, Padre, + Hijo y Espíritu Santo. Conviene en todo momento elevar un canto de alabanza en melodía mesurada a Ti, oh Hijo de Dios, el Dador de la Vida. He aquí que el universo canta Tu gloria

Oración a la Virgen

Virgen inmaculada, sin mancha, incorruptible, inmaculada, pura, Señora Esposa de Dios, que con tu admirable alumbramiento uniste a Dios Verbo con los hombres y vinculaste la naturaleza caída de nuestro género humano con la celestial; única esperanza de los desesperados y auxilio de los perseguidos; pronto apoyo de los que en ti se refugian y amparo de todos los cristianos: no me desprecies a mí, miserable pecador que me he contaminado con pensamientos, palabras y obras vergonzosas, y por negligencia de pensamiento me he hecho esclavo de los placeres de la vida.

Pero como Madre de nuestro compasivo Dios, y amiga del hombre, ten compasión de mí, pecador y pródigo, y acepta esta oración de mis labios impuros; y usando tu posición maternal, ruega a tu Hijo y nuestro Maestro y Señor que me abra las profundidades de su amorosa bondad y, pasando por alto mis innumerables faltas, me devuelva al arrepentimiento y me haga digno siervo de sus mandamientos.

Quédate a mi lado para siempre; en esta vida como protectora y auxiliadora misericordiosa y compasiva y buena y amorosamente cálida, rechazando los asaltos del adversario y conduciéndome hacia la salvación; y en el momento de mi muerte, abrazando mi alma miserable y alejando de ella los oscuros pasos de los demonios malignos; y en el día imponente del juicio redimiéndome del infierno eterno y proclamándome heredero de la gloria inefable de tu Hijo y Dios nuestro.

Que goce de tal suerte, Señora mía, santísima Theotokos, por tu intercesión y protección; por la gracia y el amor a los hombres de tu Hijo unigénito, nuestro Señor y Dios y Salvador Jesucristo. A quien pertenecen toda la gloria, el honor y la adoración, junto con su Padre sin principio, y el Espíritu todo santo y bueno y dador de vida, ahora y siempre, y por los siglos de los siglos. Amén.

Oración a Nuestro Señor Jesucristo

Y concédenos, Maestro, al irnos a dormir, el descanso del cuerpo y del alma, y presérvanos del somnoliento sueño del pecado y de todo placer oscuro y nocturno. Detén los impulsos de la pasión; apaga las flechas ardientes del Maligno que insidiosamente vuelan en nuestra dirección; suprime las rebeliones de nuestra carne, y calma todos nuestros pensamientos terrenales y materiales. Y concédenos, oh Dios, mente alerta, pensamiento prudente, corazón sobrio, sueño ligero libre de toda fantasía satánica. Despiértanos a la hora de la oración arraigados en tus mandamientos y teniendo intacto en nosotros el recuerdo de tus ordenanzas. Concédenos cantar tu gloria durante la noche alabando, bendiciendo y glorificando tu nombre honorabilísimo y majestuoso, del Padre y del Hijo y del Espíritu Santo, ahora y siempre y por los siglos de los siglos. Amén.

Oración final

Señor, perdona a los que nos odian y a los que nos agravian; haz el bien a los que hacen el bien; a nuestros hermanos y parientes, concédeles sus peticiones de salvación y vida eterna; visita a los enfermos y concédeles la curación; gobierna a los que están en el mar, acompaña a los viajeros; a los que nos sirven y a los que nos ayudan concédeles la remisión de los pecados; perdona a los que nos han pedido que recemos por ellos y ten piedad de ellos según tu gran misericordia.

Acuérdate, Señor, de todos nuestros padres y hermanos que partieron de esta vida y hazlos descansar donde brilla la luz de Tu rostro. Acuérdate, Señor, de nuestros hermanos, los cautivos, y líbralos de toda tribulación. Acuérdate, Señor, de los que trabajan y dan fruto en tus santas Iglesias, y concédeles todas las peticiones de salvación y vida eterna. Acuérdate también de nosotros, Señor, tus humildes y pecadores siervos e ilumina nuestra mente con la luz de tu conocimiento y guíanos por el camino de tus mandamientos; por las intercesiones de tu sacratísima Madre, nuestra Señora Theotokos y siempre virgen María, y de todos tus santos; porque eres bendito por los siglos de los siglos. Amén.

CONTENTS

DOMINGO DE PASCUA

Meditación matutina
LA RESURRECCIÓN DE JESUCRISTO.

Alegrémonos de ver en su gloria resucitada a nuestro Salvador, a nuestro Padre, al mejor Amigo que tenemos. Alegrémonos también por nosotros mismos, porque la Resurrección de Jesucristo es para nosotros prenda segura de nuestra propia resurrección y de la gloria que esperamos tener un día en el Cielo en nuestra alma y en nuestro cuerpo.

I.

Jesús vino al mundo no sólo para redimirnos, sino para enseñarnos con su ejemplo todas las virtudes, y especialmente la humildad, y la santa pobreza, que está inseparablemente unida a la humildad. Para esto eligió nacer en una cueva; vivir como un pobre en un taller durante treinta años; y al fin morir, pobre y desnudo, en una Cruz, viendo repartidas sus vestiduras entre los soldados antes de expirar; mientras que, después de su muerte recibe como limosna de otros la sábana para su sepultura.

Consuélense los pobres al ver que Jesucristo, Rey del cielo y de la tierra, vive y muere así en la pobreza para enriquecernos con sus méritos y dones. Porque ya conocéis la gracia de nuestro Señor Jesucristo, que siendo rico se hizo pobre por vosotros, para que por su pobreza fueseis enriquecidos (2 Corintios viii. 9). Por eso los santos, para asemejarse a Jesús en su pobreza, despreciaron todas las riquezas y honores terrenales, para ir un día a gozar con Jesucristo de las riquezas y honores preparados por Dios en el cielo para los que le aman. Y hablando de estas bendiciones dice el Apóstol San Pablo que ojo no vio ni oído oyó, ni ha llegado al corazón del hombre lo que Dios ha preparado para los que le aman (1 Corintios 9).

Oh Jesús mío, te suplico por tu Resurrección, hazme resucitar glorioso contigo en el último día, para estar siempre unido a Ti en el Cielo, para alabarte y amarte eternamente.

II.

Jesucristo, pues, resucitó de entre los muertos con la gloria de poseer todo el poder en el Cielo y en la tierra, no sólo como Dios, sino como Hombre. Todos los ángeles y todos los hombres están, pues, sometidos a Él. Alegrémonos de ver así en la gloria a nuestro Salvador, a nuestro Padre y al mejor Amigo que poseemos.

Y alegrémonos por nosotros mismos, porque la Resurrección de Jesucristo es para nosotros prenda segura de nuestra propia Resurrección, y de la gloria que podemos esperar tener un día en el Cielo en nuestra alma y en nuestro cuerpo. Esta esperanza dio valor a los Mártires para sufrir con alegría Todos los males de la vida, y los más crueles tormentos de los tiranos. Debemos estar seguros, sin embargo, de que nadie se alegrará con Jesucristo sino quien esté dispuesto a sufrir en este mundo con Él; ni obtendrá la corona quien no luche como debe luchar. El que lucha por el dominio no es coronado si no lucha legítimamente. (2 Timoteo ii. 5). Al mismo tiempo, estemos seguros por lo que dice el mismo Apóstol: que todos los sufrimientos de esta vida son cortos y ligeros en comparación con las alegrías ilimitadas y eternas que esperamos disfrutar en el Paraíso. (2 Corintios iv. 17). Esforcémonos más por continuar en la gracia de Dios, y oremos continuamente por la perseverancia en la amistad de Dios. Sin la oración continua no obtendremos la perseverancia, y sin la perseverancia no nos salvaremos.

Oh dulce Jesús, digno de todo amor, ¡cómo has amado tanto a los hombres que, para mostrar tu amor, no rehusaste morir herido y deshonrado en un madero infame! Oh Dios mío, ¿cómo es que hay tan pocos entre los hombres que Te amen con todo su corazón? Oh mi querido Redentor, yo quisiera ser uno de esos pocos. Miserable soy por haber olvidado Tu amor en el pasado y haber renunciado a Tu gracia por placeres miserables. Conozco el mal que he hecho. Lo lamento con todo mi corazón y quisiera morir de pena. Oh mi amado Redentor, ahora Te amo más que a mí mismo y estoy dispuesto a morir mil veces antes que perder Tu amistad. Jesús, te doy gracias por la luz que me has dado. Oh Jesús, Esperanza mía, no me dejes en mis manos. Ayúdame hasta la muerte.

Oh María, Madre de Dios, ruega a Jesús por mí.

Lectura espiritual

EL CIELO QUE DIOS NOS HA GANADO

La dicha del Cielo consiste en ver y amar a Dios cara a cara. "Todo lo que esperamos", dice San Agustín, "se expresa en una palabra de una sílaba, a saber, Dios". La recompensa que Dios nos promete no consiste del todo en la belleza, la armonía y demás ventajas de la ciudad del Paraíso. Dios mismo, a quien se permite contemplar a los santos, es, según las promesas hechas a Abraham, la principal recompensa de los justos en el Cielo. Yo soy tu recompensa sobremanera grande. (Génesis xv. 1). San Agustín afirma que si Dios mostrara su rostro a los condenados, "el infierno se transformaría instantáneamente en un paraíso de delicias". Y añade que si a un alma difunta se le permitiera elegir entre ver a Dios y sufrir las penas del infierno, o ser liberada de estas penas y privada de la vista de Dios, "preferiría ver a Dios y soportar esos tormentos".

Las delicias del alma superan infinitamente todos los placeres de los sentidos. Incluso en esta vida, el amor divino infunde tal dulzura en el alma cuando Dios se comunica a ella, que el cuerpo se levanta de la tierra. San Pedro de Alcántara cayó una vez en tal éxtasis de amor que, asiéndose de un árbol, lo arrancó de raíz y lo elevó con él a lo alto. Tan grande es la dulzura del amor divino, que los santos mártires, en medio de sus tormentos, no sentían dolor, sino que, por el contrario, estaban llenos de alegría. Por eso dice San Agustín que cuando San Lorenzo fue puesto sobre una parrilla al rojo vivo, el fervor del amor divino le hizo insensible al ardiente calor del fuego. Incluso a los pecadores que lloran sus pecados, Dios les concede consuelos que superan todos los placeres terrenales. De ahí que San Bernardo diga: "Si es tan dulce llorar por Ti, ¡qué ha de ser gozar en Ti!".

¡Cuán grande es la dulzura que experimenta un alma cuando, en el momento de la oración, Dios, por un rayo de su propia luz, le revela su bondad y sus misericordias para con ella, y particularmente el amor que Jesucristo le ha tenido en su Pasión! Siente que su corazón se derrite y, por decirlo así, se disuelve por el amor. Pero en esta vida no vemos a Dios tal como es en realidad: lo vemos, por así decirlo, en la oscuridad. Ahora vemos a través de un cristal de manera oscura, pero luego cara a cara. (1 Corintios xiii. 12). Aquí abajo Dios está oculto a nuestra vista; sólo podemos verle con los ojos de la Fe. ¡Cuán grande será nuestra felicidad cuando se levante el velo y se nos permita contemplar a Dios cara a cara! Entonces veremos su belleza, su grandeza, su perfección, su amabilidad y su inmenso amor por nuestras almas.

El hombre no sabe si es digno de amor o de odio. (Eclesiástico ix. 1). El temor de no amar a Dios y de no ser amada por El, es la mayor aflicción que soportan en la tierra las almas que aman a Dios; pero en el Cielo el alma tiene la certeza de que ama a Dios y de que El la ama; y ve que el Señor la abraza con amor infinito, y que este amor no se disolverá por toda la eternidad. El conocimiento del amor que Jesucristo le ha demostrado ofreciéndose en sacrificio por ella en la Cruz, y haciéndose su Alimento en el Sacramento del Altar, aumentará el ardor de su amor. También verá claramente todas las gracias que Dios le ha concedido, todas las ayudas que le ha dado, para preservarla de caer en el pecado y atraerla a su amor.

Verá que todas las tribulaciones, la pobreza, las enfermedades y persecuciones que considera como desgracias, han procedido del amor, y han sido los medios empleados por la Divina Providencia para llevarla a la gloria. Verá todas las luces, las llamadas amorosas y las misericordias que Dios le había concedido después de haberle insultado con sus pecados. Desde la montaña bendita del Paraíso, verá tantas almas condenadas por menos pecados de los que ella había cometido y verá que está salvada y asegurada contra la posibilidad de perder jamás a Dios. Con razón, pues, ha dicho San Agustín que para ganar la bienaventuranza eterna y la paz del Paraíso, debemos abrazar el trabajo eterno.

Meditación vespertina
"TU TRISTEZA SE CONVERTIRÁ EN ALEGRÍA".

I.

¡Oh, dichosos nosotros, si sufrimos con paciencia en la tierra los sinsabores de esta vida presente! La angustia de las circunstancias, los temores, las dolencias corporales, las persecuciones y las cruces de toda clase llegarán un día a su fin; y si nos salvamos, todas ellas se convertirán para nosotros en motivo de gozo y gloria en el Paraíso: Vuestro dolor, dice el Salvador para animarnos, se convertirá en gozo. (Juan xvi. 20). Tan grandes son las delicias del Paraíso que no pueden ser explicadas ni comprendidas por nosotros los mortales: Cosas que ojo no vio, ni oído oyó, ni han subido en corazón de hombre, son las que Dios ha preparado para los que le aman. (1 Corintios ii 9). Bellezas semejantes a las bellezas del Paraíso, ojo nunca vio; armonías semejantes a las armonías del Paraíso, oído nunca oyó; ni jamás corazón humano alcanzó a comprender las alegrías que Dios ha preparado para los que le aman. Hermosa es la vista de un paisaje adornado con colinas, llanuras, bosques y vistas al mar. Hermosa es la vista de un jardín en el que abundan los frutos, las flores y las fuentes. Oh, ¡cuánto más hermoso es el Paraíso!

Para comprender cuán grandes son las alegrías del Paraíso, basta saber que en ese reino bendito reside un Dios omnipotente, cuyo cuidado es hacer felices a sus amadas almas. San Bernardo dice que el Paraíso es un lugar donde "no hay nada que no quisieras, y todo lo que quisieras". Allí no encontrarás nada que te desagrade, y todo lo que deseas lo hallarás: "No hay nada que no quieras". En el Paraíso no hay noche, ni estaciones de invierno y verano, sino un día perpetuo de serenidad invariable, y una primavera perpetua de deleite invariable. Allí ya no hay persecuciones ni celos; porque allí todos se aman sinceramente, y cada uno se alegra del bien ajeno como si fuera propio. Ya no hay enfermedades ni dolores corporales, porque el cuerpo ya no está sujeto a sufrimientos; ya no hay pobreza, porque todos son ricos hasta la saciedad, sin tener nada más que desear; ya no hay temores, porque el alma, confirmada en la gracia, ya no puede pecar ni perder el bien supremo que posee.

II.

"Hay todo lo que deseas". En el Paraíso tendrás todo lo que desees. Allí la vista se satisface al contemplar aquella ciudad tan hermosa, y a sus ciudadanos todos vestidos con ropas reales, pues todos son reyes de aquel reino eterno. Allí veremos la belleza de María, cuyo aspecto será más hermoso que el de todos los ángeles y santos juntos. Veremos la belleza de Jesús, que superará inconmensurablemente la belleza de María. El olfato quedará satisfecho con los perfumes del Paraíso. El oído quedará satisfecho con las armonías del Cielo y los cánticos de los Bienaventurados, que cantarán con una dulzura arrebatadora las alabanzas divinas por toda la eternidad. Ah, Dios mío, no merezco el Paraíso, sino el infierno; sin embargo, Tu muerte me da la esperanza de obtenerlo. Te deseo y te pido el Paraíso, no tanto para gozar como para amarte eternamente, seguro de que nunca más me será posible perderte. Oh María, Madre mía, oh Estrella del Mar, a Ti corresponde, con tus oraciones, conducirme al Paraíso.

LUNES DE SEMANA SANTA

Meditación de la mañana

EL AMOR DE JESÚS AL MORIR POR NOSOTROS.

Jesús murió por nosotros para obtener, por su amor, el pleno dominio de nuestros corazones. Porque para esto, escribió San Pablo, Cristo murió y resucitó, para ser Señor tanto de los muertos como de los vivos. (Romanos xiv. 9). Contemplando la muerte de Jesucristo y el amor con que murió por los hombres, los santos estimaban poco perder por su causa bienes, honores y la vida misma.

I.

¿Quién hubiera podido concebir que el Hijo de Dios, el Señor del Universo, para mostrar su amor por nosotros, sufriera y muriera en la cruz, si no lo hubiera hecho realmente? Con razón hablaron Moisés y Elías en el monte Tabor de la muerte de nuestro Señor Jesucristo como de un exceso. (Lucas ix. 31). ¿Y qué puede ser mayor exceso de amor que el que el Creador muera por sus criaturas?

Para corresponder adecuadamente a tu amor, mi querido Redentor, sería necesario que otro Dios muriera por ti. Por lo tanto, sería poco, sería nada, si nosotros, pobres gusanos miserables de la tierra, entregáramos nuestras vidas enteras por Ti, que has dado la Tuya por nosotros.

Lo que debería excitarnos aún más a amarle es el ardiente deseo con el que, a lo largo de su vida, anheló la hora de su muerte. Con este deseo demostró cuán grande era su amor por nosotros. Tengo un bautismo, dijo, con el que he de ser bautizado; y cuán apurado estoy hasta que se cumpla (Lucas xii. 50). Debo ser bautizado con el Bautismo de Mi propia Sangre, para lavar los pecados de los hombres, y ¡cómo me muero con el deseo de

Mi amarga Pasión y Muerte! Alma mía, levanta los ojos y contempla a tu Señor colgado de una Cruz vergonzosa; contempla la Sangre que brota de Sus Llagas. Contempla Su cuerpo destrozado, invitándote a amarle. Tu Redentor, en sus sufrimientos, quiere que le ames al menos por compasión.

Oh Jesús, Tú no me negaste Tu vida y preciosa Sangre, y ¿te negaré algo que Tú requieras de mí? No, Tú te has entregado a mí sin reservas. Yo me entregaré a Ti sin reservas.

II.

San Francisco de Sales, hablando de estas palabras del Apóstol, La caridad de Cristo nos oprime (2 Corintios v. 14), dice: "Sabiendo que Jesucristo, siendo Dios verdadero, nos ha amado hasta dar Su vida por nosotros, y esto en una Cruz, ¿no sentimos nuestros corazones como en una prensa, forzosamente apretados, y el amor oprimido de ellos por una violencia que es tanto más poderosa como más amable?" Y añade: "¿Por qué, pues, no nos arrojamos sobre Jesucristo crucificado, para morir en la Cruz por amor a Aquel que ha muerto voluntariamente en la Cruz por amor a nosotros? Me aferraré a Él, deberíamos decir, y nunca le abandonaré; moriré con Él, y me consumiré en el fuego de su amor. Mi Jesús se ha entregado enteramente a mí, y yo me entregaré enteramente a Él. Viviré y moriré en Su seno; ni la vida ni la muerte me separarán jamás de Él. Oh Amor Eterno, mi alma Te busca y Te desposa para siempre".

Lectura espiritual

LA VIDA FELIZ DE LOS QUE AMAN A DIOS

La justicia y la paz se han besado (Salmo lxxxiv. 11). La paz reside en toda alma en la que habita la justicia. De ahí que David dijera: Deléitate en el Señor, y él te concederá las peticiones de tu corazón. (Salmo xxxvi. 4). Para entender estas palabras debemos considerar que los mundanos buscan satisfacer los deseos de sus corazones con los bienes de esta tierra; pero, como éstos no pueden hacerlos felices, sus corazones continuamente hacen nuevas demandas; y por mucho que puedan adquirir de estos bienes, no están contentos. Por eso dice el Profeta Deléitate en el Señor, y él te concederá las peticiones de tu corazón. Renuncia a las criaturas, busca tu deleite en Dios, y Él satisfará todas las apetencias de tu corazón.

Así le sucedió a San Agustín, que, mientras buscó la felicidad en las criaturas, nunca gozó de paz; pero, en cuanto renunció a ellas y entregó a Dios todos los afectos de su corazón, exclamó: "Todas las cosas son duras, Señor, y sólo Tú eres el reposo". Como si hubiera dicho: Ah, Señor, ahora conozco mi locura. Esperaba encontrar felicidad en los placeres terrenales; pero ahora sé que sólo son vanidad y aflicción de espíritu, y que sólo Tú eres la paz y la alegría de nuestros corazones.

El Apóstol dice que la paz que Dios da a los que le aman supera todos los deleites sensuales que un hombre puede disfrutar en esta tierra. La paz de Dios, que sobrepasa todo entendimiento. (Filipenses iv. 7). San Francisco de Asís, al decir "¡Dios mío y mi Todo!" experimentó en esta tierra una anticipación del Paraíso. San Francisco Javier, en medio de sus trabajos en la India por la gloria de Jesucristo, se sentía tan colmado de divinos consuelos, que exclamaba: "¡Basta, Señor! Basta!" ¿Dónde, pregunto, se ha encontrado algún amante de este mundo, tan satisfecho con la posesión de bienes mundanos como para decir: Basta, oh mundo, basta; no más riquezas, no más honores, no más aplausos, no más placeres? Ah, no! Los mundanos buscan constantemente mayores honores, mayores riquezas y nuevos deleites; pero cuanto más tienen de ellos, menos se satisfacen sus deseos y mayor es su desasosiego.

Es necesario persuadirse de esta verdad: que sólo Dios puede dar el contento. Los mundanos no quieren convencerse de ello, porque temen que, si se entregan a Dios, llevarán una vida de amargura y descontento. Pero con el Profeta Real, les digo: Gustad y ved que el Señor es dulce. (Salmo xxxiii. 9). ¿Por qué, oh pecadores, despreciáis y consideráis miserable una vida que aún no habéis probado? Gustadla y vedla. Comenzad a probarla; oíd Misa todos los días; practicad la Oración Mental y la Visita al Santísimo Sacramento; comulgad al menos una vez a la semana; huid de las malas conversaciones; caminad siempre con Dios; y veréis que, con una vida así, gozaréis de aquella dulzura y paz que el mundo, con todas sus delicias, no ha podido daros hasta ahora.

Meditación vespertina

SERÁS CORONADO

I.

Imaginémonos un alma que, al salir de este mundo, entra en la eternidad en gracia de Dios. Llena de humildad y de confianza, se presenta ante Jesús, su Juez y Salvador. Jesús la abraza, le da su bendición y le hace oír estas palabras de dulzura: Ven, esposa mía, ven. ¡Serás coronada! Si el alma tiene necesidad de purificarse, Él la envía al Purgatorio, y toda resignada, abraza el castigo, porque no quiere entrar en el Cielo, esa tierra de pureza, si no está totalmente purificada. El Ángel de la Guarda viene a conducirla al Purgatorio; primero le da las gracias por la ayuda que le ha prestado en vida, y luego le sigue obedientemente. Ah, Dios mío, ¿cuándo llegará ese día en que me vea fuera de este mundo de peligros, seguro de no poder perderte nunca más? Sí, de buena gana iré al Purgatorio que será mío; con alegría abrazaré todos sus dolores; me bastará en ese fuego amarte con todo mi corazón, pues allí no amaré a nadie más que a Ti.

II.

Terminada la purgación, volverá el Ángel y dirá al alma: Ven, alma bella, el castigo ha terminado; ven, y goza de la Presencia de tu Dios que te espera en el Paraíso. He aquí que el alma pasa ahora más allá de las nubes, pasa más allá de las esferas y de las estrellas, y entra en el Cielo. Oh Dios, ¿qué dirá al entrar en ese hermoso país, y al echar su primera mirada sobre esa ciudad de delicias? Los ángeles y los santos, y sobre todo sus propios santos abogados, irán a su encuentro, y con júbilo le darán la bienvenida, diciendo: ¡Bienvenida, oh compañera nuestra! ¡Bienvenido! Ah, Jesús mío, hazme digno de ello.

¡Qué consuelo no sentirá el alma al encontrarse allí con parientes y amigos suyos que ya han entrado en el cielo! Pero mucho mayor será su alegría al contemplar a María, su Reina, y al besarle los pies y agradecerle las muchas bondades que le ha hecho. La Reina la abrazará y se la presentará a Jesús, que la recibirá como esposa. Y Jesús la presentará a su Divino Padre, que la abrazará y bendecirá, diciendo: Entra en el gozo de tu Señor. Y así la bendecirá con la misma bienaventuranza de que Él mismo goza. Ah, Dios mío, haz que te ame mucho en esta vida, para que te ame mucho en la eternidad. Tú eres el objeto más digno de ser amado; Tú mereces todo mi amor; no amaré a nadie más que a Ti. Ayúdame con tu gracia. Y, María, Madre mía, sé mi protectora.

MARTES SANTO

Meditación de la mañana.

"HABÉIS SIDO COMPRADOS A GRAN PRECIO".

Debemos dar más valor al alma que a todos los bienes de la tierra. Para convencerse de esta verdad basta saber que Dios mismo condenó a muerte a su Divino Hijo para salvar nuestras almas. Y el Verbo Eterno no se ha negado a comprarlas con Su propia Sangre. *Porque tanto amó Dios al mundo, que dio a su Hijo Unigénito... para que el mundo sea salvo por Él.* (Juan iii. 16, 17).

I.

El asunto de la salvación eterna es para nosotros el más importante de todos los asuntos; pero es también el más descuidado por los cristianos. Son diligentes y no pierden tiempo en procurar ganar un pleito, o una situación de emolumento. ¡Cuántas medidas se toman para alcanzar estos objetos! ¡Cuántos medios adoptan! No comen ni duermen. ¿Y qué esfuerzos hacen para asegurar su salvación eterna? ¿Cómo viven? Para salvar sus almas, la mayor parte de los cristianos no hacen nada; al contrario, hacen todo para llevar sus almas a la perdición; viven como si la Muerte, el Juicio, el Infierno, el Cielo y la Eternidad no fueran Verdades de Fe, sino fábulas inventadas por los poetas. Si una persona pierde un pleito, o una cosecha, ¡cuán grande es su dolor y su angustia de espíritu! ¡Con qué celo se afana por reparar la pérdida! Si los mundanos pierden un caballo, o un perro, ¿con qué diligencia lo buscan? Pero si pierden la gracia de Dios, duermen, bromean y ríen. Todos se sonrojan cuando se les dice que descuidan sus asuntos mundanos, pero cuán pocos se avergüenzan de descuidar el negocio de la eternidad, que es el más importante de todos. El mundano dice que los santos eran verdaderamente sabios, porque sólo buscaban la salvación de sus almas; y aun así él mismo se ocupa de todos los negocios mundanos, y descuida por completo los asuntos del alma. *Pero os rogamos, hermanos,* dice San Pablo, *que os ocupéis de vuestros propios negocios.* (1 Tesalonicenses iv. 10, 11).

Ah, Dios mío, ¿cómo he gastado tantos años, que me has dado para asegurar mi salvación eterna? Tú, Redentor mío, compraste mi alma con tu sangre y me la entregaste para que yo me ocupara de su salvación; y yo sólo he trabajado para su perdición, ofendiéndote a Ti que me has amado tan tiernamente. Te doy gracias por haberme dado tiempo para poder reparar la gran pérdida que he sufrido. He perdido mi alma y Tu gracia. Señor, me arrepiento de todo corazón de mis ofensas pasadas, y resuelvo, en adelante, perderlo todo, incluso mi vida, antes que perder tu amistad.

II.

La salvación es el asunto más importante, porque si se pierde el alma, se pierde todo. Debemos dar más valor al alma que a todos los bienes de la tierra. "El alma", dice San Crisóstomo, "es más preciosa que el mundo entero". Para convencerse de esta verdad basta saber que Dios mismo condenó a muerte a su Hijo para salvar nuestras almas. El Verbo Eterno no se ha negado a comprarlas con Su propia Sangre. De ahí que un santo Padre diga que el hombre parece tener tanto valor como Dios. Y Jesucristo ha preguntado: ¿Qué dará el hombre a cambio de su alma? (Mateo xvi. 26). Porque tanto amó Dios al mundo que dio a su Hijo unigénito (Juan 16). Si, pues, tal es el valor del alma, ¿por qué bien terreno la cambiará y la perderá el hombre?

San Felipe Neri con razón podía decir que quien no atiende a la salvación de su alma es un necio. Si hubiera en esta tierra dos clases de hombres, unos mortales y otros inmortales, y los primeros vieran a los segundos buscando las cosas de este mundo, sus honores, bienes y diversiones, ciertamente exclamarían: ¡Oh tontos que sois! Tenéis en vuestro poder adquirir riquezas eternas, ¿y fijáis vuestros pensamientos en esas cosas miserables y transitorias? ¿Por ellas os condenáis a una eternidad de tormentos en la otra vida? Dejadnos a nosotros, para quienes todo terminará con la muerte, dejadnos buscar esos bienes terrenales. Pero no, todos somos inmortales. ¿Cómo es, pues, que tantos pierden su alma por los miserables placeres de esta vida? ¿Cómo es posible, dice Salviano, que los cristianos crean en el Juicio, en el Infierno y en la Eternidad, y sigan viviendo como si no los temieran?

Te amo sobre todas las cosas, y resuelvo amarte siempre, mi Soberano Bien, que eres digno de infinito amor. Ayúdame, Jesús mío, para que este propósito no sea como mis resoluciones pasadas, a las que siempre he sido infiel. Quítame de la vida antes que permitir que vuelva a ofenderte o a dejar de amarte. Oh María, esperanza mía después de Jesús, sálvame obteniéndome la santa perseverancia.

Lectura espiritual

CONFESIÓN
I.-IMPORTANCIA DE LA CONFESIÓN FRECUENTE.

No pretendo tratar en este lugar de las Confesiones de los que cometen pecados mortales, aunque diré algo sobre las ocasiones próximas y sobre las Confesiones sacrílegas; pero hablaré principalmente de las Confesiones de las almas timoratas que aman la perfección y se esfuerzan constantemente por purificar sus almas más y más de la mancha de los pecados veniales.

Cuenta Cesáreo que un buen sacerdote ordenó, en nombre de Dios, a un demonio que se le apareció, que le dijera qué era lo que más daño le hacía. El demonio respondió que nada le era más perjudicial o desagradable que la Confesión frecuente. Jesucristo dijo una vez a Santa Brígida, que los que quisieran conservar el fervor deberían purificar a menudo sus almas acusándose en la Confesión de todos sus defectos, y de todas sus negligencias en Su servicio. Casiano dice que quien aspira a la perfección debe aspirar a una gran pureza de conciencia, porque de la pureza de conciencia el alma pasa al amor perfecto. De ahí que el amor corresponda a la limpieza de corazón. Es, sin embargo, necesario saber que en el estado presente esta pureza de alma no consiste en una exención total de todas las faltas; porque excepto nuestro Divino Salvador y su Divina Madre, no ha habido ni habrá en este mundo, ningún alma libre de toda mancha. En muchas cosas todos ofendemos. (Santiago iii. 2). Pero consiste en dos cosas: primero, en una cuidadosa guardia sobre el corazón, para prevenir la comisión de todo pecado deliberado, por venial que sea; y segundo, en purificar instantáneamente el alma de cualquier falta que pueda cometer. Ahora bien, estos dos son precisamente los frutos de la Confesión frecuente.

En primer lugar, la Confesión limpia el alma de las manchas que contrae. San Juan Clímaco cuenta que un joven, para interrumpir la vida escandalosa que llevaba en el mundo, fue a un Monasterio para hacerse Religioso. Antes de su admisión, el Abad le dijo que si deseaba ser recibido, debía confesarse públicamente de todos sus pecados. El joven, que estaba sinceramente resuelto a entregarse a Dios, obedeció de buena gana; y he aquí que, mientras confesaba sus faltas en presencia de los monjes, un santo Religioso que se encontraba entre ellos vio a un hombre de aspecto venerable cancelar de un papel escrito que llevaba en la mano, cada pecado que el penitente confesaba, de modo que al final de la Confesión todos sus pecados quedaron cancelados. Ahora bien, lo que entonces ocurrió de manera visible, sucede de manera invisible a todo aquel que confiesa sus pecados con las disposiciones requeridas.

La confesión no sólo lava las manchas del alma, sino que la fortalece contra las recaídas. El Doctor Angélico enseña que la virtud de la Penitencia no sólo destruye la falta cometida, sino que impide que vuelva a brotar. En su Vida de San Malaquías, San Bernardo cuenta que había cierta mujer que era tan dada a la impaciencia y a la cólera que se hacía insoportable. Oyendo de ella que nunca había confesado su impaciencia, San Malaquías la indujo a confesarse de todos sus pecados de ira. San Bernardo afirma que después de su confesión se volvió tan mansa y paciente que parecía incapaz de resentir cualquier injuria o insulto que recibiera.

Por eso, para adquirir la pureza de conciencia, muchos santos confesaban sus pecados todos los días. Tal fue la práctica de Santa Catalina de Siena, de Santa Brígida, de la Beata Colletta, de San Carlos Borromeo, de San Ignacio de Loyola y de muchos otros. San Francisco de Borja se confesaba incluso dos veces al día. Si los mundanos no soportan presentarse ante aquellos a quienes aman con una mancha en el semblante, ¡qué maravilla es que las almas que aman a Dios se esfuercen siempre por purificarse más y más, para hacerse más agradables a los ojos de su amado Señor! Ahora bien, no pretendo exigir a los que practican la Comunión frecuente que se confiesen cada vez que comulgan; pero es justo que se confiesen dos veces o al menos una vez a la semana, y cuando hayan cometido alguna falta deliberada.

Meditación vespertina

VER Y GOZAR DE DIOS PARA SIEMPRE

I.

La belleza de los santos, la música celestial y las demás delicias del Paraíso, no forman sino la menor parte de sus tesoros. Lo que da al alma la plenitud de la bienaventuranza es ver a un Dios amoroso cara a cara. San Agustín dice que si Dios dejara ver su bello rostro a los condenados, el infierno, con todos sus tormentos, se convertiría para ellos en un paraíso. También en este mundo, cuando Dios hace gustar a un alma en la oración su dulce presencia, y mediante un rayo de luz le descubre su bondad y el amor que le profesa, es tan grande el contento, que el alma siente que se disuelve y se derrite de amor; y, sin embargo, en esta vida no nos es posible ver a Dios tal como es; lo contemplamos oscurecido, como a través de un tupido velo. ¿Qué será, entonces, cuando Dios quite ese velo de delante de nosotros, y nos haga contemplarle cara a cara, abiertamente? Oh Señor, por haberte dado la espalda ya no seré digno de contemplarte; pero, confiando en tu bondad, espero verte y amarte eternamente en el Paraíso. Hablo así, porque hablo con un Dios que ha muerto para darme el Paraíso.

II.

Aunque las almas que aman a Dios son las más felices en este mundo, no pueden, sin embargo, gozar aquí abajo de una felicidad plena y completa; ese temor, que nace de no saber si son merecedoras del amor o del odio de su amado Salvador, las mantiene, por decirlo así, en un perpetuo sufrimiento. Pero en el Paraíso el alma tiene la certeza de que ama a Dios y es amada por Dios; y ve que ese dulce lazo de amor que la mantiene unida a Dios no se desatará jamás por toda la eternidad. Las llamas de su amor aumentarán por el conocimiento más claro que el alma poseerá entonces de cuál ha sido el amor de Dios al hacerse Hombre y al haber querido morir por ella; y al haberse, además, entregado a ella en el Sacramento de la Eucaristía. Su amor aumentará al contemplar entonces, en toda su nitidez, las gracias que Él le ha dado para conducirla al Cielo; verá que las cruces que se le han enviado en vida han sido todas artificios de Su amor para hacerla feliz. Verá, además, las misericordias que le ha concedido, las muchas luces y llamadas a la penitencia. Desde la cumbre de ese monte bendito contemplará las muchas almas perdidas que ahora están en el infierno por pecados menores que los suyos, y se contemplará a sí misma ya salvada, poseída de Dios y segura de que nunca más podrá perderle por toda la eternidad. Jesús mío, Jesús mío, ¿cuándo llegará para mí ese día feliz?

La felicidad del alma bienaventurada se perfeccionará sabiendo con absoluta certeza que de aquel Dios de quien entonces goza, podrá gozar por toda la eternidad. Si hubiera algún temor en los bienaventurados de perder a ese Dios de Quien ahora gozan, el Paraíso dejaría de ser el Paraíso. Pero no; el alma bienaventurada está segura, con la certeza que tiene de la existencia de Dios, de que ese Bien supremo del que goza, lo gozará para siempre. Ese gozo, además, no disminuirá con el tiempo; será siempre nuevo. El bienaventurado será siempre feliz, y estará siempre sediento de esa felicidad; y, mientras esté siempre sediento, estará siempre saciado.

Cuando, pues, nos veamos afligidos por los sinsabores de la vida, levantemos los ojos al Cielo, y consolémonos diciendo: ¡Paraíso! Los sufrimientos terminarán un día; es más, ellos mismos se convertirán en objetos por los que alegrarse. Los santos nos esperan, los ángeles nos esperan, María nos espera, y Jesús tiene en la mano la corona con que nos coronará si le somos fieles. Ah, Dios mío, cuándo llegará ese día en que llegue a poseerte y pueda decirte: ¡Amor mío, no puedo perderte más! ¡Oh María, esperanza mía, no dejes nunca de orar por mí, hasta que me veas segura a tus pies en el Paraíso!

MIÉRCOLES SANTO

Meditación de la mañana

"AMARÁS AL SEÑOR TU DIOS CON TODO TU CORAZÓN".

Porque para esto murió Cristo y resucitó, para ser Señor así de los muertos como de los vivos. (Romanos xiv. 9). Los Santos, contemplando la muerte de Jesucristo, pensaban que era poco dar su vida y todas las cosas por amor de un Dios tan amoroso. ¡Cuántos Mártires han sacrificado su vida por Él! ¡Cuántas tiernas Vírgenes, renunciando a las nupcias de los grandes, han ido con gozo a la muerte para corresponder en algo al afecto de un Dios que murió por ellas! Y tú, ¿qué has hecho por amor de Jesús?

I.

Pero una cosa es necesaria. (Lucas x. 42). ¿Qué es esta única cosa necesaria? No es necesario adquirir riquezas, ni obtener dignidades, ni granjearse un gran nombre. Lo único necesario es amar a Dios. Todo lo que no se hace por amor a Dios se pierde. Este es el más grande y el Primer Mandamiento de la Ley Divina. Al fariseo que le preguntó cuál era el gran Mandamiento de la Ley, Jesucristo le respondió: Amarás al Señor tu Dios con todo tu corazón... Este es el mayor y el primer mandamiento. (Mateo xxii. 37, 38). Pero éste, el mayor de los mandamientos, es el más despreciado por los hombres: son pocos los que lo cumplen. La mayor parte de los hombres aman a sus parientes, amigos e incluso a los animales brutos, pero no aman a Dios. De éstos dice San Juan que no tienen vida, que están muertos. El que no ama permanece en la muerte (1 Juan iii. 14). San Bernardo dice que la recompensa de un alma se estima por la medida de su amor a Dios.

Consideremos, pues, cuán querido debe ser para nosotros este mandamiento de amar a Dios con todo el corazón. ¿Qué objeto más noble, más magnífico, más poderoso, más rico, más bello, más generoso, más misericordioso, más agradecido, más amable o más amoroso que Él mismo podría Dios darnos para amar?

¿Quién más noble que Dios? Algunos presumen de una nobleza familiar de quinientos o mil años; pero la nobleza de Dios, nuestro Padre, es eterna. Él es el Señor de todo. Ante Dios, todos los ángeles del cielo y todos los nobles de la tierra son como una gota de agua o un grano de polvo. He aquí que los gentiles son como una gota de agua, he aquí que las islas son como un poco de polvo (Isaías. xl. 15).

¿Quién más poderoso que Dios? Él puede hacer lo que quiera. Por un acto de Su voluntad, creó este mundo, y por otro acto puede destruirlo cuando le plazca.

¿Quién es más rico? Él posee todas las riquezas del cielo y de la tierra.

¿Quién es más bello? Ante la belleza de Dios se desvanecen todas las bellezas de las criaturas.

¿Quién es más generoso? San Agustín dice que Dios tiene más deseos de hacernos el bien que nosotros de recibirlo.

¿Quién es más misericordioso? Si el pecador más impío de la tierra se humilla ante Dios y se arrepiente de sus pecados, Dios al instante lo perdona y lo abraza.

¿Quién es más agradecido? No deja sin recompensa el menor acto que realizamos por Él.

¿Quién es más amable? Dios es tan amable que, con sólo verlo y amarlo en el Cielo, los santos sienten una alegría que los hace perfectamente felices y contentos por toda la eternidad. El mayor de los tormentos de los condenados proviene de saber que este Dios es tan amable, y que ellos no pueden amarle.

¡Oh bondad infinita! ¡Oh Amor Infinito! Jesús mío enamorado, llena mi corazón de tu amor para que me olvide de mí mismo y no piense en otra cosa que en amarte y complacerte. Ahora te consagro mi cuerpo, mi alma, mi voluntad, mi libertad. Hasta ahora he procurado satisfacerme a Tu gran desagrado. Estoy sumamente arrepentido, mi Amor crucificado. En adelante no buscaré otra cosa que a Ti, mi Dios y mi Todo.

II.

¿Y quién es más amoroso que Dios? En la Antigua Ley los hombres podían dudar de que Dios les amara con un amor tierno; pero, después de verle morir en una Cruz por nosotros, ¿cómo podemos dudar de la ternura y del ardiente afecto con que nos ama? Levantemos los ojos y miremos a Jesús, el verdadero Hijo de Dios, sujeto con clavos a una horca, y consideremos la intensidad del amor que nos profesa. Esa Cruz, esas Llagas, dice San Bernardo, gritan y nos proclaman que Él nos ama de verdad. ¿Y qué más podía hacer para convencernos de Su gran amor que llevar una vida de dolor durante treinta y tres años, y después morir en tormentos en el infame madero de la Cruz, para lavar nuestros pecados con Su propia Sangre? También Cristo nos amó, y se entregó a sí mismo por nosotros. (Efesios v. 2). Quien nos amó y nos lavó de nuestros pecados con su propia Sangre. (Apocalipsis i. 5). "¿Cómo -dice San Felipe Neri- es posible que el que cree en Dios ame otra cosa que a Dios?". Contemplando el amor de Dios hacia los hombres, Santa María Magdalena de Pazzi comenzó un día a tocar la campana, diciendo que deseaba invitar a todas las naciones de la tierra a amar a un Dios tan amoroso. San Francisco de Sales solía decir con lágrimas: ' Para amar a nuestro Dios sería necesario tener un amor infinito; y desperdiciamos nuestro amor en cosas vanas y despreciables".

¡Ay, Jesús mío, cuántas veces he renunciado a Tu amistad y me he hecho esclavo de Satanás, deshonrando Tu Infinita Majestad! Me aflijo sobre todas las cosas por haberte insultado tan gravemente. Ah, Dios mío, ata mi voluntad a Tus pies con las dulces cuerdas de Tu santo amor, para que no desee otra cosa que lo que Te agrada. Que tome Tu Voluntad como única guía de mi vida. Renuncio a todo. Sólo Tú me bastas.

Lectura espiritual

CONFESIÓN

II.- EXAMEN DE CONCIENCIA.

Todos saben que para una buena Confesión son necesarias tres cosas: el Examen de Conciencia, el Dolor y el Propósito de Evitar el Pecado.

En cuanto al examen de conciencia, para los que frecuentan los Sacramentos, no es necesario afligir la cabeza con esfuerzos para averiguar todas las circunstancias minuciosas de los pecados veniales. Preferiría ver a tales personas atentas a descubrir las causas y raíces de sus apegos y tibiezas. Hay algunos que tienen la misma historia que contar, y recitan las mismas faltas sin pena, y sin ningún pensamiento de enmienda.

Para las almas espirituales que se confiesan con frecuencia y se guardan de los pecados veniales deliberados, no es necesario emplear mucho tiempo en el examen de conciencia. En cuanto a los pecados graves, no necesitan escudriñar la conciencia, pues si hubieran cometido algún pecado mortal, lo sabrían sin examen. En cuanto a los pecados veniales, si han sido plenamente deliberados, también ellos, por el remordimiento que causan, se darían a conocer al alma. Además, no hay obligación de confesar todas nuestras transgresiones veniales; por consiguiente, no estamos obligados a hacer una búsqueda estricta de ellas, y mucho menos del número, la circunstancia, el modo o las causas de las mismas; basta confesar las que son más graves y más opuestas a la perfección, y contar las demás en términos generales. Y cuando no tengas materia cierta para el Sacramento, cuenta algún pecado de tu vida pasada por el que tengas gran pena; y di, por ejemplo: Me acuso de un modo especial de todas las faltas que he cometido en mi vida pasada contra la Caridad, la Pureza o la Obediencia. Qué consoladora es la doctrina de San Francisco de Sales sobre este punto. "No os turbéis", dice, si no os acordáis de todas vuestras pequeñas faltas en la Confesión; porque así como muchas veces caéis imperceptiblemente, así muchas veces sois levantados imperceptiblemente", es decir, por los actos de amor, o por los otros buenos actos que las almas devotas acostumbran a realizar.

Meditación vespertina

LA PRÁCTICA DEL AMOR A JESUCRISTO.

I.-CUÁN MERECEDOR ES JESUCRISTO DE NUESTRO AMOR POR EL AMOR QUE NOS HA DEMOSTRADO EN SU PASIÓN.

Toda la santidad y perfección de un alma consiste en amar a Jesucristo nuestro Dios, nuestro soberano Bien y nuestro Redentor. Quien me ama, dice el mismo Jesucristo, será amado por mi Padre Eterno: El Padre mismo os ama, porque vosotros me habéis amado. (Juan xvi. 27). Algunos, dice San Francisco de Sales, hacen que la perfección consista en una vida austera; otros en la oración; en frecuentar los Sacramentos; otros en limosnas. Pero se engañan: la perfección consiste en amar a Dios con todo el corazón. El Apóstol escribió: Sobre todas estas cosas tened caridad, que es el vínculo de la perfección. (Colosenses iii. 14). Es la caridad la que mantiene unidas y conserva todas las virtudes que hacen al hombre perfecto. De ahí que San Agustín dijera: "Ama a Dios y haz lo que quieras"; porque un alma que ama a Dios es enseñada por ese mismo amor a no hacer nunca nada que le desagrade, y a no dejar de hacer nada que pueda agradarle.

¿Pero acaso Dios no merece todo nuestro amor? Con amor eterno te he amado. (Jer. xxxi. 3). Oh hombre, dice el Señor, he aquí que yo fui el primero en amarte. No estabas aún en el mundo, ni el mundo mismo existía, y yo ya te amaba. En cuanto soy Dios, te amo; en cuanto me he amado a mí mismo, también te he amado a ti. Con razón, pues, respondió Santa Inés, aquella joven virgen santa, a los que querían unirla a un esposo terrenal: "Estoy comprometida con otro Amante". "Id", dijo ella, "oh amantes de este mundo, dejad de pedir mi amor; mi Dios fue el primero en amarme. Él me ha amado desde toda la eternidad: es justo, pues, que yo le dé todo mi afecto, y que no ame a nadie más que a Él."

II.

Como Dios Todopoderoso sabía que al hombre se le gana por la bondad, determinó prodigarle sus dones, y así tomar cautivos los afectos de su corazón. Por esta razón, Él dijo: Los atraeré con las cuerdas de Adán, con las ligaduras del amor (Oseas xi. 4). Atraparé a los hombres con las mismas trampas con las que naturalmente son atrapados, es decir, con las trampas del amor. Y así exactamente son todos los favores de Dios al hombre. Después de haberle dado un alma creada a su imagen, con memoria, entendimiento y voluntad, y un cuerpo con sus sentidos, creó para él el cielo y la tierra; sí, todo lo que existe, todo por amor al hombre, el firmamento, las estrellas, los planetas, los mares, los ríos, las fuentes, las colinas, las llanuras, los metales, los frutos y una innumerable variedad de animales: y todo esto lo hizo Dios para que sirviera a los usos del hombre, y para que éste le amara en gratitud por tantos admirables dones. "Los cielos y la tierra y todas las cosas me dicen que te ame", dice San Agustín. "Señor mío", decía, "todo lo que contemplo en la tierra, o sobre la tierra, todo me habla y me exhorta a amarte; porque todo me asegura que Tú lo has hecho por amor a mí." El Abad de Rance, fundador de La Trappe, cuando desde su ermita contemplaba las colinas, las fuentes, los pájaros, las flores, los planetas y los cielos, se sentía animado por cada una de estas criaturas a amar a ese Dios que todo lo había creado por amor a él.

JUEVES SANTO

Meditación de la mañana

"ELLA ES UN TESORO INFINITO PARA LOS HOMBRES".

La tierra, los cielos y toda la naturaleza contemplaron con asombro a Jesús, el Hijo unigénito de Dios, el Señor del Universo, morir de intenso dolor y angustia, en una Cruz vergonzosa --¿y por qué? Porque nos amó y se entregó por nosotros (Efesios v. 2). ¿Y los hombres creen esto y no aman a Dios?

I.

¡Oh valor inestimable del amor divino que nos enriquece ante Dios! Es el tesoro por el cual ganamos Su amistad. Es un tesoro infinito para los hombres, que los que lo usan se hacen amigos de Dios (Sabiduría vii. 14). Lo único que debemos temer, dice San Gregorio de Nisa, es la pérdida de la amistad de Dios; y el único objeto de nuestros deseos debe ser su consecución. Es el amor el que obtiene la amistad de Dios. De ahí que, según San Lorenzo Justiniano, por el amor los pobres se hacen ricos, y sin amor los ricos son pobres. "No hay mayor riqueza que tener caridad. Con caridad el pobre es rico, y sin caridad el rico es pobre".

¡Cuán grande es la alegría que siente una persona al creerse amada por un hombre de rango excelso! Pero ¡cuánto mayor debe ser el consuelo que un alma obtiene de la convicción de que Dios la ama! Yo amo a los que me aman (Proverbios viii. 17). En un alma que ama a Dios moran las Tres Personas de la Adorable Trinidad. Si alguno me ama, guardará mi palabra; y mi Padre le amará, y vendremos a él, y haremos morada con él (Juan xiv. 23). San Bernardo escribe que, entre todas las virtudes, la caridad es la que nos une a Dios. Santa Catalina de Bolonia decía que el amor es la cadena de oro que une el alma a Dios. San Agustín dice que "el amor es un eslabón que une al amante con el amado". Así pues, si Dios no fuera inmenso, ¿dónde encontrarlo? Encuentra un alma que ame a Dios, y allí ciertamente se encuentra Dios. De esto nos asegura San Juan. El que permanece en la caridad, permanece en Dios, y Dios en él (1 Juan iv. 16). Un pobre ama las riquezas, pero no por eso las disfruta; puede amar un trono, pero no por eso posee un reino. Pero el hombre que ama a Dios posee a Dios. Permanece en Dios y Dios en él.

Es verdad, oh Jesús mío, que soy tan desdichado como para haberte ofendido a menudo después de tantas luces y gracias especiales. Ya no soy digno de consumirme en esas benditas llamas con que se inflaman los santos. Más bien debería arder en el fuego del infierno. Pero Tú me mandas que te ame y yo te obedeceré. Te amaré, Jesús, con todo mi corazón.

II.

Santo Tomás dice que el amor arrastra consigo todas las demás virtudes, y las dirige todas a unirnos más estrechamente a Dios. Por eso, porque de la caridad nacen todas las virtudes, san Lorenzo Justiniano la llamó madre de todas las virtudes. De ahí que San Agustín dijera: "Ama y haz lo que quieras". Quien ama a Dios sólo puede hacer el bien: si hace el mal demuestra que ha dejado de amar a Dios. Y cuando deja de amar a Dios, de nada le aprovechan todas las cosas. Si, dijo el Apóstol, diera todos mis bienes a los pobres, y mi cuerpo a las llamas, y no tuviera caridad, nada soy. Y si repartiera todos mis bienes para dar de comer a los pobres, y si entregara mi cuerpo a las llamas, y no tuviera caridad, de nada me serviría (1 Corintios xiii. 3).

El amor también nos impide sentir las penas de esta vida. San Buenaventura dice que el amor de Dios es como la miel; endulza las cosas más amargas. Y ¿qué hay más dulce para un alma que ama a Dios que sufrir por Él? Sabe que abrazando alegremente los sufrimientos agrada a Dios, y que sus dolores serán las joyas más brillantes de su corona en el Paraíso. Y quién hay que no sufra y muera de buena gana a imitación de Jesucristo, que nos ha precedido, cargando con su cruz, para ofrecerse en sacrificio por amor a nosotros, e invitándonos a seguir su ejemplo. Si alguno quiere venir en pos de mí, tome su cruz y sígame (Mateo xvi. 24). Para ello, Él ha condescendido a humillarse hasta la muerte, y hasta la muerte oprobiosa de la Cruz, por amor a nosotros. Se humilló a sí mismo, haciéndose obediente hasta la muerte, y muerte de cruz (Filipenses ii. 8).

Oh Jesús, he creído todo esto y, sin embargo, no sólo no te he amado, sino que te he ofendido con frecuencia. Perdóname, te lo suplico, y tenme siempre presente la muerte que sufriste por mí, para que nunca más te ofenda, sino que siempre te ame. Santa María, Madre de Dios, haz que ame a Jesús: éste es el único favor que te pido.

Lectura espiritual

CONFESIÓN

III. -- CONTRICIÓN.

En segundo lugar, es necesario el dolor, que es la principal condición para obtener el perdón de los pecados. Las confesiones más dolorosas, no las más largas, son las mejores. La prueba de una buena Confesión se encuentra, dice San Gregorio, no en la multitud de las palabras del penitente, sino en la verdadera compunción del corazón. Pero los que se confiesan con frecuencia, y aborrecen incluso las faltas veniales, destierren toda duda sobre la sinceridad de su dolor. Algunos se turban porque no sienten dolor; quisieran derramar lágrimas, y sentir un dolor tierno cada vez que reciben el Sacramento de la Penitencia; y, porque con todos sus esfuerzos no consiguen excitar este dolor tierno, se sienten siempre inquietos acerca de sus Confesiones. Pero debéis persuadiros de que la verdadera pena no consiste en sentirla, sino en desearla. Todo el mérito de la virtud está en la voluntad; por eso, hablando de la Virtud de la Fe, Gerson ha dicho que a veces tiene más mérito una persona que desea creer que otra que cree. Hablando de la tristeza, Santo Tomás dice que la tristeza esencial necesaria para la Confesión es un disgusto por haber cometido pecado; y esta tristeza no está en la parte sensible del alma, sino en la voluntad; porque la tristeza sensible es un efecto del disgusto de la voluntad, efecto que no siempre somos capaces de producir, porque la parte inferior no siempre sigue y obedece a la parte superior del alma. Siempre que la voluntad se disguste, sobre todas las cosas, por haber cometido pecado, es buena la Confesión.

Procura abstenerte de esfuerzos forzados para excitar una tristeza sensible. Recuerda que, en cuanto a los actos interiores, los mejores son los que realizamos con la menor violencia, y con la mayor dulzura; pues el Espíritu Santo ordena todas las cosas dulce y pacíficamente (Sab 1). De ahí que el santo penitente Ezequías dijera de la pena que sentía por sus pecados: He aquí en la paz mi amargura más amarga (Isaías xxxviii. 17). Sentía una gran pena, pero acompañada de paz.

Cuando queráis recibir la absolución, procurad, en vuestra preparación para la Confesión, pedir primero a Jesucristo y a la dolorosa Madre María un verdadero dolor por vuestros pecados. Haz después, como ya se ha dicho, un breve examen de conciencia, y en cuanto al dolor, basta que digas con sinceridad:

Dios mío, Te amo sobre todas las cosas; espero, por la Sangre de Jesucristo, el perdón de todos mis pecados, de los cuales me arrepiento de todo corazón, porque con ellos he ofendido y desagradado a Tu infinita Bondad; los aborrezco por encima de todo mal, y uno mi aborrecimiento de ellos al que Jesús les tuvo en el Huerto de Getsemaní. Me propongo, con Tu gracia, no ofenderte nunca más.

Y cuantas veces hayas deseado sinceramente hacer estos actos, ve en paz a recibir la absolución, sin temor ni escrúpulo. Santa Teresa dio otro medio excelente para quitar la ansiedad del dolor de los pecados. 'Mira -decía la Santa- si tienes sincero propósito de no cometer los pecados que confiesas; si lo tienes, no dudes que también tienes verdadero dolor."

Meditación vespertina

LA PRÁCTICA DEL AMOR A JESUCRISTO.

II. -- CUÁN MERECEDOR ES JESUCRISTO DE NUESTRO AMOR POR EL AMOR QUE NOS DEMOSTRÓ EN SU PASIÓN.

I.

Santa María Magdalena de Pazzi, cuando tenía en la mano alguna flor hermosa, se encendía a su vista de amor a Dios, y decía: "¡Y Dios, entonces, ha pensado desde toda la eternidad en crear esta flor por amor a mí!". Así, aquella flor se convertía, por decirlo así, en un dardo de amor, que la hería dulcemente, y la unía más y más a su Dios. Por otra parte, Santa Teresa, a la vista de árboles, fuentes, ríos, lagos o prados, declaraba que todas estas cosas bellas la reprendían por su ingratitud al amar tan fríamente a un Dios que las creó para que la atrajeran a su amor. Con el mismo propósito se cuenta de un piadoso ermitaño que, cuando caminaba por el campo, le parecía que las plantas y las flores de su camino le reprochaban la frialdad con que correspondía a Dios, de modo que iba golpeándolas suavemente con su bastón y diciéndoles: ¡Oh, callad, callad! Me llamáis desgraciado ingrato; me decís que Dios os ha hecho por amor a mí, y sin embargo yo no le amo; pero ahora os comprendo, callad, callad; no me reprochéis más."

II.

Pero Dios no se contentó con darnos tantas criaturas hermosas. Ha llegado tan lejos para ganarse nuestro amor, como para darnos a Sí mismo. El Padre Eterno no dudó en darnos incluso a Su Hijo unigénito: Porque tanto amó Dios al mundo que dio a su Hijo unigénito (Juan iii. 16). Cuando el Padre Eterno vio que todos estábamos muertos, y privados de Su gracia por el pecado, ¿qué hizo? Por el inmenso amor, más aún, como escribe el Apóstol, por el excesivo amor que nos tenía, envió a su amado Hijo para que hiciera expiación por nosotros, y así nos devolviera la vida de la que el pecado nos había privado: El cual, por su gran caridad con que nos amó, aun estando nosotros muertos en pecados, nos dio vida juntamente con Cristo (Efesios ii. 4, 5). Y al concedernos a su Hijo (no perdonando a su Hijo para perdonarnos a nosotros), nos ha concedido todo bien junto con Él, su gracia, su amor y el Paraíso, pues ciertamente todos estos dones son mucho menores que el de su Hijo: El que no perdonó ni a su propio Hijo, sino que lo entregó por todos nosotros, ¿cómo no nos ha dado también con Él otras cosas? (Romanos viii. 32).

VIERNES DE SEMANA SANTA

(PRIMER VIERNES DE ABRIL)

Meditación de la mañana
"LAS HENDIDURAS DE LA ROCA".

Oh, ¿qué lugar seguro de refugio no encontraremos en las sagradas "hendiduras de la roca", es decir, en las Llagas de Jesucristo? "Las hendiduras de la roca", dice San Pedro Damián, "son las Llagas del Redentor; en ellas ha puesto mi alma su esperanza."

I.

No hay medio más seguro para encender en nosotros el amor divino que considerar la Pasión de Jesucristo. San Buenaventura dice que las Llagas de Jesucristo, por ser Llagas de amor, son dardos que hieren los corazones más duros, y llamas que incendian las almas más frías: "¡Oh Llagas, que hieres los corazones pétreos, y enciendes las mentes heladas.". Es imposible que un alma que cree y piensa en la Pasión del Señor le ofenda y no le ame, es más, que no corra a una santa locura de amor, al ver a un Dios como loco de amor por nosotros: "Hemos visto", dice San Lorenzo Justiniano, "a la Sabiduría infatuada por demasiado amor." De ahí que los gentiles, como dice el Apóstol, al oírle predicar la Pasión de Jesús crucificado, pensaran que era una locura: Nosotros predicamos a Cristo crucificado, para los judíos ciertamente un escándalo, pero para los gentiles necedad (1 Corintios i. 23). ¿Cómo es posible, decían, que un Dios todopoderoso y felicísimo, como el que se nos predica, haya estado dispuesto a morir por sus criaturas?

Ah, Jesús mío, si miro tu cuerpo, fuera sólo veo heridas y sangre. Si dentro, en Tu Corazón, no encuentro sino amargura y angustia que Te hacen sufrir las agonías de la muerte. Ah, Dios enamorado de los hombres, ¿cómo es posible que una bondad tan grande, y un amor semejante, queden tan mal correspondidos por los hombres? Suele decirse que el amor se paga con amor; pero tu amor, ¿con qué clase de amor puede ser pagado? Sería necesario que un Dios muriera por Ti para recompensar el amor que Tú nos has tenido al morir por nosotros. ¡Oh Cruz, oh Llagas, oh Muerte de Jesús, que me atáis estrechamente para amar a mi amado Jesús!

II.

Contempla a tu Redentor expirando, y con su último aliento diciendo: Consumado es (Juan xix. 30). Como si hubiera dicho: Oh hombres, todo ha sido consumado y hecho para vuestra redención. Amadme, pues, ya que nada más puedo hacer para que me améis. Alma mía, mira a tu Jesús que ahora va a morir. Mira esos ojos que se oscurecen, ese rostro que palidece, ese Corazón que late con pulso lánguido, ese Cuerpo que ahora se abandona a la muerte: y mira esa hermosa Alma que está a punto de abandonar ese Sagrado Cuerpo. Los cielos se oscurecen, la tierra tiembla, los sepulcros se abren; signos de que ahora el Hacedor del mundo está a punto de morir. He aquí que, al fin, Jesús, después de haber encomendado su alma bendita a su Padre, dando primero un profundo suspiro desde su afligido corazón, y luego inclinando la cabeza en señal de la ofrenda de su vida, que en este momento renovó por nuestra salvación, al fin, por la violencia de su dolor, expira y entrega su Espíritu en manos de su amado Padre.

Acércate, alma mía, a esta santa Cruz. Abraza los pies de tu Salvador muerto y piensa que ha muerto por el amor que te tenía. Ah, Jesús mío, ¿a qué te ha reducido tu afecto hacia mí? ¿Y quién, más que yo, ha gozado de los frutos de Tu muerte? Hazme comprender, te lo suplico, qué amor ha debido de ser que un Dios muera por mí, para que desde hoy no ame a nadie más que a Ti. Te amo, oh sumo Bien; oh verdadero Amante de mi alma, en Tus manos la encomiendo. Te suplico que, por los méritos de tu muerte, me hagas morir a todos los amores terrenales, para amarte sólo a Ti, que eres el único digno de todo mi amor. María, esperanza mía, ruega a Jesús por mí.

Dios te salve, Jesús, Amor nuestro, y María, Esperanza nuestra.

"¡Oh Corazón desgarrado, oh Amor por mí ahora crucificado! Haz que mi alma descanse en tu costado herido".

Lectura espiritual
CONFESIÓN
IV. -- PROPÓSITO DE ENMIENDA: FIRME, UNIVERSAL, EFICAZ.

En tercer lugar, para una buena Confesión es necesario el propósito de no pecar más; y este propósito debe ser firme, universal y eficaz.

En primer lugar, debe ser firme. Algunos dicen: Quisiera no volver a cometer este pecado: Nunca más quisiera ofender a Dios. Desgraciadamente, esta expresión, desearía, denota que el propósito no es firme. Para tener; un propósito firme, debes decir con voluntad resuelta: Nunca más cometeré este pecado: Nunca más ofenderé deliberadamente a Dios.

En segundo lugar, debe ser universal. El penitente debe proponerse evitar todos los pecados sin excepción, es decir, todos los pecados mortales. Con respecto a los pecados veniales, basta para la validez del Sacramento tener dolor por una especie de ellos, y tener el firme propósito de evitarla. Las almas espirituales deben proponerse evitar todos los pecados veniales deliberados; y en cuanto a los pecados veniales indeliberados, basta que resuelvan guardarse de ellos lo mejor que puedan; porque es imposible evitar todos los pecados indeliberados.

En tercer lugar, el propósito de evitar el pecado debe ser eficaz; es decir, debe hacer que el penitente adopte los medios para no recaer en los pecados que confiesa, y debe hacerle evitar las ocasiones próximas de una recaída. Se llama próxima la ocasión en que una persona ha caído frecuentemente en pecado grave, o ha sido, sin causa justa, ocasión de pecado para otros. No basta que los penitentes se propongan solamente renunciar al pecado; es necesario que se propongan también remover la ocasión de él; de lo contrario, todas sus confesiones, aunque reciban mil absoluciones, serán inválidas, porque no remover la ocasión próxima de pecado mortal es en sí mismo un pecado mortal. Y, como ya he demostrado en mi Teología Moral (Libro 6, n. 454), quien recibe la absolución sin el firme propósito de eliminar la ocasión próxima de los pecados mortales, comete un nuevo pecado mortal, y es culpable de sacrilegio.

Pero alguien puede decir: Si me separo de tal persona, si abandono tal familiaridad, el escándalo será la consecuencia, y será ocasión de hablar. Yo respondo: Te equivocas; por el contrario, darás escándalo al no quitar la ocasión, a los que están enterados de la amistad; y ten por seguro, que aunque no hablen en tu presencia, piensan que tu conducta merece reproche. Pero tú dirás: Separarme de tal persona sería un acto de incivilidad, e incluso de ingratitud, pues tal persona me ayuda, me sirve y me alivia. Sí, tal persona te ayuda a alejarte de Dios, y a hacerte llevar una vida infeliz aquí, y una vida más infeliz en el más allá. ¿Es incivilidad o ingratitud evitar a tal persona?

La urbanidad y la gratitud se deben en primer lugar a Jesucristo, que es un Soberano de infinita Majestad, y de Quien hemos recibido inmensos beneficios. ¿No veis entonces que es la pasión la que os hace hablar así, y os hace buscar pretextos para llevaros a la perdición eterna? Ah! no deis más dolor al Corazón de Jesucristo. A Santa Ludgard, mientras estaba miserablemente enredada en una peligrosa amistad, se le apareció Jesús y le mostró su Corazón gravemente herido. La Santa comenzó a llorar por su falta, y se despidió de su amigo, diciendo que no podía amar a otro que a Jesucristo, con Quien se había desposado. Desde entonces se consagró por entero al amor de su Esposo y se hizo Santa.

Meditación vespertina

LA PRÁCTICA DEL AMOR A JESUCRISTO.

III. -- CUÁN MERECEDOR ES JESUCRISTO DE NUESTRO AMOR POR EL AMOR QUE NOS DEMOSTRÓ EN SU PASIÓN.

I.

El divino Hijo de Dios, por su amor hacia nosotros, se nos ha entregado por entero: El cual me amó, y se entregó a sí mismo por mí (Gálatas 20). Para redimirnos de la muerte eterna y recuperar para nosotros la gracia divina y el cielo que habíamos perdido, se hizo hombre y asumió una carne semejante a la nuestra: Et verbum caro factum est; Y la Palabra se hizo carne. He aquí, pues, un Dios reducido a la nada: Sino que se despojó a sí mismo, tomando forma de siervo... y en el hábito se encontró como un hombre (Filipenses 7). He aquí al Soberano Señor del mundo humillándose hasta el punto de someterse a todas las miserias que padecen los demás hombres.

Pero lo que es aún más asombroso es que podría habernos salvado sin morir y sin sufrir en absoluto; y, sin embargo, eligió una vida de dolor y desprecio, y una muerte de amargura e ignominia hasta expirar en una cruz, la horca de la infamia, el premio de los criminales más viles: Se humilló a sí mismo, haciéndose obediente hasta la muerte, y muerte de cruz (Filipenses ii. 8). Pero, si podía habernos rescatado sin sufrir, ¿por qué eligió morir, y morir en una cruz? Para mostrarnos cómo nos amaba. Quien me amó y se entregó por mí. Nos amó, y porque nos amó, se entregó a sí mismo a dolores e ignominias, y a una muerte más cruel de la que jamás hombre alguno haya soportado en este mundo.

II.

Ese gran amante de Jesucristo, San Pablo, ha escrito: La caridad de Cristo nos apremia (2 Corintios v. 14); queriendo mostrarnos con estas palabras que no son tanto los sufrimientos mismos de Jesucristo como su amor al soportarlos lo que nos obliga y, por decirlo así, nos constriñe a amarle. Oigamos lo que dice San Francisco de Sales sobre este texto: "Cuando recordamos que Jesucristo, verdadero Dios, nos ha amado hasta el punto de sufrir la muerte, y la muerte de Cruz por nosotros, nuestros corazones son, por así decirlo, puestos en un lagar, y sufren violencia, hasta que el amor es arrancado de ellos; pero una violencia que, cuanto más fuerte es, se hace más deliciosa." Luego continúa diciendo: "Ah, ¿por qué no nos arrojamos, pues, sobre Jesús crucificado, para morir en la Cruz con Él, que ha elegido morir por amor a nosotros? Lo abrazaré, deberíamos decir, y nunca lo soltaré; moriré con Él y me consumiré en las llamas de Su amor. Una llama consumirá a este Divino Creador y a Su miserable criatura. Mi Jesús se entrega sin reservas a mí, y yo me entregaré sin reservas a Él. Viviré y moriré en Su amoroso Seno; ni la vida ni la muerte me separarán jamás de Él. ¡Oh Amante eterno, mi alma Te anhela y Te elige para siempre! Ven, oh Espíritu Santo, e inflama de amor nuestros corazones. ¡Oh amor, oh muerte, morir a todos los demás amores, para vivir únicamente al de Jesucristo! Oh Redentor de nuestras almas, concédenos cantar eternamente: "¡Vive, Jesús! Yo amo a Jesús; ¡vive, Jesús, a Quien amo! Sí, amo a Jesús, que reina por los siglos de los siglos'".

SÁBADO DE PASCUA

Meditación de la mañana.

EL AMOR DEL CORAZÓN DE MARÍA A DIOS.

Amarás al Señor tu Dios con todo tu corazón. En María el amor divino era tan ardiente que bien podrían haber descendido del Cielo hasta los Serafines para aprender en el corazón de María cómo amar a Dios.

I.

San Anselmo dice que "donde hay la mayor pureza, hay también la mayor caridad". Cuanto más puro y vacío de sí mismo es un corazón, tanto mayor es la plenitud de su amor hacia Dios. La santísima María, porque era toda humildad, y no tenía nada de sí misma en ella, estaba llena del amor Divino, de modo que "su amor hacia Dios superaba al de todos los hombres y Ángeles", como escribe San Bernardino. Por eso San Francisco de Sales con razón la llamó "la Reina del amor".

En efecto, Dios ha dado a los hombres el precepto de amarle con todo el corazón: Amarás al Señor tu Dios con todo tu corazón (Mateo xxii. 37); pero, como declara Santo Tomás, "este mandamiento sólo se cumplirá plena y perfectamente por los hombres en el Cielo, y no en la tierra, donde sólo se cumple imperfectamente." A este propósito, el Beato Alberto Magno comenta que, en cierto sentido, habría sido impropio de Dios dar un precepto que nunca se hubiera de cumplir perfectamente. Pero éste habría sido el caso si la Divina Madre no lo hubiera cumplido perfectamente. Dice el Santo: "O alguien cumplió este precepto, o nadie; si alguien, debió ser la Santísima Virgen". Ricardo de San Víctor confirma esta opinión, diciendo: "La Madre de nuestro Emmanuel practicó las virtudes en su más alta perfección. ¿Quién ha cumplido como ella el primer mandamiento: Amarás al Señor tu Dios con todo tu corazón? En ella el amor divino era tan ardiente que ningún defecto de ningún tipo podía tener acceso a ella." "El amor divino", dice San Bernardo, "penetró y llenó de tal manera el alma de María, que ninguna parte de ella quedó intacta;

de modo que amaba con todo su corazón, con toda su alma, con todas sus fuerzas, y estaba llena de gracia." Por tanto, bien podía decir María: Mi Amado se me ha dado todo a mí, y yo me he dado toda a Él: Mi Amado a mí, y yo a él (Cánticos ii. 16). "¡Ah! bien podrían incluso los Serafines", dice Ricardo, "haber descendido del Cielo para aprender, en el corazón de María, cómo amar a Dios".

Oh María, Madre mía, que no deseas otra cosa sino ver a Jesús amado, alcánzame esta gracia sobre todas las demás. No te pido bienes terrenales, ni honores, ni riquezas. Te pido lo que tu propio corazón más desea para mí. Deseo amar a mi Dios.

II.

Dios, que es amor, vino a la tierra para encender en los corazones de todos la llama de su divina caridad; pero en ningún corazón la encendió tanto como en el de su Madre, porque su corazón estaba enteramente puro de todo afecto terreno, y plenamente preparado para arder con esta bendita llama. Así dice San Sofronio que "el amor divino la inflamaba de tal modo que nada terrenal podía entrar en sus afectos; siempre estaba ardiendo con esta llama celestial y, por así decirlo, embriagada de ella". De ahí que el corazón de María se hiciera todo fuego y llamas, como leemos de ella en los sagrados Cánticos: Sus lámparas son fuego y llama (Cant. viii. 6); fuego que arde dentro por el amor, como lo explica San Anselmo; y llamas que brillan fuera por el ejemplo que dio a todos en la práctica de las virtudes. Así pues, cuando María estaba en este mundo y llevaba a Jesús en sus brazos, bien podía llamársele "fuego portador de fuego"; y con mucha más razón que la mujer de la que habla Hipócrates, a la que se llamaba así porque llevaba fuego en la mano. Sí, porque San Ildefonso dijo que "el Espíritu Santo calentó, inflamó y fundió a María con amor, como el fuego al hierro; de modo que se veía la llama del Espíritu Santo, y no se sentía otra cosa que el fuego del amor de Dios." Santo Tomás de Villanueva dice que la zarza vista por Moisés, que ardía sin consumirse, era un símbolo real del corazón de María. Por eso, con razón, dice San Bernardo, fue vista por San Juan vestida del sol: y apareció una gran maravilla en el cielo, una mujer vestida del sol (Apocalipsis xii. 1); "porque -continúa el Santo- estaba tan estrechamente unida a Dios por el amor, y penetraba tan profundamente en el abismo de la sabiduría divina, que, sin una unión personal con Dios, parecería imposible que una criatura tuviera una unión más estrecha con Él."

Oh bellísima María, oh amabilísima María, ¡has ganado el Corazón de Dios! Toma también mi corazón y hazme santo. Yo te amo. En ti confío. Madre amabilísima, ruega por mí.

Lectura espiritual

CONFESIÓN
V. -- LA FALSA VERGÜENZA.

¡Oh Dios, cuántas almas, a causa de esta maldita vergüenza, arderán y arderán para siempre en las mismas profundidades del infierno! Algunos cristianos, por respeto humano y por temor a perder la estima de los demás, continúan fácilmente durante meses y años haciendo confesiones y comuniones sacrílegas. En las Crónicas de las Carmelitas Descalzas, se cuenta que una joven de gran virtud consintió en un pecado contra la castidad; ocultó el pecado tres veces en la Confesión y comulgó; después de la tercera Comunión cayó repentinamente muerta. Por ser tenida por Santa, su cuerpo fue depositado en un lugar particular de la iglesia de los Jesuitas; pero terminadas las exequias y cerrada la Iglesia, la confesora fue conducida por dos Ángeles al lugar de la sepultura; salió, cayó de rodillas y arrojó de su boca en un cáliz preparado para ellos, las tres Hostias consagradas que había recibido sacrílegamente, y que milagrosamente se conservaban en su pecho. Los ángeles la despojaron del escapulario; la miserable muchacha presentó al instante un aspecto horrible y fue llevada fuera de su vista por dos demonios.

Pero ¿cómo puede un cristiano que ha sido tan atrevido como para pecar gravemente contra la Majestad Divina, y ha merecido así el infierno, donde debería sufrir vergüenza eterna, encontrar una excusa ante Dios para ocultar un pecado en la Confesión, para evitar la confusión momentánea y trivial que surgiría de confesarlo a un sacerdote? Si desea ser perdonado por Dios, y librarse del infierno que ha merecido, la vergüenza causada por la confesión de su pecado le dispone a recibir el perdón. Es justo que el hombre que ha despreciado a Dios se humille y se confunda. Adelaida, la pecadora, dio una hermosa respuesta al demonio. Llamada por Dios a un cambio de vida, se convirtió, y al instante resolvió hacer una buena Confesión; el demonio puso ante sus ojos la vergüenza que debería sufrir al confesar todos sus pecados, y le dijo: "Adelaida, ¿adónde vas?". Ella valientemente respondió: "Bestia inmunda, ¿me preguntas adónde voy? Voy a confundirme y a confundirte".

Meditación vespertina
LA PRÁCTICA DEL AMOR DE JESUCRISTO.
IV. -- CUÁN MERECEDOR ES JESUCRISTO DE NUESTRO AMOR POR EL AMOR QUE NOS HA DEMOSTRADO EN SU PASIÓN.

I.

El amor de Jesucristo hacia los hombres creó en Él un anhelante deseo de que llegara el momento de su muerte, cuando su amor se manifestara plenamente a ellos; por eso solía decir en vida: Tengo un bautismo con el que he de ser bautizado, y ¡cuán apurado estoy hasta que se cumpla! (Lucas xii. 50). Tengo que ser bautizado en mi propia Sangre, y ¡cómo me angustia el deseo de que llegue pronto la hora de mi Pasión, porque entonces conocerá el hombre el amor que le profeso! De ahí que San Juan, hablando de aquella noche en que Jesús comenzó Su Pasión, escriba: Jesús, sabiendo que había llegado su hora de pasar de este mundo al Padre, habiendo amado a los suyos que estaban en el mundo, los amó hasta el extremo (Juan xiii. 1). El Redentor llamó a esa hora su propia hora (hora ejus), porque la hora de su muerte era la deseada por Él, ya que era entonces cuando quería dar a los hombres la última prueba de su amor, muriendo por ellos en una cruz, abrumado por los dolores.

Pero, ¿qué pudo inducir a un Dios a morir como malhechor en una Cruz entre dos pecadores con tal insulto a Su Divina Majestad? "¿Qué hizo esto?", pregunta San Bernardo. Él responde: "Fue el amor, descuidado de su dignidad". Ah, el amor, en efecto, cuando trata de darse a conocer, no busca lo que conviene a la dignidad del amante, sino lo que servirá mejor para declararse al objeto amado. San Francisco de Paula, por lo tanto, tenía buenas razones para gritar a la vista de un Crucifijo: "¡Oh caridad! ¡Oh caridad! ¡Oh caridad! Y del mismo modo, cuando miramos a Jesús en la Cruz, todos deberíamos exclamar: ¡Oh amor! ¡Oh amor! ¡Oh amor!

II.

Ah, si la Fe no nos lo hubiera asegurado, ¿quién hubiera podido creer que un Dios todopoderoso, felicísimo y Señor de todo, hubiera condescendido a amar al hombre hasta tal punto que parece salir de Sí mismo por amor a él? Hemos visto a la misma Sabiduría, es decir, al Verbo Eterno, volverse insensata por el excesivo amor que profesaba al hombre. Así habló San Lorenzo Justiniano. "Vemos a la Sabiduría misma infatuarse por exceso de amor". Lo mismo dijo Santa María Magdalena de Pazzi. Un día, estando en éxtasis, tomó en sus manos un Crucifijo de madera y exclamó: "¡Sí, Jesús mío, Tú estás loco de amor! Lo repito y lo diré siempre: Jesús mío, estás loco de amor". Pero no, dice San Denis el Areopagita: "No, no es locura, sino el efecto ordinario del amor divino, que hace salir de sí al que ama para entregarse por entero al objeto de su amor: El amor divino causa el éxtasis".

¡Oh, si los hombres se detuvieran y, mirando a Jesús en la Cruz, consideraran el amor que Él ha tenido con cada uno de ellos! "¡Con qué amor," dice San Francisco de Sales, "no se encenderían nuestras almas a la vista de esas llamas que están en el pecho del Redentor! Y ¡oh, qué felicidad, poder ser consumidos por ese mismo fuego con el que

nuestro Dios arde por nosotros! Qué dicha, estar unidos a Dios por las cadenas del amor!".
San Buenaventura llamó a las Llagas de Jesucristo, Llagas que traspasan los corazones más insensatos, y que inflaman las almas más ardientes. ¡Cuántos dardos de amor salen de esas Llagas, para herir los corazones más duros! ¡Oh, cuántas llamas salen del Corazón ardiente de Jesucristo, para inflamar las almas más frías! Y cadenas, ¡cuántas, de ese costado herido, para atar las voluntades más obstinadas!

DOMINGO BAJO

Meditación de la mañana
"ESTA ES LA VICTORIA QUE VENCE AL MUNDO: NUESTRA FE".
Una balanza falsa está en su mano (Oseas xii. 7). Con estas palabras, el Espíritu Santo nos
advierte que no nos dejemos engañar por el mundo, porque el mundo pesa sus bienes
en una balanza falsa; nosotros debemos pesarlos en la verdadera balanza de la Fe, que nos
mostrará cuáles son los verdaderos bienes. ¡Oh, qué desdichado he sido, Señor, por haber
ido durante tantos años tras las vanidades del mundo, y haberte dejado a Ti, el Soberano
Bien!

I.

El pensamiento de la vanidad del mundo, y de que todas las cosas que el mundo valora
no son más que falsedad y engaño, ha hecho que muchas almas resuelvan entregarse
enteramente a Dios. ¿De qué le sirve al hombre ganar el mundo entero si pierde su alma?
(Mateo xvi. 26). ¡A cuántos jóvenes ha llevado esta gran máxima del Evangelio a dejar
parientes, patria, posesiones, honores y hasta coronas, para ir a encerrarse en claustros o
desiertos, a pensar allí sólo en Dios! El día de la muerte se llama el día de la destrucción:
El día de la destrucción está cerca (Deuteronomio xxxii. 35). Es un día de destrucción,
porque todos los bienes que hemos ganado en la tierra deben ser abandonados el día de
nuestra muerte. Por eso San Ambrosio dice sabiamente que llamamos falsamente a estos
bienes nuestros bienes, porque no podemos llevarlos con nosotros al otro mundo, donde
debemos morar para siempre. Sólo nuestras obras santas nos acompañan, y sólo ellas nos
consolarán en la eternidad.

Todas las fortunas terrenas, las más altas dignidades, el oro, la plata, las joyas más
preciosas, cuando se contemplan desde el lecho de muerte pierden su esplendor; la sombra
oscura de la muerte oscurece incluso los cetros y las coronas, y nos hace ver que todo
lo que el mundo valora no es más que humo, polvo, vanidad y miseria. Y, en verdad,

en el momento de la muerte, ¿qué provecho hay en todas las riquezas adquiridas por el moribundo, si nada le pertenece después de la muerte excepto una caja de madera, en la que se le coloca para que se corrompa? Pues, ¿de qué servirá la cacareada belleza del cuerpo, si sólo queda de él un poco de polvo contaminado y cuatro miembros descarnados?

¿Qué es la vida del hombre en la tierra? Contempladla, tal como la describe Santiago: Es un vapor que aparece por un poco de tiempo, y después pasará (Santiago iv. 15). Hoy se estima a este gran hombre, se le teme, se le alaba; mañana se le desprecia, se le desprecia y se abusa de él. He visto a los impíos enaltecidos y elevados como los cedros del Líbano. Y he pasado y, ¡he aquí que no estaba! (Salmo xxxvi. 35, 36). Ya no se encuentra en su amada casa, en este gran palacio que construyó; ¿y dónde está? Se ha convertido en polvo en la tumba.

Tiene en su mano una balanza falsa (Oseas xii. 7). Con estas palabras, el Espíritu Santo nos advierte que no nos dejemos engañar por el mundo, porque el mundo pesa sus bienes en una balanza falsa; nosotros debemos pesarlos en la verdadera balanza de la Fe, que nos mostrará cuáles son los verdaderos bienes que nunca se acaban. Santa Teresa decía que nunca debemos tener en cuenta nada que termine con la muerte. Oh Dios, qué grandeza les ha quedado a tantos primeros ministros de Estado, comandantes de ejércitos, príncipes, emperadores romanos, ahora que la escena ha cambiado y se encuentran en la eternidad. Su memoria ha perecido con un ruido (Salmo ix. 7). Hicieron una gran figura en el mundo, y sus nombres resonaron entre todos; pero cuando murieron, para ellos cambió el rango, el nombre y todo. Conviene aquí fijarse en una inscripción colocada sobre cierto cementerio en el que están enterrados muchos grandes hombres y damas: Mira dónde termina toda grandeza, toda pompa terrenal, toda belleza. Gusanos, polvo, una piedra sin valor, un poco de arena, cierran la breve escena al final de todo".

¡Oh, qué desdichado he sido, oh Señor, al haber ido durante tantos años tras las vanidades del mundo, y haberte dejado a Ti, el Bien Soberano!

II.

La moda de este mundo pasa (1 Corintios vii. 31). Nuestra vida no es más que una escena que pasa y termina pronto; y debe terminar para todos, sean nobles o plebeyos, reyes o súbditos, ricos o pobres. Dichoso aquel que, en esta escena, ha desempeñado bien su papel ante Dios. Felipe III, rey de España, murió joven, a la edad de cuarenta y dos años; y antes de morir dijo a los que estaban junto a él: "Cuando yo muera proclamad el espectáculo que ahora veis; proclamad que, en la muerte, el haber sido rey sólo sirve para hacer sentir el dolor de haber reinado", Y luego se lamentó diciendo: "¡Oh, si durante este tiempo hubiera estado en un desierto, haciéndome santo, para comparecer ahora con más confianza ante el tribunal de Jesucristo!".

Conocemos el cambio de vida de San Francisco de Borja a la vista del cadáver de la emperatriz Isabel, que, en vida, era bellísima, pero, después de muerta, causaba horror a cuantos la veían. Borja, al verla, exclamó: "¡Así acaban las cosas buenas de este mundo!", y se entregó por entero a Dios. Ojalá todos pudiéramos imitarle antes de que nos alcance la muerte. Pero démonos prisa, porque la muerte corre hacia nosotros y no sabemos cuándo llegará. No actuemos de tal manera que la luz que Dios nos dará entonces no nos cause más que remordimiento cuando tengamos en nuestras manos la vela de la muerte. Resolvámonos a hacer ahora lo que entonces desearemos haber hecho y no podremos hacer.

No, Dios mío, no basta que me hayas soportado hasta ahora; no quiero que esperes más para verme entregarme enteramente a Ti. Tú me has advertido muchas veces que acabe con este mundo y me entregue por entero a tu amor. Ahora me dices que me vuelva a Ti; he aquí que vengo, recíbeme en tus brazos. Me abandono enteramente a Ti. Oh Cordero inmaculado, sacrificado en una Cruz por mí, lávame primero con Tu Sangre, y perdona todas las injurias que has recibido de mí; y luego inflámame con Tu santo amor. Te amo sobre todas las cosas; Te amo con todo mi corazón. ¿Y qué puedo encontrar en el mundo más digno de amor que Tú, o que me haya amado más? Oh María, Madre de Dios y abogada mía, ruega por mí; obtén para mí un cambio de vida verdadero y duradero. En Ti confío.

Lectura espiritual

CONFESIÓN

VI. - ILUSIONES Y VANOS TEMORES.

Junto con la falsa vergüenza, el demonio se esfuerza por llenar la mente de los pecadores con muchos engaños y vanos temores.

El tal dice: Mi confesor me reprenderá severamente si cuento este pecado. ¿Por qué habría de reprenderte? Dime, si fueras confesor, ¿hablarías duramente a un pobre penitente que viniera a manifestarte sus miserias, con la esperanza de ser levantado de su estado caído? ¿Cómo, pues, puedes imaginar que un confesor, que está obligado por su oficio a mostrar caridad a los que acuden al tribunal de la penitencia, te trate con dureza y severidad, si le confiesas tu pecado?

Otro dice: Pero el confesor, al menos, se escandalizará de mi pecado y me tendrá antipatía. ¡Todo falso! Se edificará cuando vea la buena disposición que hace que un pecador confiese sus pecados con sinceridad, a pesar de la vergüenza que siente. ¿Y no habrá oído de otros penitentes pecados semejantes o tal vez más graves? Oh, ¡ojalá fueras tú el único pecador del mundo! Tampoco es cierto que sienta antipatía por aquellos que le revelan sus culpas; por el contrario, los estimará más y trabajará con más celo para ayudarlos cuando vea la confianza que depositan en él y que les ha hecho revelarle sus miserias.

Ay, ¿qué dicen algunos pecadores? Me confesaré, pero no hasta que venga otro confesor. Y, por evitar la vergüenza, ¿vivirán mientras tanto enemistados con Dios? ¿En peligro de perderse para siempre, en un verdadero infierno causado por los remordimientos de conciencia que laceran el alma, y que los dejan sin paz ni de noche ni de día? ¿Y permanecerán en pecado, o añadirán varios sacrilegios al pecado que han cometido? ¿No saben que el sacrilegio es un pecado horrible? ¿Cambiarán en veneno de muerte eterna el remedio que Jesucristo les ha preparado con Su Sangre, en el Sacramento de la Penitencia? Dicen que después se confesarán. Pero qué será de ellos para la eternidad si encuentran una muerte repentina, que ahora es tan frecuente que casi todos los días oímos que alguien ha muerto repentinamente.

Pero, dirá alguno, no tengo confianza en mi confesor. Vaya entonces a otro. Pero si una persona no pudiera procurarse un confesor extraño, ¿no sería una locura ocultar su pecado? Si estuviera afligido por una úlcera que pudiera causar la muerte, ¿no llamaría al instante, si no hubiera otro remedio, a un cirujano y, por grande que fuera su vergüenza, no daría a conocer su enfermedad? Y para recuperar la vida del alma y escapar del infierno, un cristiano no se atreve a abrir su conciencia a un Padre Espiritual.

Tú, pues, debes tener valor, y vencer generosamente esta vergüenza que el demonio tanto engrandece en tu mente. Bastará que empieces a revelar el pecado que has cometido; todas tus vanas aprensiones se desvanecerán al instante. Y puedes estar persuadido de que, después de la Confesión, te sentirás más feliz por haber confesado tus pecados que si te hubieran hecho monarca de toda la tierra. Encomiéndate a la Santísima Virgen María, y ella te obtendrá fuerzas para vencer toda repugnancia. Y si no tienes valor para revelar inmediatamente tus pecados al confesor, dile: Padre, ayúdame, porque necesito ayuda; he cometido un pecado que no me atrevo a confesar. El confesor adoptará un medio fácil para sacar de su madriguera a la fiera que te devora. Bastará con que respondas "sí" o "no" a sus interrogatorios. Si una persona no está dispuesta a contar su pecado con palabras, puede escribirlo en un papel y mostrárselo al confesor, diciendo: "Me acuso de este pecado que has leído." Y he aquí que el infierno eterno y temporal ha desaparecido, se recupera la gracia de Dios, y con ella la paz de la conciencia. Cuanto mayor sea la violencia que una persona se haga a sí misma para vencer la vergüenza, mayor será el afecto con que Dios la abrazará. El Padre Pablo Segneri el Joven cuenta que cierta persona se esforzó tanto en confesar ciertos pecados cometidos en su infancia que, al revelarlos a su confesor, se desmayó. Pero a cambio de la violencia que se había hecho a sí misma, el Señor le concedió una compunción tan ferviente que desde entonces se entregó a una vida de perfección y de grandes austeridades y murió con fama de santa.

Meditación vespertina

LA PRÁCTICA DEL AMOR A JESUCRISTO.

V. - CUÁN MERECEDOR ES JESUCRISTO DE NUESTRO AMOR POR EL AMOR QUE NOS DEMOSTRÓ EN SU PASIÓN.

I.

El bienaventurado Juan de Ávila, que estaba tan enamorado del amor de Jesucristo, que no dejaba de hablar en ninguno de sus sermones del amor que Jesucristo nos tiene, en un tratado sobre el amor que este amantísimo Redentor tiene a los hombres, se ha expresado con sentimientos tan llenos del fuego de la devoción y de tanta belleza, que deseo insertarlos aquí. Dice: "Tú, oh Redentor, has amado al hombre de tal manera que quien reflexiona sobre este amor no puede menos que amarte; porque tu amor ofrece violencia a los corazones: como dice el Apóstol: La caridad de Cristo nos apremia (2 Corintios v. 14). La fuente del amor de Jesucristo a los hombres es Su amor a Su Padre Eterno. Por eso dijo el Jueves Santo: Para que el mundo conozca que amo al Padre, levántate y vámonos (Juan xiv. 31). Pero ¿adónde? A morir por los hombres en la Cruz.

"Ningún intelecto humano puede concebir con qué fuerza arde este fuego en el Corazón de Jesucristo. Así como se le ordenó sufrir la muerte una vez, así, si se le hubiera ordenado morir mil veces, su amor habría sido suficiente para soportarlo. Y si lo que sufrió por todos los hombres le hubiera sido impuesto por la salvación de cada una de las almas, habría hecho por cada una lo mismo que hizo por todas. Y así como permaneció tres horas en la cruz, de haber sido necesario, su amor le habría hecho permanecer allí incluso hasta el día del juicio final. De modo que Jesucristo amó mucho más de lo que sufrió. Oh amor divino, cuánto más grande eras de lo que exteriormente parecías ser; porque aunque tantas heridas y contusiones nos hablan de un gran amor, no dicen toda su grandeza. Había mucho más dentro de ti de lo que parecía exteriormente. No era más que una chispa que brotaba del vasto océano del amor infinito. La mayor señal de amor es dar la vida por nuestros amigos. Pero ésta no era una señal suficiente para que Jesucristo expresara su amor".

II.

"Este es el amor que hace que las almas santas se pierdan y se queden asombradas cuando una vez se les ha permitido conocerlo. De él brotan esos ardientes sentimientos de ardor, el deseo del martirio, el gozo en los sufrimientos, la exultación bajo las tormentas de la angustia, la fuerza para caminar sobre carbones encendidos como si fueran rosas, la sed de sufrimientos, alegrarse de lo que el mundo teme, abrazar lo que aborrece. San Ambrosio dice que el alma que se desposa con Jesucristo en la Cruz no considera nada tan glorioso como llevar sobre sí las marcas del Crucificado.

"Pero, ¿cómo, oh Amante mío, pagaré este Tu amor? Es justo que la sangre sea compensada con sangre. ¡Que me vea teñido en esta Sangre y clavado en esta Cruz! ¡Oh Santa Cruz, acógeme a mí también! ¡Oh corona de espinas, engrandécete, para que yo también pueda colocarte sobre mi cabeza! ¡Oh clavos, deja esas manos inocentes de mi Señor, y ven a traspasar mi corazón con compasión y con amor! Porque Tú, Jesús mío, moriste, como dice San Pablo, para ganar el dominio sobre los vivos y los muertos, no por medio de castigos, sino por amor. Porque para esto murió Cristo y resucitó: para ser Señor tanto de los muertos como de los vivos (Romanos xiv. 9)".

LUNES DESPUÉS DEL DOMINGO BAJO

(25 DE ABRIL)

Meditación de la mañana
"EL SEÑOR ES PEQUEÑO Y MUY AMADO".

El Hijo de Dios quiso presentarse bajo la forma de un dulce Niño, para atraer más fácilmente y con más fuerza el amor de los hombres. Los niños pequeños son amados de inmediato. Verlos y amarlos es la misma cosa. Así nació Aquel que quiso ser amado y no temido.

I.

"¡Oh almas!", exclama San Bernardo, "¡amad a este pequeño Niño, porque Él es sumamente amado! El Señor es grande y digno de alabanza (Salmo cxliv. 3). El Señor es pequeño y muy amado. Sí, dice el Santo, este Dios existe desde toda la eternidad y es digno de toda alabanza y reverencia por su grandeza, como ha cantado David: El Señor es grande y digno de alabanza. Pero ahora que lo contemplamos convertido en un pequeño Infante, necesitado de leche e incapaz de moverse, temblando de frío, gimiendo y llorando, buscando a alguien que lo tome, lo caliente y lo consuele; ¡ah, ahora sí que se convierte en el ser más querido de nuestros corazones! "El Señor es pequeño y muy amado".

Debemos adorarlo como a nuestro Dios, pero nuestro amor debe ir a la par de nuestra reverencia hacia un Dios tan amable, tan amoroso.

San Buenaventura nos recuerda que un niño encuentra su deleite en otros niños, en las flores y en los brazos. El Santo quiere decir que, si queremos agradar a este Divino Infante, también nosotros debemos hacernos niños, sencillos y humildes; debemos llevarle flores de virtud, de mansedumbre, de mortificación, de caridad; debemos estrecharle en los brazos de nuestro amor.

Y, oh hombre, añade San Bernardo, ¿qué más esperas ver antes de entregarte enteramente a Dios? Mira con qué trabajo, con qué ardiente amor, tu Jesús ha bajado del Cielo a buscarte. Escucha, sigue diciendo, cómo, apenas nacido, te llaman sus lamentos, como si quisiera decirte: Oh alma, oh alma, es a ti a quien busco; por ti, y para obtener tu amor, he venido del Cielo a la tierra.

Oh Dios, hasta los mismos brutos, si les hacemos un favor, si les damos alguna bagatela, se sienten tan agradecidos por ello que se acercan a nosotros, cumplen nuestras órdenes a su manera, y muestran síntomas de alegría ante nuestra aproximación. ¿Cómo es posible, entonces, que seamos tan ingratos con Dios, el mismo Dios que nos ha dado todo su Ser, que ha descendido del Cielo a la tierra y se ha hecho Niño para salvarnos y ser amado por nosotros? Venid, pues, amemos al Niño de Belén, es el grito extasiado de San Francisco; amemos a Jesucristo, que ha querido, en medio de tantos sufrimientos, unir a Sí nuestro corazón.

San Agustín dice: "Para esto principalmente vino Jesucristo, para que el hombre conozca cuánto lo ama Dios".

Pero, Jesús mío, ahora que has venido, ¿cuántos hombres hay que te amen de verdad? Desgraciado de mí, tú sabes cómo te he amado hasta ahora. Tú sabes qué desprecio he tenido por Tu amor. ¡Oh, que me muera de pena por ello! Me arrepiento, mi querido Redentor, de haberte despreciado. ¡Ah, perdóname y dame la gracia de amarte!

II.

Y por amor a Jesucristo, debemos amar a nuestro prójimo, incluso a aquellos que nos han ofendido. El Mesías es llamado por Isaías, Padre del mundo venidero -(Isaías ix. 6). Ahora bien, para ser Hijos de este Padre, Jesús nos amonesta que debemos amar a nuestros enemigos, y hacer el bien a los que nos injurian: Amad a vuestros enemigos, haced el bien a los que os odian .... para que seáis hijos de vuestro Padre que está en los cielos -(Mateo v. 44, 46). Y de esto Él mismo nos dio ejemplo en la Cruz, rogando a Su Padre Eterno que perdonara a los que le estaban crucificando.

"El que perdona a su enemigo", dice San Juan Crisóstomo, "no puede sino obtener el perdón de Dios para sí mismo"; y tenemos la divina seguridad de ello: Perdonad y seréis perdonados-(Lucas vi. 37}. Había cierto religioso que, por lo demás, no había llevado una vida muy ejemplar, pero que al morir lamentó sus pecados no sin gran confianza y alegría, "porque -dijo- nunca he vengado una injuria que se me hizo". Tanto como decir:

"Es verdad que he ofendido al Señor, pero Él se ha comprometido a perdonar a quien perdona a sus enemigos; yo he perdonado a todos los que me ofendieron, así que confío en que Dios me perdonará igualmente".

Pero no me basta el perdón, Jesús mío; Tú mereces mi amor. Me has amado hasta la muerte; hasta la muerte te amaré yo también. Te amo, bondad infinita, con toda mi alma; Te amo más que a mí mismo. Amo a mi prójimo por amor a Ti. Sí, Jesús mío, Te amo; Te amaré siempre, mi Tesoro, mi Vida, mi Amor, mi Todo.

Lectura espiritual

CONFESIÓN

VII.-DUDAS

No deseo que ninguna alma se turbe por lo que se ha dicho acerca de ocultar los pecados mediante una falsa vergüenza. Lo que he dicho es aplicable sólo a aquellos que tienen conciencia de pecados graves y ciertos, y que, por vergüenza, no los confiesan. En cuanto a las dudas que algunos puedan tener de haber cometido ciertos pecados, o de haber hecho malas confesiones, si quieren revelarlas a un confesor para su mayor tranquilidad, harán bien, a no ser que tengan una conciencia escrupulosa. Para los escrupulosos, no es aconsejable confesar sus dudas. Puede ser útil a los tímidos conocer ciertas doctrinas aprobadas por los Teólogos, que pueden ahorrarles mucha inquietud de conciencia y darles tranquilidad.

En primer lugar, es opinión sólida y muy probable de los Teólogos que no hay obligación de confesar los pecados mortales dudosos, como, por ejemplo, cuando una persona duda si tuvo plena conciencia, o si dio un consentimiento perfecto y deliberado. Los teólogos añaden que, al morir, existe la obligación de hacer un acto de contrición perfecta para que el pecado dudoso no haya sido grave, o de decir, no el pecado dudoso, sino cualquier pecado cierto (un pecado venial es suficiente), y recibir el Sacramento de la Penitencia. Pero esto es necesario sólo cuando una persona, después del pecado dudoso, nunca había recibido la absolución sacramental. Muchos Teólogos de alta autoridad dicen también que las personas que durante mucho tiempo han llevado una vida espiritual, cuando dudan si han consentido en el pecado mortal, pueden permanecer seguras de no haber perdido la gracia de Dios; porque es moralmente imposible que una persona bien confirmada en los buenos propósitos cambie repentinamente y ceda al pecado mortal sin percibir claramente que lo había consentido. Porque el pecado mortal es un monstruo tan horrible que no puede entrar en un alma que durante mucho tiempo lo ha aborrecido sin producir, en la mente, un claro conocimiento de su entrada en el alma. Esto está plenamente probado en mi obra sobre Teología Moral.

En segundo lugar, cuando se tiene la certeza de que se ha cometido un pecado mortal, y cuando existe la duda de si ha sido confesado alguna vez, entonces, si la duda es negativa -es decir, si no hay razón para juzgar que ha sido confesado-, es ciertamente necesario decir el pecado en la Confesión. Pero cuando hay razón para creer, o una presunción bien fundada de que el pecado ha sido contado una vez, entonces, según la opinión común de los divinos, no hay obligación de confesarlo. De ahí que los divinos enseñen comúnmente que si una persona que ha hecho sus confesiones generales o particulares con suficiente diligencia duda si ha olvidado en confesión cierto pecado, o circunstancia de pecado, no está obligada a confesarlo; porque puede juzgar prudentemente que ya ha sido suficientemente confesado. No tiene necesidad de confesar el pecado, aunque sienta una gran indisposición a revelar la duda que le atormenta. Pero tal persona puede decir: Si estuviera obligado a decir tal cosa sentiría una gran vergüenza. Pero, ¿qué importa que te avergüences de contarlo? Mientras no estés obligado a confesarlo, no te preocupes. La confesión de ciertas acciones naturales también debería causar vergüenza, pero no estás obligado a mencionarlas. Así, por ejemplo, no estás obligado a confesar ciertos actos de frivolidad o bromas inmodestas que ocurrieron en tu infancia sin conocimiento de su malicia. Tampoco el haberlos hecho en secreto es una prueba cierta de malicia; porque los niños hacen ciertas acciones naturales en secreto, aunque estas acciones no sean pecados. Por lo tanto, no estamos obligados a acusarnos en particular de tales cosas, a menos que recordemos que las cometimos con la impresión, o al menos con la duda, de que eran pecados graves. Basta, pues, que una persona diga dentro de sí: Señor, si realmente supiera que estoy obligado a confesar estas cosas, las confesaría de buena gana, aunque tuviera que sufrir todas las penas.

Esto está pensado para consuelo de las almas timoratas que sienten gran ansiedad por el temor de no saber explicar bien todas sus dudas en la Confesión. Pero es útil para todos, al menos para su humillación, dar a conocer a su director las dudas por las que están turbados. Excepto los escrupulosos, que no deben hablar de sus dudas. Lo que aconsejaría es que todos explicaran a sus confesores sus pasiones, apegos y las causas de sus tentaciones, para que él pueda cortar las raíces que, si no se extirpan, nunca dejarán de causar tentaciones, y expondrán al alma a un gran peligro de cometer pecado, cuando pueda pero no quiera extirpar la causa. También será muy provechoso para algunos revelar las tentaciones que son más humillantes, particularmente los pensamientos contra la castidad, aunque no haya consentimiento. San Felipe Neri decía que una tentación revelada está medio vencida. He dicho que es muy provechoso para algunos: pues con respecto a otros de probada virtud, que son demasiado tímidos en este punto y temen siempre haber consentido en el pecado, a veces es útil prohibirles que confiesen tales tentaciones, a no ser que estén seguros de haber cedido a ellas. Porque por el mismo examen que tales personas hacen para cerciorarse si han consentido o no, y pensando en la manera como explicarán la tentación, las imágenes de los objetos malos que se presentan a la mente se hacen más vívidas, y el alma se agita más por las repetidas aprensiones de consentir. Obedece a tu confesor en este punto y déjate gobernar por sus consejos.

MEDITACIÓN VESPERTINA
LA PRÁCTICA DEL AMOR A JESUCRISTO.
VI. CUÁN MERECEDOR ES JESUCRISTO DE NUESTRO AMOR POR EL AMOR QUE NOS DEMOSTRÓ EN SU PASIÓN.

I.

"¡Oh Jesús, robador de corazones, la fuerza de tu amor ha quebrantado la extrema dureza de nuestros corazones! Has inflamado al mundo entero con tu amor. Oh amantísimo Señor, embriaga nuestros corazones con este vino, consúmelos con este fuego, traspásalos con este dardo de tu amor. Tu Cruz es en verdad una flecha que atraviesa los corazones. ¡Que todo el mundo sepa que mi corazón está herido! Oh dulcísimo Amor, ¿qué has hecho? Has venido a curarme y me has herido. Has venido a enseñarme y me has vuelto casi loco. ¡Oh locura llena de sabiduría, que nunca viva sin ti! Todo lo que contemplo en la Cruz, Señor, me invita a amarte: el madero, la figura, las llagas de tu cuerpo; y, sobre todo, tu amor me compromete a amarte y a no olvidarte nunca más.

II.

Pero para llegar al amor perfecto de Jesucristo debemos adoptar los medios para lograrlo. Los medios que Santo Tomás de Aquino nos da: (1) Tener un recuerdo constante de los beneficios de Dios, tanto generales como particulares; (2) Considerar la infinita bondad de Dios que siempre está esperando hacernos el bien, y que siempre nos ama y busca de nosotros Nuestro amor; (3) Evitar hasta la más pequeña cosa que pueda ofenderle; (4) Renunciar a todos los bienes sensibles de este mundo, riquezas, honores y placeres sensuales. El Padre Thaulers dice que la meditación de la Sagrada Pasión de Jesucristo es un gran medio también para adquirir su perfecto amor.

¿Quién puede negar que, de todas las devociones, la devoción a la Pasión de Jesucristo es la más útil, la más tierna, la más agradable a Dios, la que da el mayor consuelo a los pecadores, y al mismo tiempo la que más poderosamente enciende las almas amantes? ¿De dónde recibimos tantas bendiciones, si no es de la Pasión de Jesucristo? ¿De dónde nos viene la esperanza del perdón, el valor contra las tentaciones, la confianza de que iremos al Cielo? ¿De dónde proceden tantas luces para conocer la verdad, tantas llamadas amorosas, tantos estímulos para cambiar de vida, tantos deseos de entregarnos a Dios, como de la Pasión de Jesucristo? El Apóstol, pues, no tenía sino demasiadas razones para declarar excomulgado al que no amaba a Jesucristo: Si alguno no ama a nuestro Señor Jesucristo, sea anatema-(l Cor. xvi. 22).

Martes después del domingo bajo

Meditación matutina

PUREZA DE INTENCIÓN

En la estimación de los hombres, el valor de un acto aumenta en proporción al tiempo empleado en realizarlo; pero para Dios, el valor de un acto depende de la pureza de intención con que se realiza. Los hombres sólo se fijan en el acto externo; Dios se fija en el corazón, es decir, en la intención con la que se realiza el acto.

Porque el hombre mira lo que parece, pero el Señor mira el corazón (1 Reyes xvi. 7).

I.

La pureza de intención consiste en hacer todo por el simple deseo de agradar a Dios. Jesucristo ha dicho que según la intención, sea buena o mala, así es juzgada nuestra obra ante Dios. Si tu ojo es único, todo tu cuerpo será luminoso; pero si tu ojo es malo, todo tu cuerpo será oscuro (Mateo vi. 22, 23). El ojo único significa una intención pura de agradar a Dios; el ojo oscuro y maligno significa una falta de esa intención honesta y santa, cuando nuestras acciones se realizan por un motivo de vanidad, o por un deseo de agradarnos a nosotros mismos.

¿Puede haber acción más noble que la de dar la vida por la fe? Y, sin embargo, San Pablo dice que quien muere por cualquier motivo que no sea el puro deseo de cumplir la voluntad de Dios, no gana nada con su martirio.

Si, pues, el martirio no sirve de nada si no se soporta sólo por amor de Dios, ¿de qué valdrán toda la predicación, todo el trabajo de buenas obras, y también todas las austeridades de los penitentes, si se hacen para obtener la alabanza de los hombres o para satisfacer la propia inclinación?

El Profeta Aggreus dice que las obras, incluso las más santas, si no se hacen por Dios, se meten en sacos llenos de agujeros; lo que significa que todas se pierden directamente, y que de ellas no se obtiene ningún bien. Por el contrario, toda acción hecha con intención de agradar a Dios, por poco que valga en sí misma, vale más que muchas grandes obras hechas sin tan pura intención.

Leemos en San Marcos que la pobre viuda echó en la caja de limosnas del templo sólo dos ácaros; y, sin embargo, de ella dijo el Salvador: Esta pobre viuda ha echado más que todo-(Marcos xii. 43). San Cipriano comenta al respecto que echó más que todos los demás porque dio esas dos pequeñas monedas con la pura intención de agradar a Dios.

Una de las mejores señales por las que podemos saber si el trabajo de una persona se hace con la recta intención es que, si el trabajo no tiene el efecto deseado, no se turba en absoluto. Otra buena señal es que cuando una persona ha completado cualquier trabajo y se habla mal de ella a causa de ello, o se le paga con ingratitud, sin embargo, permanece contento y tranquilo. Por otra parte, si a alguien le sucede ser alabado por su trabajo, no debe inquietarse con el temor de llenarse de vanagloria; pero si tal tentación le sobreviene, que sólo la desprecie en su corazón y diga con San Bernardo: "No lo empecé por ti, ni por ti lo dejaré."

¿Cuándo, oh Jesús mío, comenzaré a amarte de verdad? ¡Miserable de mí! Si busco entre mis obras alguna que sea buena, una sola obra hecha sólo para agradarte a Ti, mi Salvador, no la encontraré. Entonces, ten piedad de mí y no permitas que continúe sirviéndote tan mal hasta el momento de mi muerte.

II.

Trabajar con la intención de adquirir más gloria en el Cielo es bueno, pero lo más perfecto es el deseo de dar gloria a Dios. Estemos seguros de que cuanto más nos despojemos de nuestros intereses terrenales, tanto más aumentará nuestro Salvador nuestro gozo en el Paraíso. Bienaventurado el que sólo trabaja para dar gloria a Dios y seguir su santa voluntad. Imitemos el amor de los bienaventurados, que, amando a Dios, sólo buscan agradarle. San Crisóstomo dice: "Si podemos alcanzar el cumplimiento de la complacencia de Dios, ¿qué más podemos desear? Si te consideras digno de hacer todo lo que agrada a Dios, ¿pides alguna otra recompensa?".

Este es el único ojo que traspasa el Corazón de Dios con amor hacia nosotros; como dice a la santa Esposa: Has herido mi corazón, hermana mía, esposa mía; has herido mi corazón con uno de tus ojos¬(Cánticos iv. 9). Este único ojo significa el único fin que tienen las almas santas en todas sus acciones: agradar a Dios. Y éste fue el consejo que el

Apóstol dio a sus discípulos: Por tanto, tanto si coméis como si bebéis o hacéis cualquier otra cosa, hacedlo todo para gloria de Dios -(1 Corintios x. 31). La Venerable Beatriz de la Encarnación, primera hija de Santa Teresa, decía: "No se puede poner precio a nada, por pequeño que sea, que se haga enteramente por Dios". Y con gran razón decía esto, pues todas las obras hechas por Dios son actos de amor divino. La pureza de intención hace que las acciones más bajas se vuelvan preciosas, como comer, trabajar, recrearse, cuando se hacen desde la obediencia y desde el deseo de agradar a Dios.

Debemos, pues, por la mañana, dirigir a Dios todas las acciones del día; y nos será muy útil renovar esta intención al principio de cada acción, al menos de las más importantes, como la Meditación, la Comunión y la Lectura Espiritual, deteniéndonos un poco al principio de éstas, como el santo ermitaño que, antes de comenzar nada, levantaba los ojos al Cielo y permanecía quieto; y cuando le preguntaban qué hacía, respondía: "Me aseguro de mi objetivo". Dios mío, concédeme tu ayuda para que lo que me queda de vida lo emplee sólo en servirte y amarte. Haz que lo supere todo, para que pueda agradarte, y que todo lo haga sólo para cumplir tu beneplácito; por los méritos de tu Pasión, te lo pido. Oh María, mi gran abogada, consígueme esta gracia con tus oraciones.

Lectura espiritual

¡SALVE, REGINA, MATER MISERICORDIAE! ¡SALVE, SANTA REINA, MADRE DE MISERICORDIA!

I.-CUÁN GRANDE DEBE SER NUESTRA CONFIANZA EN MARÍA, QUE ES LA REINA DE LA MISERICORDIA.

Como la gloriosa Virgen María ha sido elevada a la dignidad de Madre del Rey de reyes, no es sin razón que la Iglesia la honra, y desea que sea honrada por todos, con el glorioso título de Reina.

"Si el Hijo es un Rey", dice San Atanasio, "la Madre que lo engendró es considerada con razón y verdad como Reina y Soberana". "Apenas María", dice San Bernardino de Siena, "consintió en ser Madre del Verbo Eterno", mereció por este consentimiento ser hecha Reina del mundo y de todas las criaturas." "Puesto que la carne de María -observa el abad Arnaldo de Chartres- no era distinta de la de Jesús, ¿cómo puede negarse a la Madre la dignidad real del Hijo?". "De ahí que debamos considerar la gloria del Hijo, no sólo como común a su Madre, sino como una con ella".

Y si Jesús es Rey del Universo, María es también su Reina. "Y como Reina", dice el abad Ruperto, "posee, por derecho, todo el reino de su Hijo". De ahí que San Bernardino de Siena concluya que "tantas criaturas como hay que sirven a Dios, tantas hay que sirven a

María: pues así como los Ángeles y los hombres, y todas las cosas que están en el Cielo y en la tierra están sujetas al imperio de Dios, así también están bajo el dominio de María." El Abad Guerricus, dirigiéndose a la Divina Madre sobre este tema, dice: "Continúa María, continúa disponiendo con confianza de las riquezas de tu Hijo; actúa como Reina, Madre y Esposa del Rey: ¡pues a ti pertenece el dominio y el poder sobre todas las criaturas!"

María, pues, es Reina; pero, para nuestro consuelo común, conste que es Reina tan dulce, tan clemente y tan dispuesta a socorrernos en nuestras miserias, que la santa Iglesia quiere que la saludemos en esta oración con el título de Reina de la Misericordia.

"El título de Reina -observa el beato Alberto Magno- difiere del de Emperatriz, que implica severidad y rigor, en que significa compasión y caridad para con los pobres." "La grandeza de los reyes y de las reinas", dice Séneca, "consiste en aliviar a los miserables", y mientras que los tiranos cuando reinan tienen en vista su propio bien, los reyes deben tener en el corazón el de sus súbditos. Por esta razón, en el momento de su consagración, los reyes se ungen la cabeza con aceite, que es el símbolo de la misericordia, para indicar que, como reyes, deben ante todo alimentar en su corazón sentimientos de compasión y benevolencia hacia sus súbditos.

Los reyes deben, pues, ocuparse principalmente en obras de misericordia, pero sin olvidar los justos castigos que deben infligirse a los culpables. Sin embargo, no es así en el caso de María, que, aunque Reina, no es una Reina de la Justicia que se propone castigar a los malvados, sino una Reina de la Misericordia, que sólo se propone compadecer y perdonar a los pecadores. Y ésta es la razón por la que la Iglesia exige que la llamemos expresamente "Reina de la Misericordia". El gran canciller de París, Juan Gerson, en su comentario sobre las palabras de David: "Estas dos cosas he oído: que de Dios es el poder y de ti, Señor, la misericordia" (Salmo lxi. 12), dice que el reino de Dios, que consiste en la justicia y la misericordia, fue dividido por nuestro Señor: el reino de la justicia se lo reservó para sí mismo, y el de la misericordia lo cedió a María, ordenando al mismo tiempo que todas las misericordias que se dispensan a los hombres pasaran por las manos de María, y que ella dispusiera de ellas a voluntad. Estas son las propias palabras de Gerson: "El reino de Dios consiste en poder y misericordia; reservándose el poder, cedió en cierto modo el imperio de la misericordia a su Madre". Esto lo confirma Santo Tomás en su prefacio a las Epístolas Canónicas, diciendo, "que cuando la Santísima Virgen concibió en su seno al Verbo Eterno, y lo dio a luz, obtuvo la mitad del reino de Dios; de modo que es Reina de la Misericordia, como Jesucristo es Rey de la Justicia."

Meditación vespertina

LA PRÁCTICA DEL AMOR DE JESUCRISTO.
VII.-CUÁN MERECEDOR ES JESUCRISTO DE NUESTRO AMOR POR EL AMOR QUE NOS HA DEMOSTRADO EN SU PASIÓN.

I.

San Buenaventura dice que no hay devoción más apta para santificar el alma que la meditación de la Pasión de Jesucristo; por eso nos aconseja meditar todos los días la Pasión, si queremos progresar en el amor de Dios. "Si quieres progresar, medita cada día la Pasión del Señor; porque nada obra tan entera santificación en el alma como la meditación de la Pasión de Cristo". Y antes que él, San Agustín, como cuenta de Bustis, decía que una lágrima derramada en memoria de la Pasión vale más que ayunar semanalmente a pan y agua. Por eso los Santos se ocupaban siempre en considerar los dolores de Jesucristo: fue por este medio que San Francisco de Asís se convirtió en serafín. El Santo seráfico fue encontrado un día derramando lágrimas y gritando con voz fuerte. Preguntado por la causa, respondió: "Lloro por las penas e ignominias de mi Señor; y lo que más me apena es que los hombres, por quienes tanto sufrió, vivan olvidándole". Y al decir esto lloró aún más, de modo que este caballero comenzó también a llorar.

Oh Jesús, tráeme continuamente a la memoria, te lo suplico, todo lo que has sufrido por mí, para que nunca más me olvide de amarte. Oh cuerdas que ataron a mi Jesús, átame a Jesús; espinas que coronaron a mi Jesús, traspásame con el amor de Jesús; clavos que traspasaron a mi Jesús, clávame a la Cruz de Jesús, para que viva y muera unido a Jesús. ¡Oh Sangre de Jesús, embriágame con su santo amor! ¡Oh muerte de Jesús, hazme morir a todo afecto terreno!

Pies traspasados de mi Señor, ¡te abrazo! Líbrame del infierno que he merecido Jesús mío, en el infierno ya no podría amarte, y sin embargo deseo amarte siempre. Sálvame, mi amadísimo Salvador; átame a Ti, para que nunca más pueda perderte. Oh María, refugio de los pecadores y Madre de mi Salvador, socorre a un pecador que desea amar a Dios, y que se encomienda a Ti: socórreme por el amor que tienes a Jesucristo.

II.

Cuando San Francisco oía el balido de un cordero o veía cualquier cosa que le recordara la Pasión de Jesús, inmediatamente derramaba lágrimas. En una ocasión, estando enfermo, le dijeron que leyera algún libro piadoso. "Mi libro", respondió, "es Jesús crucificado". De ahí que no hiciera otra cosa que exhortar a sus hermanos a estar siempre pensando en la Pasión de Jesucristo. Tiepoli escribe: "Quien no se inflama de amor de Dios mirando a Jesús muerto en la Cruz, nunca amará del todo."

Oh Verbo Eterno, Tú has gastado treinta y tres años en trabajos y fatigas; Tú has dado Tu vida y Tu Sangre por la salvación del hombre; en resumen, Tú no has escatimado nada para hacer que los hombres Te amen; ¿y cómo es posible que haya quienes sepan esto y, sin embargo, no Te amen? Oh Dios, ¡entre estos ingratos también puedo contarme yo! Veo el mal que te he hecho; ¡oh Jesús mío, ten piedad de mí! Te ofrezco este corazón ingrato; ingrato, es verdad, pero arrepentido. Sí, me arrepiento por encima de cualquier otro mal, oh mi querido Redentor, por haberte despreciado. Me arrepiento y lo lamento de todo corazón.

Oh alma mía, ama a un Dios que está atado como un criminal por ti; a un Dios azotado como un esclavo por ti; a un Dios convertido en rey de burla por ti; a un Dios, en fin, muerto en una cruz, como el más vil proscrito por ti. Sí, Salvador mío, Dios mío, te amo, te amo.

MIÉRCOLES DESPUÉS DEL DOMINGO BAJO

Meditación de la mañana
LA CARIDAD HACIA EL PRÓJIMO.

Un acto de Caridad realizado hacia el prójimo será aceptado por Jesucristo como hecho hacia Él mismo. Os digo, dice el Redentor, que cuanto hicisteis a uno de estos mis hermanos más pequeños, a mí me lo hicisteis (Mateo xxv. 40). Santa Catalina de Génova decía que nuestro amor a Dios debe medirse por nuestro amor al prójimo

I.

Es imposible amar a Dios sin amar al mismo tiempo al prójimo. El mismo precepto que prescribe el amor a Dios impone una estricta obligación de caridad fraterna. Y este mandamiento tenemos de Dios, que el que ama a Dios ame también a su hermano -(1 Juan iv. 21). De ahí que Santo Tomás enseñe que el amor a Dios y el amor al prójimo proceden por igual de la Caridad. Pues la Caridad nos hace amar a Dios y al prójimo, porque tal es la voluntad de Dios. Tal era también la doctrina de San Juan Evangelista. San Jerónimo cuenta que, al ser preguntado por sus discípulos por qué recomendaba frecuentemente el amor fraterno, aquel santo Apóstol respondió: "Porque es precepto del Señor, y sólo basta su cumplimiento".

Santa Catalina de Génova dijo una vez al Señor: "Dios mío, Tú me mandas amar al prójimo; y yo no puedo amar a nadie más que a Ti". "Hija mía", respondió Jesús, "el que Me ama, ama todo lo que Yo amo". En efecto, cuando amamos a una persona, amamos también a sus parientes, a sus siervos, a su semejante y hasta sus vestidos, porque sabemos que los ama. ¿Y por qué amamos al prójimo? Porque Dios los ama. De ahí que San Juan diga que si alguien dice que ama a Dios y odia a su hermano, es un mentiroso (I Juan iv.

20). Pero así como el odio hacia el prójimo es incompatible con el amor de Dios, un acto de caridad hacia él será aceptado por Jesucristo como hecho por Él mismo. Amén. Os digo, dice el Redentor, que cuanto hicisteis a uno de estos mis hermanos más pequeños, a mí me lo hicisteis (Mateo xxv. 40). Santa Catalina de Génova decía que nuestro amor a Dios debe medirse por nuestro amor al prójimo.

¡Ah, Redentor mío, qué diferente soy de Ti! Tú eras todo caridad hacia tus perseguidores, y yo soy todo rencor y odio hacia mi prójimo. Tú rezabas con tanto amor por los que Te crucificaron, y yo busco inmediatamente la venganza contra los que me ofenden. Oh Dios de amor, dame Tu amor.

II.

¡Oh, qué Paraíso donde reina la Caridad! Es la delicia de Dios mismo. He aquí, dice el Salmista, cuán bueno y cuán agradable es que los hermanos vivan juntos en unidad (Salmo Cxxxii. 1). El Señor mira con complacencia la Caridad de los hermanos y hermanas que habitan juntos en unidad, que están unidos por una misma voluntad de servir a Dios, y que sólo buscan santificarse mutuamente para estar todos unidos un día en la tierra de la bienaventuranza. El mayor elogio concedido por San Lucas a los primeros cristianos fue que tenían un solo corazón y una sola alma. Y la multitud de los creyentes no tenía más que un solo corazón y una sola alma-(Hch. iv. 32). Esta unidad fue fruto de la oración de Jesucristo, que antes de su Pasión suplicó a su Eterno Padre que hiciera de sus discípulos uno por la santa Caridad, como Él y el Padre son uno. Padre santo, guárdalos en tu nombre... para que sean uno como nosotros-(Juan xvii. 11). Esta unidad es uno de los principales frutos de la Redención, como se deduce de la predicción de Isaías: Morará el lobo con el cordero, y el leopardo con el cabrito se acostará. No harán daño, ni matarán en todo mi santo monte-(Isaías xi. 6, 9). Sí, los seguidores de Jesús, aunque de diferentes países y de diferentes disposiciones, vivirán en paz unos con otros, cada uno tratando por la santa Caridad de acomodarse a los deseos e inclinaciones del otro. (Y como bien ha observado cierto autor, ¿qué significa una comunidad de religiosos, sino una unión de muchos por la voluntad y el deseo, de modo que no formen más que una sola persona). Es la Caridad la que mantiene la unión; pues no es posible que todos tengan disposiciones congeniales. Es la Caridad la que une los corazones de todos, y les hace soportar mutuamente sus cargas, y conformarse a la voluntad de cada uno.

San Juan Clímaco cuenta que en las cercanías de Alejandría había un célebre monasterio, donde, por amarse tan cordialmente en santa Caridad, todos los Religiosos gozaban de la paz del Paraíso. En general, el primero que percibía un desacuerdo entre dos de los Religiosos era capaz de restablecer la paz con una simple señal. Pero si no podían reconciliarse, ambos eran enviados como exiliados a una casa vecina, y se les decía a su partida que la morada de dos demonios en el monasterio ya no podía ser provechosa para la Comunidad.

Oh Señor, no me abandones a mis pasiones. Dame fuerza para amar y hacer el bien a todos los que me hieren. Por Tu Sangre, oh Jesús, no permitas que me separe de Ti. Oh Madre de Dios, ruega a Jesús por mí.

Lectura espiritual

¡SALVE, REGINA, MATER MISERICORDIAE! ¡SALVE, REGINA, MATER MISERICORDIAE!

II - CUÁN GRANDE DEBE SER NUESTRA CONFIANZA EN MARÍA. QUIÉN ES LA REINA DE LA MISERICORDIA

El Padre Eterno hizo a Jesucristo Rey de Justicia, y por consiguiente Juez universal del mundo: y por eso canta el Profeta Real: Da al Rey tu juicio, oh Dios, y al Hijo del Rey tu justicia -(Salmo ly..xi. 2). Aquí un docto intérprete recoge la frase, y dice: "Oh Señor, Tú has dado justicia a Tu Hijo porque Tú has dado misericordia a la Madre del Rey". Y sobre este tema San Buenaventura, parafraseando las palabras de David, las interpreta así: "Da al Rey Tu juicio, oh Dios, y Tu misericordia a la Reina Su Madre". Ernest, Arzobispo de Praga, también comenta," que el Padre Eterno dio el oficio de Juez y Vengador al Hijo, y el de mostrar misericordia y aliviar a los necesitados a la Madre". Esto fue predicho por el Profeta David, pues dice que Dios, por así decirlo, consagró a María Reina de Misericordia, ungiéndola con el óleo de la alegría: Dios te ha ungido con el óleo de la alegría-(Salmo xliv. 8), para que nosotros, miserables hijos de Adán, nos regocijemos, recordando que en el Cielo tenemos a esta gran Reina, rebosante de la unción de la misericordia y de la compasión hacia nosotros: y así, podemos decir con San Buenaventura:" Oh María, tú estás llena de la unción de la misericordia y del óleo de la compasión."

Y ¡qué hermosamente no aplica a este tema el Beato Alberto Magno la historia de la Reina Ester, que fue ella misma un gran tipo de nuestra Reina María!

Leemos, en el capítulo cuarto del Libro de Ester, que en el reinado de Asuero se promulgó un decreto por el que se condenaba a muerte a todos los judíos. Mardoqueo, que era uno de los condenados, se dirigió a Ester para que intercediera ante Asuero y obtuviera la revocación del decreto, siendo así la salvación de todos. Al principio Ester declinó el encargo, temiendo que tal petición pudiera irritar aún más al rey; pero

Mardoqueo la reprendió, haciéndole saber que no debía pensar sólo en salvarse a sí misma, pues Dios la había colocado en el trono para obtener la salvación de todos los judíos: No pienses que puedes salvar tu vida solamente, porque estás en la casa del rey, más que todos los judíos-(Esth. iv. 13). Y así podemos nosotros, pobres pecadores, dirigirnos a nuestra Reina María, si ella mostrase alguna repugnancia a obtener de Dios nuestra liberación del castigo que justamente hemos merecido: "No pienses, oh Señora, que Dios te ha elevado a la dignidad de Reina del mundo sólo para proveer a tu propio bien; sino para que, siendo tan grande, puedas compadecerte mejor de nosotros, miserables criaturas, y ayudarnos."

En cuanto Asuero vio a Ester de pie ante él, le preguntó con amor qué venía a buscar. ¿Cuál es tu petición? Respondió la Reina: Si he hallado gracia ante tus ojos, oh Rey... dame mi pueblo, por el que te pido-(Esther. vii. 2, 3). Asuero accedió a su petición y ordenó inmediatamente la revocación del decreto. Y ahora, si Asuero, por amor a Ester, concedió, a petición de ella, la salvación a los judíos, ¿cómo puede Dios rechazar las oraciones de María, amándola inmensamente como la ama, cuando ora por los pobres pecadores miserables que se encomiendan a Ella, y le dice: Rey mío y Dios mío, si alguna vez he hallado gracia ante tus ojos, dame el pueblo que te pido". Bien sabe la Divina Madre que fue la bienaventurada, la santa, la única del género humano, que halló la gracia perdida por toda la humanidad; bien sabe que es la amada de su Señor, más amada que todos los Santos y Ángeles juntos. ¿Es posible, pues, que Dios la rechace? ¿Y quién ignora el poder de las oraciones de María ante Dios? La ley de la clemencia está en su lengua (Proverbios xxxi; 26). Cada una de sus oraciones es, por así decirlo, una ley establecida para nuestro Señor, para que Él muestre misericordia a todos por los que ella intercede. San Bernardo se pregunta por qué la Iglesia llama a María "Reina de la Misericordia". Y responde que "es porque creemos que Ella abre el abismo de la misericordia de Dios a quien quiere, cuando quiere y como quiere; de modo que no hay pecador, por grande que sea, que se pierda si María lo protege."

Mediación vespertina

LA PRÁCTICA DEL AMOR DE JESUCRISTO

VIII. CUÁNTO MERECE JESUCRISTO SER AMADO POR NOSOTROS A CAUSA DEL AMOR QUE NOS HA DEMOSTRADO AL INSTITUIR EL SANTÍSIMO SACRAMENTO DEL ALTAR

I.

Jesús, sabiendo que había llegado su hora de pasar de este mundo al Padre, habiendo amado a los suyos... los amó hasta el extremo (Juan xiii. 1). Nuestro amantísimo

Salvador, sabiendo que había llegado su hora de dejar este mundo, quiso, antes de ir a morir por nosotros, dejarnos la mayor señal posible de su amor; y ésta fue el don del Santísimo Sacramento. San Bernardino de Siena observa que los hombres recuerdan más continuamente y aman más tiernamente las muestras de amor que se les manifiestan en la hora de la muerte. Por eso es costumbre que los amigos, cuando están a punto de morir, dejen a las personas que han amado algún regalo, como una prenda o un anillo, en recuerdo de su afecto. Pero, ¿qué nos has dejado Tú, oh Jesús mío, al dejar este mundo, en memoria de tu amor? No un vestido o un anillo, sino tu propio cuerpo, tu sangre, tu alma, tu divinidad, todo tu ser, sin reservas. "Todo te lo dio", dice San Juan Crisóstomo; "nada dejó para Sí".

II.

El Concilio de Trento dice que en este don de la Eucaristía Jesucristo quiso, por decirlo así, derramar todas las riquezas del amor que tenía a los hombres. Y el Apóstol observa que Jesús quiso conceder este don a los hombres la misma noche en que planeaban su muerte: La misma noche en que fue entregado, tomó pan; y dando gracias, lo partió y dijo: Tomad y comed; esto es mi cuerpo-(1 Corintios xi. 23-24). San Bernardino de Siena dice que Jesucristo, ardiendo de amor por nosotros, y no contento con estar dispuesto a dar su vida por nosotros, se vio obligado por el exceso de su amor a realizar una obra mayor antes de morir; y ésta fue dar su propio Cuerpo por nuestra Comida.

Este Sacramento, por lo tanto, fue justamente llamado por Santo Tomás, "el Sacramento del amor; la prenda del amor". Sacramento de amor, porque el amor fue el único motivo que indujo a Jesucristo a darnos en Él todo Su Ser. Prenda de amor, para que si alguna vez hubiéramos dudado de su amor, tuviéramos en este Sacramento una prenda de él; como si nuestro Redentor, al dejarnos este don, hubiera dicho: Oh almas, si alguna vez dudasteis de mi amor, he aquí que yo mismo os dejo en este Sacramento; con tal prenda ya nunca podréis dudar de que os amo, y os amo hasta el exceso.

JUEVES DESPUÉS DEL DOMINGO BAJO

Meditación de la mañana

LA CARIDAD EN NUESTROS PENSAMIENTOS Y SENTIMIENTOS

Vestíos, pues, como elegidos de Dios, santos y amados, de entrañas de misericordia (Colosenses iii. 12). Los seguidores de Jesucristo deben estar revestidos, no sólo de Caridad, sino de las entrañas de la caridad, de modo que en todas sus acciones deben estar revestidos y rodeados de Caridad. Deben amar a cada uno como si por cada uno sintieran el más tierno afecto. "La Caridad", dice San Agustín, "no se aflige mucho aunque piense bien de los malos".

I.

Para practicar la caridad en el pensamiento, debes, en primer lugar, esforzarte por desterrar todos los juicios precipitados, las sospechas y las dudas. Albergar una duda temeraria respecto a otro es un defecto; complacerse en una sospecha positiva es una falta mayor, y juzgar con certeza sin fundamentos ciertos que otro ha pecado es aún más criminal ante Dios. Quien juzgue precipitadamente a su prójimo será juzgado con severidad. No juzguéis, para que no seáis juzgados. Porque con el juicio con que juzguéis seréis juzgados-(Mateo vii. 1). Pero aunque es pecaminoso juzgar mal de otros sin ciertos fundamentos, no es una violación de la ley divina sospechar o incluso juzgar mal de ellos cuando tenemos ciertos motivos para tales sospechas o juicios. Sin embargo, la regla más segura y más caritativa es pensar bien de todos, y desterrar todos esos juicios y sospechas. La caridad, dice el Apóstol, no piensa mal -(1 Corintios xiii. 5). Si por tu oficio no estás encargado de corregir a los demás, procura siempre juzgar favorablemente a todos. Santa Juana Francisca de Chantal decía que "en nuestro prójimo debemos observar sólo lo que es bueno". Si a veces, por error, alabas en los demás lo que es censurable, nunca tendrás motivo para arrepentirte de tu error. "La caridad", dice San Agustín, "no se aflige mucho ni siquiera cuando piensa bien de los malos". Santa Catalina de Bolonia dijo una vez:" He vivido muchos años en religión, y nunca he pensado mal de ninguna de mis hermanas; porque sé que una persona que parece imperfecta puede ser más querida de Dios que otra cuya conducta es mucho más ejemplar." Tened cuidado, pues, de no daros el gusto de observar los defectos y preocupaciones de los demás, ni de imitar el ejemplo de los que andan preguntando lo que los demás dicen de ellos, y así llenan sus mentes de sospechas, y sus corazones de amarguras y aversiones. No escuches a quienes te dicen que otros han hablado de tus defectos y no les preguntes los nombres de quienes te han desprestigiado. En tales historias hay, en general, mucha exageración. Que tu conducta sea tal que merezca el elogio de todos, pero no tengas en cuenta lo que se dice de ti. Cuando te digan que alguien te ha acusado de cierta falta, responde que los demás te conocen poco; y que, si conocieran todos tus defectos, dirían mucho más de ti; o puedes decir que sólo Dios debe ser tu juez.

II.

Cuando nuestro prójimo sufre alguna enfermedad, pérdida u otra calamidad, la caridad nos obliga a lamentar su desgracia al menos con la voluntad superior. Digo con la voluntad superior, porque la concupiscencia siempre parece tener cierto deleite en oír que una calamidad ha sobrevenido a un enemigo. Pero ese deleite no es culpable mientras sea resistido por la voluntad. Siempre que el apetito inferior solicite a la voluntad que se alegre de la desgracia ajena, no prestes más atención a sus criminales solicitudes que la que prestarías a un perro que ladra sin razón; sino esfuérzate por excitar en la voluntad superior sentimientos de pesar por su aflicción. En efecto, a veces es lícito alegrarse de los buenos efectos que pueden resultar de las aflicciones temporales de los demás. Por ejemplo, no está prohibido alegrarse por un motivo de su conversión, o del cese del escándalo, de que un pecador notorio y obstinado haya sido visitado por la enfermedad. Sin embargo, si nos ha ofendido, la alegría ocasionada por su enfermedad puede ser fruto tanto de la pasión como del celo. "En efecto, puede suceder a menudo -dice San Gregorio- que, sin perder la caridad, nos alegremos por: la ruina de un enemigo; y que, sin incurrir en la culpa de la envidia, sintamos dolor por su exaltación, cuando por su caída pensamos que otros serán justamente exaltados, y cuando tememos que por su prosperidad muchos serán injustamente oprimidos."

Lectura espiritual

¡SALVE, REGINA, MATER MISERICORDlAE! ¡SALVE, SANTA REINA, MADRE DE MISERICORDIA!

III.-CUÁN GRANDE DEBE SER NUESTRA CONFIANZA EN MARÍA, QUE ES LA REINA DE LA MISERICORDIA.

¿No es de temer, tal vez, que María no se digne interceder por algunos pecadores por estar tan sobrecargados de crímenes? ¿O acaso deberíamos sobrecogernos ante la majestad y santidad de esta gran Reina? "No", dice San Gregorio VII, "pues cuanto más alta y santa es, tanto mayor es su dulzura y compasión para con los pecadores que recurren a ella con el deseo de enmendar su vida." Los reyes y las reinas, con su ostentación de majestad, inspiran terror, y hacen que sus súbditos teman acercarse a ellos: pero ¿qué temor, dice San Bernardo, pueden tener los miserables de acercarse a esta Reina de la Misericordia? "¿Por qué ha de temer la fragilidad humana acercarse a María? En ella no hay austeridad, nada terrible: es toda dulzura, ofreciendo leche y lana a todos." María no sólo está dispuesta a dar, sino que ella misma ofrece leche y lana a todos: la leche de la misericordia para animar nuestra confianza, y la lana de su protección contra los rayos de la justicia divina.

Suetonio cuenta del emperador Tito que nunca podía negar un favor, hasta el punto de que a veces prometía más de lo que podía conceder; y cuando se le amonestaba por ello, respondía que un príncipe nunca debería despedir a ninguna persona a la que admitiera insatisfecha en su audiencia. Tito hablaba así, pero en realidad, muchas veces debió engañar o faltar a sus promesas. Nuestra Reina no puede engañar y puede obtener todo lo que desea para sus clientes. Además, "nuestro Señor le ha dado un corazón tan benigno y compasivo", dice Lanspergio, "que no puede despedir insatisfecho a nadie que le ruegue." Pero ¿cómo, usando las palabras de San Buenaventura, puedes tú, oh María, que eres la Reina de la Misericordia, negarte a socorrer a los miserables? Y "¿quiénes", pregunta el Santo, "son los sujetos de la misericordia, sino los miserables? Y puesto que tú eres la Reina de la Misericordia -continúa- y yo soy el más miserable de los pecadores, se deduce que soy el primero de tus súbditos. ¿Cómo, pues, oh Señora, puedes hacer otra cosa que ejercer tu misericordia sobre mí?". Apiádate, pues, de nosotros, oh Reina de misericordia, y encárgate de nuestra salvación.

"No digas, oh santa Virgen", dice San Jorge de Nicomedia, "que no puedes socorrernos por el número de nuestros pecados, pues tu poder y tu compasión son tales, que ningún número de pecados, por grande que sea, puede superarlos. Nada se resiste a tu poder, pues nuestro común Creador, honrándote como a su Madre, considera tu gloria como la suya propia": y el Hijo, "exultando en ella, cumple tus peticiones como si pagara una deuda";

queriendo decir con esto que, aunque María está bajo una obligación infinita para con el Hijo por haberla elegido para ser su Madre, no se puede negar que el Hijo está bajo una gran obligación para con ella por haberle dado su humanidad; y por eso Jesús, para pagar como si fuera lo que debe a María, y gloriándose en su gloria, la honra de un modo especial escuchando y concediendo todas sus peticiones.

Cuán grande, pues, debe ser nuestra confianza en esta Reina, conociendo su gran poder con Dios, y que es tan rica y llena de misericordia que no hay nadie que viva en la tierra que no participe de su compasión y favor. Así se lo reveló la misma Santísima Virgen a Santa Brígida, diciendo: "Yo soy la Reina del Cielo y la Madre de la Misericordia; yo soy la alegría de los justos y la puerta por la que los pecadores son llevados a Dios. No hay pecador en la tierra tan maldito como para ser privado de mi misericordia; pues todos, si no reciben otra cosa por mi intercesión, reciben la gracia de ser menos tentados por los demonios de lo que de otro modo hubieran sido." "Nadie", añade, "a no ser que se haya pronunciado la sentencia irrevocable" (es decir, la que se pronuncia sobre los condenados), "es tan desechado por Dios, que no vuelva a Dios y goce de su misericordia, si invoca mi ayuda. Soy llamada por todos la Madre de Misericordia, y verdaderamente la misericordia de mi Hijo para con los hombres me ha hecho así misericordiosa para con ellos." Ella concluye diciendo que miserable será, y miserable será por toda la eternidad, quien, en esta vida, teniendo en su poder invocarla, que es tan compasiva con todos, y tan deseosa de ayudar a los pecadores, es lo suficientemente miserable como para no invocarla, y así es condenado.

Recurramos, pues, y recurramos siempre a esta dulcísima Reina, si queremos estar seguros de la salvación; y si nos alarmamos y descorazonamos a la vista de nuestros pecados, recordemos que, para salvar a los más grandes y abandonados pecadores que se encomiendan a Ella, María es hecha Reina de la Misericordia. Tal ha de ser su corona en el Cielo, según las palabras que le dirigió su Divino Esposo: Ven de Líbano, esposa mía, ven de Líbano, ven: serás coronada; ... de las guaridas de los leones de los montes de los leopardos-(Cánticos iv. 8). Y qué son estas guaridas de fieras sino miserables pecadores cuyas almas se han convertido en el hogar del pecado, el monstruo más espantoso que se pueda encontrar. "Con tales almas", dice el abad Ruperto, dirigiéndose a la Santísima Virgen, "salvadas por tus medios, oh gran Reina María, serás coronada en el Cielo; pues su salvación formará una, diadema digna y bienhechora de una Reina de la Misericordia."

Meditación vespertina
LA PRÁCTICA DEL AMOR DE JESUCRISTO

IX.-CUÁNTO MERECE JESUCRISTO SER AMADO POR NOSOTROS A CAUSA DEL AMOR QUE NOS HA DEMOSTRADO AL INSTITUIR EL SANTÍSIMO SACRAMENTO DEL ALTAR.

I.

San Bernardo llama a la Eucaristía "el amor de los amores"; porque este don comprende todos los demás dones que nos ha concedido el Señor -la creación, la redención, la predestinación a la gloria-, de modo que la Eucaristía no es sólo prenda del amor de Jesucristo, sino del Paraíso, que Él quiere también darnos. "En este banquete divino", dice la Iglesia, "se nos da una prenda de la gloria futura". De ahí que San Felipe Neri no pudiera encontrar otro nombre para Jesucristo en este Sacramento que el de Amor: y así, cuando le fue traído el Santo Viático, se le oyó exclamar: "¡He aquí mi Amor! Dame mi Amor!"

El Profeta Isaías deseaba que el mundo entero conociera las tiernas invenciones de que se ha servido nuestro Dios para hacer que los hombres Le amen. ¿Y quién podría haber pensado -si Él mismo no lo hubiera hecho- que el Verbo Encarnado se escondería bajo la apariencia de pan, para convertirse Él mismo en nuestro Alimento? "¿No parece una locura -dice San Agustín- decir: Comed mi carne, bebed mi sangre". Cuando Jesucristo reveló a sus discípulos el Sacramento, deseó dejarlos, no se atrevieron a creerle; y le dejaron, diciendo: ¿Cómo puede éste darnos a comer su carne? . Dura es esta palabra, y ¿quién la puede oír? -(Juan vi. 53, 61). Pero lo que los hombres no podían concebir ni creer lo pensó y realizó el gran amor de Jesucristo. Tomad y comed, dijo a sus discípulos antes de ir a morir; y por medio de ellos a todos nosotros. Tomad y comed; pero ¿qué alimento será ese, oh Salvador del mundo, que deseas darnos antes de morir? Tomad y comed; esto es mi cuerpo. No es alimento terrenal; soy Yo mismo que me doy enteramente a vosotros.

II.

Y ¡oh, con qué deseo jadea Jesucristo por entrar en nuestras almas en la Sagrada Comunión! Con deseo he deseado comer esta pascua con vosotros antes de padecer (Lucas xxii. 15). Así habló Él aquella noche en que instituyó este Sacramento de amor. Con deseo he deseado: así le hizo hablar el amor desmedido que nos tenía, como observa san Lorenzo Justiniano: "Estas son las palabras del amor más ardiente". Y para que todos pudieran recibirle fácilmente, quiso dejarse bajo la apariencia de pan; porque si se hubiera dejado bajo la apariencia de algún alimento raro o muy costoso, los pobres se habrían visto privados de Él; pero no, Jesús quiso esconderse bajo la forma de pan, que cuesta poco y se encuentra en todas partes, para que todos en todos los países pudieran encontrarle y recibirle.

VIERNES DESPUÉS DEL DOMINGO BAJO

Meditación de la mañana

LA MUERTE DE JESUCRISTO NUESTRA ESPERANZA

Jesús es la única esperanza de nuestra salvación. No hay salvación en ningún otro (Hechos iv. 12). ¡Oh, qué seguro lugar de refugio encontraremos siempre en esas sagradas hendiduras de la roca, es decir, en las llagas de Jesucristo! Allí seremos liberados de ese sentimiento de desconfianza que la vista de nuestros pecados puede producir. Allí encontraremos armas de defensa contra las tentaciones; allí encontraremos la fuerza suficiente para resistir los asaltos del mundo.

I.

Jesús es la única esperanza de nuestra salvación: No hay salvación en otro sino en Él- (Hch iv. 12). Yo soy la única puerta, dice Él; y el que por Mí entrare, hallará ciertamente la vida eterna: Yo soy la puerta; el que por mí entrare, será salvo- (Juan x. 9). ¿Y qué pecador habría podido esperar el perdón si Jesús, por Su Sangre y por Su Muerte, no hubiera satisfecho la justicia divina por nosotros? Él llevará las iniquidades de ellos- (Isaías liii.). Es por esto que el Apóstol nos anima, diciendo: Si la sangre de machos cabríos y de bueyes santifica a los contaminados para la purificación de la carne, ¡cuánto más la sangre de Cristo, que por el Espíritu Santo se ofreció a sí mismo a Dios, limpiará nuestra conciencia de obras muertas para servir al Dios vivo! -(Hebreos ix. 13). Si la sangre de machos cabríos y de toros ofrecida en sacrificio quitaba a los judíos las impurezas externas del cuerpo, para que pudieran ser admitidos al culto del Santuario, ¡cuánto más la Sangre de Jesucristo, que por amor se ofreció a sí mismo como satisfacción por nosotros, quitará el pecado de nuestras almas para permitirnos servir a nuestro Dios Altísimo!

Nuestro amoroso Redentor, habiendo venido al mundo sin otro fin que el de salvar a los pecadores, y contemplando la sentencia de condenación ya registrada contra nosotros por nuestros pecados, ¿qué fue, entonces, lo que hizo? Él, por Su propia Muerte, pagó la pena que se nos debía; y con Su propia Sangre canceló la sentencia de la condenación para que la justicia Divina no pudiera buscar más de nosotros la satisfacción debida, Él la clavó en la misma Cruz en la que murió: Borrando la escritura del decreto que había contra nosotros, que nos era contraria. ..y lo mismo quitó de en medio, clavándolo en la cruz-(Colosenses ii. 14).

Cristo entró una vez en el lugar santo, habiendo hallado redención eterna- (Hebreos ix. 12). Ah, Jesús mío, si no hubieras encontrado este modo de obtenernos el perdón, ¿quién habría podido encontrarlo jamás? Con razón clamó David: Anunciad sus caminos (Salmo IX, 12). Dad a conocer, oh bienaventurados, los amorosos designios que nuestro Dios ha empleado para salvarnos. Desde entonces, oh mi dulce Salvador, Tú has tenido tal amor por mí, no ceses de ejercer misericordia hacia mí. Tú, por tu muerte, me has rescatado de las manos de Lucifer: en tus manos encomiendo mi alma; a Ti corresponde salvarla: En tus manos encomiendo mi espíritu; tú me has redimido, oh Dios de la verdad.

II.

Hijitos, estas cosas os escribo para que no pequéis; mas si alguno hubiere pecado, abogado tenemos para con el Padre, a Jesucristo el Justo, el cual es propiciación por nuestros pecados (1 Jn ii. 1). Jesucristo, con su muerte, no puso fin a su intercesión por nosotros ante el Padre eterno: incluso en el momento presente está actuando como nuestro Abogado; y parece como si no supiera qué otra cosa hacer en el Cielo, como escribe San Pablo, sino mover al Padre a ejercer misericordia hacia nosotros: siempre vivo para interceder por nosotros- (Hebreos vii. 25). Y el Apóstol añade que este es el fin por el que nuestro Salvador ha ascendido al Cielo: para que ahora pueda apelar en la presencia de Dios por nosotros- (Hebreos ix. 24}. Como los rebeldes son alejados de la presencia de su rey, así nosotros, pecadores, nunca más habríamos sido considerados dignos de ser admitidos en la presencia de nuestro Dios, ni siquiera para pedirle perdón; pero Jesús, como nuestro Redentor, hace aparición por nosotros en la presencia divina, y, por sus méritos, nos obtiene la gracia que habíamos perdido: Habéis venido a Jesús el Mediador, y a la aspersión de la sangre, que habla mejor que Abel-(Hebreos xii. 24}. ¡Oh, con cuánto mayor efecto implora para nosotros la misericordia divina la sangre del Redentor, que la sangre de Abel suplicó castigo para Caín! Mi justicia, dijo Dios a Santa María Magdalena de Pazzi, se transforma en misericordia por la venganza tomada sobre la carne inocente de

Jesucristo. La Sangre de este Mi Hijo no Me suplica venganza, como la sangre de Abel, sino que sólo suplica misericordia y piedad; y al sonido de esta voz Mi justicia no puede sino apaciguarse. Esta Sangre ata de tal modo las manos de la Justicia que, por así decirlo, no puede agitarse para tomar aquella venganza sobre los pecados que solía tomar antes.

No olvides la bondad de tu fiador- (Eclesiástico xxix. 19}. Ah, mi dulce Salvador, Jesús, yo ya era incapaz, después de mis pecados, de satisfacer a la justicia divina, cuando Tú, por tu muerte, estabas dispuesto a satisfacer por mí. ¡Oh, qué ingratitud sería ahora la mía si no me acordara de esta Tu tan grande misericordia! No, Redentor mío, nunca cejaré de tenerla en cuenta; deseo agradecértela siempre y manifestarte mi gratitud amándote y haciendo cuanto pueda para agradarte. Ayúdame con la gracia que me has merecido con tantos sufrimientos. Te amo, Jesús mío, Amor mío, Esperanza mía.

Lectura espiritual

¡SALVE, REGINA, MATER MISERICORDIAE! ¡SALVE, SANTA REINA, MADRE DE MISERICORDIA!

IV.-CUÁNTO DEBE AUMENTAR NUESTRA CONFIANZA EN MARÍA POR SER NUESTRA MADRE.

No es sin sentido, ni por casualidad, que los clientes de María la llamen Madre: y, en efecto, parecen incapaces de invocarla bajo otro nombre, y no se cansan nunca de llamarla Madre. Madre, sí, porque es verdaderamente nuestra Madre, no carnal, sino espiritual, es decir, de nuestras almas y de nuestra salvación.

El pecado, al privar a nuestras almas de la gracia divina, las privó también de la vida. Jesús, nuestro Redentor, con un exceso de misericordia y amor, vino a restaurar esta vida con su propia muerte en la Cruz, como Él mismo declaró: Yo he venido para que tengan vida, y para que la tengan en abundancia" (Juan x. 10). Dice más abundantemente porque, según los teólogos, el beneficio de la Redención superó con creces el daño causado por el pecado de Adán. De modo que, al reconciliarnos con Dios, se hizo a sí mismo Padre de las almas en la ley de la gracia, como predijo el profeta Isaías: Será llamado el Padre del mundo venidero, el Príncipe de la Paz- (Isaías ix. 6). Pero si Jesús es el Padre de nuestras almas, María es también su Madre; porque Ella, al darnos a Jesús, nos dio la verdadera vida; y después, al ofrecer la vida de su Hijo en el Calvario por nuestra salvación, nos llevó a la vida de la gracia.

En dos ocasiones, pues, según los santos Padres, María se convirtió en nuestra Madre espiritual.

La primera, según el Beato Alberto Magno, fue cuando mereció concebir en su seno virginal al Hijo de Dios. San Bernardino de Siena dice lo mismo más claramente, pues nos cuenta que cuando en la Anunciación la Santísima Virgen dio el consentimiento que esperaba el Verbo Eterno antes de convertirse en su Hijo, desde ese momento pidió a Dios nuestra salvación con intenso ardor, y se lo tomó a pecho de tal manera que desde ese momento, como Madre amantísima, nos llevó en su seno".

En el segundo capítulo de San Lucas, el Evangelista, hablando del nacimiento de nuestro Santísimo Redentor, dice que María dio a luz a su primogénito- (Lucas i. 7). Entonces, observa un autor, "puesto que el Evangelista afirma que en esta ocasión la Santísima Virgen dio a luz a su primogénito, ¿debemos suponer que después tuvo otros hijos?". Pero luego responde a su propia pregunta, diciendo" que como es de Fe que María no tuvo otros hijos según la carne que Jesús, debe haber tenido otros hijos espirituales, y nosotros somos esos hijos." Esto fue revelado por Nuestro Señor a Santa Gertrudis, que un día estaba leyendo el texto anterior, y estaba perpleja y no podía entender cómo María, siendo la Madre de Jesús solamente, podía decirse que había dado a luz a su primogénito. Dios se lo explicó, diciendo que Jesús era el primogénito de María según la carne, pero que toda la humanidad era su segundogénito según el espíritu.

Por lo dicho podemos entender aquel pasaje de los sagrados Cánticos: Tu vientre es como un montón de trigo, rodeado de lirios- (Cánticos vii. 2). Esto lo explica San Ambrosio, que dice: "Aunque en el purísimo vientre de María no había más que un grano de trigo, que era Jesucristo, sin embargo se le llama montón de trigo, porque todos los elegidos estaban virtualmente contenidos en él"; y como María iba a ser también su Madre, al dar a luz a Jesús, se le llamó, y verdaderamente lo fue, el Primogénito de muchos hermanos. Y el abad Guillermo escribe en el mismo sentido, diciendo: "que María, al dar a luz a Jesús, nuestro Salvador y nuestra Vida, dio a luz a muchos para la salvación; y al dar a luz a la Vida misma, dio vida a muchos".

Mediación vespertina
LA PRÁCTICA DEL AMOR DE JESUCRISTO
X.-CUÁNTO MERECE JESUCRISTO SER AMADO POR NOSOTROS A CAUSA DEL AMOR QUE NOS HA DEMOSTRADO AL INSTITUIR EL SANTÍSIMO SACRAMENTO DEL ALTAR.

I.

Para incitarnos a recibirle en la sagrada Comunión, Jesús no sólo nos exhorta a ello con muchas invitaciones -Venid, comed mi pan, y bebed el vino que os he mezclado-

(Proverbios ix. 5); Comed, amigos, y bebed- (Cánticos. v. I) -hablando de este Pan y Vino celestiales-, sino que incluso nos da un precepto formal: Tomad y comed; esto es mi cuerpo. Y más aún: para que vayamos a recibirlo, nos seduce con la promesa del Paraíso. El que come mi carne tiene vida eterna (Juan vi. 55). El que come este pan vivirá para siempre- (Juan vi. 59). Y, aún más, nos amenaza con el infierno y la exclusión del Paraíso si nos negamos a comulgar. Si no coméis la carne del Hijo del hombre, no tendréis vida en vosotros- (Juan vi. 54). Estas invitaciones, estas promesas, estas amenazas, todo procede del gran deseo que Él tiene de venir a nosotros en este Sacramento. Pero ¿por qué Jesús desea tanto que le recibamos en la Sagrada Comunión? He aquí la razón. San Dionisio dice que el amor siempre suspira y tiende a la unión; y así también dice Santo Tomás: "Los amantes desean llegar a ser uno." Los amigos que se aman de verdad quisieran estar tan unidos como para llegar a ser una sola persona. Pues bien, esto es lo que ha hecho el infinito amor de Dios por el hombre: no sólo darse a sí mismo en el reino eterno, sino también en esta vida permitir que los hombres le posean en la más íntima unión, dándose a sí mismo, entero y entero, bajo la apariencia de pan en este Sacramento. Está como detrás de un muro y mira, por decirlo así, a través de una celosía cerrada: He aquí que está detrás de nuestro muro, mirando a través de las ventanas, mirando a través de las celosías-(Cánticos ii. 9}. Es verdad que no lo vemos; pero Él nos ve y está allí realmente presente: Está presente para que lo poseamos; pero se oculta de nosotros para que lo deseemos; y mientras no hayamos alcanzado nuestra verdadera patria, Jesús desea darse enteramente a nosotros y permanecer unido a nosotros.

II.

No pudo satisfacer su amor entregándose al género humano por su Encarnación y por su Pasión, muriendo por todos los hombres en la Cruz; sino que quiso encontrar un medio para darse enteramente a cada uno de nosotros en particular, y para ello instituyó el Sacramento del Altar, a fin de unirse enteramente a cada uno: El que come mi carne, dijo, permanece en mí y yo en él- (Juan vi. 57). En la Sagrada Comunión Jesús se une al alma, y el alma a Jesús; y esto no es una unión de mero afecto, sino que es una unión verdadera y real. De ahí que San Francisco de Sales diga: "En ninguna otra acción puede considerarse al Salvador "más tierno o más amoroso que en ésta, en la que se aniquila a Sí mismo, por así decirlo, y se reduce a alimento, para penetrar en nuestras almas y unirse a los corazones de sus fieles." San Juan Crisóstomo dice que Jesucristo, por el ardiente amor que nos profesaba, deseaba unirse a nosotros de tal modo que llegara a ser una misma cosa con nosotros. "Se mezcló con nosotros para que fuéramos una sola cosa; porque esto es propio de los que aman ardientemente".

SÁBADO DESPUÉS DEL DOMINGO BAJO

Mañana Mediación

LA CARIDAD DE MARÍA HACIA EL PRÓJIMO

Todos los que me aman aman lo que Yo amo, dijo Jesús a Santa Catalina de Génova. Ahora bien, así como nunca hubo ni habrá nadie que amara a Dios tanto como María lo amaba, así tampoco hubo ni habrá nadie que amara a su prójimo tanto como ella. Grande fue la misericordia de María para con los miserables cuando era desterrada aquí en la tierra, pero mucho mayor es ahora que reina en el Cielo.

I.

El amor a Dios y el amor al prójimo se ordenan por el mismo precepto: Y este mandamiento tenemos de Dios: que el que ama a Dios, ame también a su hermano- (l Juan iv. 21). Santo Tomás dice que la razón de esto es que quien ama a Dios ama todo lo que Dios ama. Santa Catalina de Génova dijo un día: "Señor, Tú quieres que yo ame a mi prójimo, y no puedo amar a nadie más que a Ti". Dios le respondió con estas palabras: "Todos los que Me aman aman lo que Yo amo". Pero así como nunca hubo, ni habrá, nadie que amara a Dios tanto como María lo amaba, así tampoco hubo, ni habrá, nadie que amara a su prójimo tanto como ella.

El Padre Cornelius a Lapide, sobre estas palabras de los Cánticos, El Rey Salomón le ha hecho una litera de madera de Libanus. . . el medio lo cubrió de caridad para las hijas de Jerusalén-(Cant. iii. 9, 10), dice: "Esta litera era el seno de María, en el que habitaba el Verbo Encarnado, llenándolo de caridad para con las hijas de Jerusalén; porque Cristo, que es el amor mismo, inspiró a la Santísima Virgen la caridad en su más alto grado, para que socorriera a todos los que recurrían a ella".

Tan grande era la caridad de María en la tierra, que socorría a los necesitados sin que nadie se lo pidiera, como sucedió en las bodas de Caná, cuando contó a su Hijo la angustia de aquella familia: "No tienen vino" (Juan III), y le pidió que obrara un milagro. ¡Oh, con qué rapidez voló cuando se trataba de aliviar a su prójimo! Cuando fue a casa de Isabel para cumplir un oficio de caridad, se dirigió a toda prisa al monte (Lucas i. 39). Sin embargo, no pudo mostrar más plenamente la grandeza de su caridad que en la ofrenda que hizo de su Hijo a la muerte por nuestra salvación. San Buenaventura dice al respecto: "María amó tanto al mundo que dio a su Hijo unigénito". De ahí que San Anselmo exclame: "¡Oh bendita entre las mujeres, tu pureza supera a la de los ángeles, y tu compasión a la de los santos!". "Tampoco este amor de María por nosotros -dice San Buenaventura- ha disminuido ahora que está en el Cielo; sino que ha aumentado, porque ahora ve mejor las miserias de los hombres." Y por eso, sigue diciendo el Santo: "Grande era la misericordia de María para con los miserables cuando aún estaba desterrada en la tierra; pero mucho mayor es ahora que reina en el Cielo."

Oh Madre de misericordia, tú estabas toda llena del amor de Dios, consígueme su amor puro y santo. Tú eras toda amor hacia el prójimo, alcánzame la caridad hacia el prójimo. Oh María, hazme santo.

Santa Inés aseguraba a Santa Brígida que "no había nadie que rezara sin recibir la gracia por la caridad de la Santísima Virgen". Desgraciados, en efecto, deberíamos ser nosotros, ¡acaso María no intercedió por nosotros! El mismo Jesús, dirigiéndose a la misma Santa, dijo: "Si no fuera por las oraciones de Mi Madre, no habría esperanza de misericordia". Dichoso aquel, dice la Divina Madre, que escucha mis instrucciones, presta atención a mi caridad y, a imitación mía, la ejercita él mismo hacia los demás: Bienaventurado el hombre que me oye, y que vela cada día a mis puertas, y espera a los postes de mis puertas - (Proverbios viii. 34). San Gregorio Nacianceno nos asegura que "no hay nada por lo que podamos ganar con mayor certeza el afecto de María que por la caridad hacia nuestro prójimo". Por eso, así como Dios nos exhorta diciendo: Sed misericordiosos, como también vuestro Padre es misericordioso - (Lucas vi. 36), así también María parece decir a todos sus hijos: "Sed misericordiosos, como también es misericordiosa vuestra Madre". Es cierto que nuestra caridad para con el prójimo será la medida de la que Dios y María nos mostrarán: Dad y se os dará. Porque con la misma medida con que midiereis, se os volverá a medir. -(Lucas vi. 38). San Metodio solía decir: "Dad a los pobres y recibiréis el Paraíso". Pues el Apóstol escribe que la caridad hacia el prójimo nos hace felices tanto en este mundo como en el otro: Pero la piedad es provechosa para todas las cosas, pues tiene promesa de la vida presente y de la venidera' (1 Timoteo iv. 8). San Juan Crisóstomo, sobre estas palabras de Proverbios, el que tiene misericordia del pobre presta al Señor-(Proverbios xix. 17), hace una observación en el mismo sentido, diciendo: "El que asiste al necesitado hace de Dios su deudor".

Oh Madre de misericordia, tú que estás llena de caridad para con todos, no olvides mis miserias; tú las ves muy bien. Encomiéndame a Dios, que nada te niega. Alcánzame la gracia de imitarte en la santa caridad, tanto para con Dios como para con el prójimo. Amén.

Lectura espiritual

¡SALVE, REGINA, MATER MISERICORDIAE! ¡SALVE, SANTA REINA, MADRE DE MISERICORDIA!

V.-CUÁNTO DEBE AUMENTAR NUESTRA CONFIANZA EN MARÍA POR SER NUESTRA MADRE.

La segunda ocasión en que María se convirtió en nuestra Madre espiritual, y nos llevó a la vida de la gracia, fue cuando ofreció al "Eterno Padre la vida de su amado Hijo en el monte Calvario, con tanto dolor y sufrimiento. De modo que San Agustín declara que "al cooperar entonces con su amor en el nacimiento de los fieles a la vida de la gracia, se convirtió en la Madre espiritual de todos los que son miembros de la única Cabeza, Cristo Jesús". Esto nos da a entender el versículo siguiente de los sagrados Cánticos, y que se refiere a la Santísima Virgen: Me han hecho guardiana de las viñas; mi viña no he guardado-(Cánticos i 5), San Guillermo dice que "María, para salvar muchas almas, expuso la suya a la muerte"; queriendo decir que para salvarnos sacrificó la vida de su Hijo. ¿Y quién sino Jesús era el alma de María? Él era su vida y todo su amor. Por eso el profeta Simeón predijo que una espada de dolor atravesaría un día su alma bendita (Lucas II, 35). Y ésta fue precisamente la lanza que atravesó el costado de Jesús, que era el alma de María. Entonces fue cuando esta Santísima Virgen nos llevó por sus dolores a la vida eterna: y así, todos podemos llamarnos hijos de los dolores de María. Nuestra amantísima Madre estuvo siempre y en todo unida a la voluntad de Dios. "Por eso -dice san Buenaventura-, cuando vio que el amor del Padre Eterno hacia los hombres era tan grande que, para salvarlos, quiso la muerte de su propio Hijo; y, además, viendo el amor del Hijo en querer morir por nosotros, para conformarse a este amor excesivo tanto del Padre como del Hijo hacia el género humano, ella también con toda su voluntad ofreció y consintió en la muerte de su Hijo, para que nosotros pudiéramos salvarnos."

Es verdad que, según la Profecía de Isaías, Jesús, al morir por la redención del género humano, eligió estar solo. He pisado solo el lagar - (Isaías lxiii. 3), pero, viendo el ardiente deseo de María de ayudar a la salvación del hombre, dispuso que ella, mediante el sacrificio y la ofrenda de la vida de su Jesús, cooperase a nuestra salvación, convirtiéndose así en la Madre de nuestras almas. Esto significó nuestro Salvador, cuando, antes de expirar, miró desde la Cruz a su Madre y al discípulo San Juan, que estaba al pie de ella, y, dirigiéndose primero a María, dijo: He aquí a tu hijo-- (ohn xix. 26); como si dijera: He aquí todo el género humano, que por el ofrecimiento que haces de mi vida para la salvación de todos, está naciendo ya a la vida de la gracia. Luego, volviéndose al discípulo, Jesús dijo: He aquí a tu madre- (Juan xix. 27)". Con estas palabras -dice San Bernardino de Siena-, María, por el amor que les tenía, se convirtió en Madre, no sólo de San Juan, sino de todos los hombres." Y Silveira observa que el mismo San Juan, al consignar este hecho en su Evangelio, dice: "Después de esto dice al discípulo He aquí a tu madre." Aquí obsérvese bien que Jesucristo no se dirigió a San Juan, sino al discípulo, para mostrar que luego dio a María a todos los que son sus discípulos, es decir, a todos los cristianos, para que fuese su Madre. "Juan no es más que el nombre de uno, mientras que la palabra discípulo es aplicable a todos; por lo tanto, nuestro Señor hace uso de un nombre común a todos, para mostrar que María fue dada como Madre a todos".

La Iglesia aplica a María estas palabras de los sagrados Cánticos: Yo soy la madre del amor hermoso" (Eclesiástico xxiv. 24); y un comentarista que las explica dice que el amor de la Santísima Virgen hace que nuestras almas sean bellas a los ojos de Dios, y también hace que ella, como Madre amorosísima, nos reciba como a sus hijos", siendo ella todo amor hacia aquellos a quienes así ha adoptado". Y qué Madre, exclama San Buenaventura, ama a sus hijos y cuida de su bien como tú nos amas y cuidas de nosotros, ¡oh dulcísima Reina! "Pues ¿no nos amas y procuras nuestro bien mucho más sin comparación que cualquier madre terrena?".

Mediación vespertina

LA PRÁCTICA DEL AMOR DE JESUCRISTO.

XI.-CUÁNTO MERECE JESUCRISTO SER AMADO POR NOSOTROS A CAUSA DEL AMOR QUE NOS HA DEMOSTRADO AL INSTITUIR EL SANTÍSIMO SACRAMENTO DEL ALTAR.

I.

"Fue Tu deseo, en suma", dice San Lorenzo Justiniano, "¡Oh Dios, enamorado de nuestras almas, hacer por medio de este Sacramento, Tu propio Corazón, por una unión inseparable, un mismo corazón con el nuestro!". San Bernardino de Siena añade que "el don de Jesucristo a nosotros como nuestro alimento fue el último paso de su amor, ya que Él se da a nosotros para unirse enteramente con nosotros, de la misma manera que el alimento se une con aquel que participa de él." Oh, ¡cuánto se complace Jesucristo en unirse a nuestras almas! Dijo un día a su amada sierva Margarita de Ypres, después de la Comunión:" Mira, hija mía, la hermosa unión que existe entre Yo y tú. Ven, pues, ámame; y permanezcamos siempre unidos en el amor, y no nos separemos nunca más".

Debemos, pues, persuadirnos de que un alma no puede hacer, ni pensar en hacer, nada que dé mayor placer a Jesucristo, que comunicarse frecuentemente con disposiciones adecuadas al gran Huésped que ha de recibir en su corazón. He dicho disposiciones adecuadas, no dignas, porque si fueran necesarias, ¿quién podría comunicarse? Sólo otro Dios sería digno de recibir a Dios. Por adecuadas entiendo aquellas disposiciones que se convierten en una miserable criatura revestida de la infeliz carne de Adán. Ordinariamente hablando, es suficiente si una persona se comunica en estado de gracia, y con un gran deseo de crecer en el amor de Cristo. San Francisco de Sales dijo: "Sólo por amor debemos recibir a Jesucristo en la Comunión, ya que sólo por amor Él se nos da". Por lo demás, en cuanto al número de veces que una persona debe comulgar, en esto debe guiarse por el consejo de su padre espiritual. Sin embargo, debemos saber que ningún estado de vida o empleo, ni el estado matrimonial ni los negocios, impide la Comunión frecuente, cuando el director lo crea conveniente, como ha declarado el Papa Inocencio XI. en su Decreto de 1679, cuando dice: "La Comunión frecuente debe dejarse al juicio de los confesores, quienes, para los laicos en los negocios o en el estado matrimonial, deben recomendarla según vean que será provechosa para su salvación."

II.

A continuación debemos comprender que no hay nada de lo que podamos sacar tanto provecho como de la sagrada Comunión. El Padre Eterno ha hecho a Jesucristo poseedor de todos sus tesoros celestiales. El Padre ha entregado todas las cosas en sus manos- (Juan xiii. 3). Por eso, cuando Jesucristo se acerca a un alma en la Sagrada Comunión, trae consigo tesoros ilimitados de gracia; y, en consecuencia, después de la Comunión podemos decir con justicia: Ahora todos los bienes vinieron a mí junto con ella. San Denis dice que el Sacramento de la Eucaristía es mucho más poderoso para la santificación de las almas que todos los demás medios espirituales de gracia; y San Vicente Ferrer, que una Comunión hace más por el alma que una semana de ayuno a pan y agua. En primer lugar, como enseña el Concilio de Trento, la Comunión es ese gran remedio que nos libra de las culpas cotidianas y nos preserva de los pecados mortales. Se dice de las culpas cotidianas, porque, según Santo Tomás, por medio de este Sacramento el hombre es excitado a hacer actos de amor, por los cuales se perdonan los pecados veniales. Y se dice que somos preservados de los pecados mortales, porque la Comunión aumenta la gracia, que nos preservará de las grandes faltas. De ahí que Inocencio III diga que Jesucristo nos libró del poder del pecado por su Pasión, pero que por la Eucaristía nos libra del poder de pecar.

La Comunión frecuente y diaria, en cuanto es agradabilísima a Cristo Nuestro Señor y a la Iglesia católica, está abierta a todos los fieles de cualquier clase y condición; de modo que a nadie que esté en estado de gracia y se acerque a la Sagrada Mesa con intención pura y devota debe prohibírsele.

"La recta intención consiste en esto: -Que quien se acerque a la Sagrada Mesa lo haga -no por hábito o vanagloria. o impulsado por el respeto humano, sino por el deseo de agradar a Dios. y de estar estrechamente unido a Él, y de proporcionar un remedio Divino a sus enfermedades y defectos... .

"Para que la Comunión diaria sea promovida con mayor prudencia y resultados más fructuosos, es necesario que previamente se obtenga el consejo del confesor. Tengan cuidado los confesores. Sin embargo, para que no persuadan de la Comunión diaria a nadie que esté en estado de gracia y se acerque a ella con recta intención. . . "Extracto del Decreto de la Sagrada Congregación del Concilio sobre la Recepción de la Comunión Diaria que fue graciosamente ratificado, confirmado y ordenado publicar por Su Santidad el Papa Pío X. 17 de Diciembre. 1905.

SEGUNDO DOMINGO DESPUÉS DE PASCUA

Mediación matutina

"YO SOY EL BUEN PASTOR". (Evangelio del domingo. Juan x. 11, 16).

Jesús dijo de sí mismo: Yo soy el buen pastor. La obra de un buen pastor no es otra que conducir su rebaño a buenos pastos y guardarlo de los lobos. Pero, ¿qué pastor, oh dulce Redentor, ha tenido jamás misericordia como Tú? ¿Qué pastor daría su vida por sus ovejas? Sólo Tú, porque eres un Dios de amor infinito, puedes decir: Yo doy mi vida por mis ovejas.

I.

Así habló Jesús de sí mismo: Yo soy el buen Pastor -(Juan x. 11). La obra de un buen pastor no es otra que conducir su rebaño a buenos pastos y guardarlo de los lobos; pero ¿qué pastor, oh dulce Redentor, ha tenido jamás misericordia como Tú? ¿Qué pastor ha dado jamás su vida por salvar a sus rebaños y librarlos del castigo que merecían?

El cual llevó él mismo nuestros pecados en su cuerpo sobre el madero, para que nosotros, estando muertos a los pecados, vivamos a la justicia; y por cuya herida fuisteis sanados- (I Pedro ii. 24). Para curarnos de nuestras enfermedades, este buen Pastor tomó sobre sí todos nuestros males y pagó nuestras deudas en su propia persona, muriendo en agonía sobre una cruz. Fue este exceso de amor hacia nosotros, sus ovejas, lo que hizo que San Ignacio, el Mártir, ardiera en deseos de dar su vida por Jesucristo, diciendo:" ¡Mi Amor está crucificado! ¿Qué ha querido mi Dios morir en una Cruz por mí, y no puedo yo desear morir por Él?". Y, en verdad, ¿fue grande lo que hicieron los Mártires al dar la vida por Jesucristo, cuando Él murió por amor a ellos? ¡Oh, cómo aquella muerte soportada por ellos por Jesucristo les dulcificó todos sus tormentos: las fajas, los clavos punzantes, las planchas de hierro ardientes y las muertes más agonizantes!

Pero el amor de este Buen Pastor no se contentó con dar la vida por sus ovejas; quiso también, después de su muerte, dejarles su misma carne, sacrificada por primera vez en la Cruz, para que fuera alimento y pasto de sus almas. "El ardiente amor que nos tenía", dice San Juan Crisóstomo, "le indujo a unirse y hacerse una sola cosa con nosotros."

Acuérdate, pues, Jesús mío, de que soy una de esas ovejas por las que Tú diste la vida. Ah, lanza sobre mí una de esas miradas de piedad con las que una vez me miraste, cuando morías en la Cruz por mí. Mírame, cámbiame y sálvame. Tú te has llamado el Pastor amoroso, que, al encontrar la oveja perdida, la toma con alegría y la lleva sobre sus hombros, y luego llama a sus amigos para que se regocijen con Él. Te amo, mi Buen Pastor; no permitas que vuelva a separarme de Ti.

II.

Cuando este Buen Pastor ve una oveja perdida, ¿qué no hace, qué medios no toma, para recuperarla? No cesa de buscarla hasta que la encuentra. Si pierde una de ellas, ¿no va tras la que se perdió hasta encontrarla? Y cuando la encuentra, se la pone sobre los hombros para que no se pierda más; y, llamando a sus amigos y prójimos, es decir, a los ángeles y a los santos, los invita a alegrarse con Él por haber encontrado la oveja que se había perdido. ¿Quién, pues, no amará con todo su afecto a este buen Señor que se muestra así amoroso con los pecadores que le han vuelto la espalda y se han destruido a sí mismos por su propia voluntad?

¡Oh Salvador mío, digno de todo amor, he aquí a Tus pies una oveja que se había perdido! Te había dejado, pero Tú no me has abandonado; no has dejado medio sin intentar para recobrarme. ¿Qué habría sido de mí si no hubieras pensado en buscarme? ¡Ay de mí! Cuánto tiempo he vivido lejos de Ti. Ahora, por Tu misericordia, confío en que estoy en Tu gracia; y así como al principio huía de Ti, ahora no deseo otra cosa que amarte, y vivir y morir abrazado a Tus pies. Pero mientras viva corro el peligro de abandonarte; oh, átame, encadéname con el lazo de tu santo amor, y no ceses de buscarme mientras viva en esta tierra. Me he extraviado como una oveja perdida; busca a tu siervo - (Salmo cxviii. 176) Oh María, abogada de los pecadores, obtén para mí la santa perseverancia.

Lectura espiritual
¡SALVE, REGINA, MATER MISERICORDIAE! ¡SALVE, SANTA REINA, MADRE DE MISERICORDIA!

VI.-CUÁNTO DEBE AUMENTAR NUESTRA CONFIANZA EN MARÍA PORQUE ES NUESTRA MADRE.

Dichosos los que viven bajo la protección de una Madre tan amorosa y poderosa. El Profeta David, aunque aún no había nacido, buscó la salvación de Dios consagrándose como hijo de María, y así oró: Salva al hijo de tu sierva- (Salmo lxxxv. 16). "¿De qué sierva?", pregunta San Agustín, y responde: "De la que dijo: He aquí la esclava del Señor". "¿Y quién -dice el Beato Cardenal Belarmino- se atrevería jamás a arrancarnos del seno de María, cuando nos hemos refugiado en él? Qué poder del infierno, o qué tentación, podrá vencernos si ponemos nuestra confianza en el patrocinio de esta gran Madre, Madre de Dios y nuestra?". Hay quien dice que cuando la ballena ve a sus crías en peligro, ya sea por las tempestades o por los perseguidores, abre la boca y se las traga. Esto es precisamente lo que Novarino afirma de María: "Cuando arrecian las tempestades de las tentaciones, la compasivísima Madre de los fieles, con ternura maternal, los protege como en su propio seno hasta llevarlos al puerto de la salvación."

¡Oh Madre amantísima! ¡Oh Madre compasiva! Bendita seas siempre. Y siempre bendito sea Dios, que nos la ha dado por Madre y por refugio seguro en todos los peligros de esta vida. La misma Santísima Virgen, en una visión, dirigió estas palabras a Santa Brígida: "Como una madre, al ver a su hijo en medio de las espadas de sus enemigos, pondría todo su empeño en salvarlo, así hago y haré yo por todos los pecadores que buscan mi misericordia". Así, es que en todo enfrentamiento con las potencias infernales venceremos siempre ciertamente recurriendo a la Madre de Dios, que es también nuestra Madre, diciendo y repitiendo una y otra vez: Volamos a tu patrocinio, oh santa Madre de Dios". ¡Oh, cuántas victorias no han obtenido los fieles sobre el infierno recurriendo a María con esta breve pero poderosísima oración! Así fue como la gran sierva de Dios, Sor María Crucificada, de la Orden de San Benito, venció siempre a los demonios.

Tened, pues, buen corazón todos los que sois hijos de María. Recordad que Ella acepta como hijos suyos a todos los que eligen serlo. Alegraos. ¿Por qué teméis perderos cuando una Madre así os defiende y protege?". Di, pues, oh alma mía, con gran confianza: Me alegraré y gozaré; porque cualquiera que sea el juicio que se pronuncie sobre mí, depende y debe venir de mi Hermano y Madre." "Así", dice San Buenaventura, "es que cada uno que ama a esta buena Madre, y cuenta con su protección, debe animarse a la confianza, recordando que Jesús es nuestro Hermano, y María nuestra Madre." El mismo pensamiento hace gritar de alegría a San Anselmo, y nos anima diciendo: "¡Oh feliz confianza! ¡Oh refugio seguro! ¡La Madre de Dios es mi Madre! Cuán firme debe ser, pues, nuestra confianza, ya que nuestra salvación depende del juicio de un buen Hermano y de una tierna Madre". Es, pues, nuestra Madre quien nos llama, y dice, con estas palabras del Libro de los Proverbios: El que es pequeño, venga a mí-(Prov. ix. 4). Los niños tienen siempre en los labios el nombre de su madre; y en toda retaguardia, en todo peligro, gritan inmediatamente: ¡Madre! ¡Madre! ¡Ah, dulcísima María! Ah, Madre amantísima, esto es precisamente lo que deseas: que nos convirtamos en niños, y te invoquemos en todo peligro, y en todo momento recurramos a ti, porque deseas ayudarnos y salvarnos, como has salvado a todos los que han recurrido a ti.

Mediación vespertina
LA PRÁCTICA DEL AMOR DE JESUCRISTO.
XII. CUÁNTO MERECE JESUCRISTO SER AMADO POR NOSOTROS A CAUSA DEL AMOR QUE NOS HA DEMOSTRADO AL INSTITUIR EL SANTÍSIMO SACRAMENTO DEL ALTAR.

I.

Este Sacramento de la Eucaristía, por encima de todos los demás, inflama nuestras almas con el amor divino. Dios es amor (1 Jn iv. 8). Y Él es un fuego que consume todos los afectos terrenales en nuestros corazones. Él es un fuego consumidor (Hebreos xii. 29). Con este mismo fin, es decir, para encender este fuego, vino el Hijo de Dios a la tierra. He venido a echar fuego en la tierra; y añadió que no deseaba otra cosa sino ver encendido este fuego en nuestras almas: Y qué quiero sino que se encienda- (Lucas xii. 49}. Y ¡oh, qué llamas de amor no enciende Jesucristo en el corazón de todo el que le recibe devotamente en este Sacramento! Santa Catalina de Siena vio una vez la Hostia en la mano de un sacerdote como un globo de fuego; y la Santa se asombró de que los corazones de todos los hombres no fueran abrasados y, por decirlo así, reducidos a cenizas por semejante llama. De la cara de Santa Rosa de Lima, después de la Comunión, salían rayos tan brillantes que deslumbraban los ojos de los que la veían; y el calor de su boca era tan intenso que una mano que se acercaba a ella quedaba abrasada. Se cuenta de San Wenceslao que con sólo visitar las iglesias donde se guardaba el Santísimo Sacramento, se inflamaba de tal ardor que su criado, que le acompañaba, no sentía el frío si, al caminar sobre la nieve, pisaba las huellas del Santo. Y San Juan Crisóstomo dice que el Santísimo Sacramento es un fuego ardiente; de modo que cuando salimos del altar exhalamos llamas de amor que nos convierten en objetos de terror para el infierno.

Oh Dios de amor, oh Amante infinito, digno de amor infinito, dime ¿qué más puedes hacer para que los hombres Te amen? No te bastó hacerte Hombre, y someterte a todas nuestras miserias; no te bastó derramar por nosotros toda Tu Sangre en tormentos, y luego morir abrumado de dolor, sobre una Cruz, destinada a los más vergonzosos malhechores. Te obligaste, por fin, a esconderte bajo las especies del pan y del vino, para convertirte en nuestro alimento y unirte a cada uno de nosotros. Dime, repito, ¿qué más puedes hacer para hacerte amar por nosotros? ¡Ah, desgraciados seremos si no Te amamos en esta vida! Y cuando hayamos entrado en la eternidad, ¡qué remordimiento no sentiremos por no haberte amado! Jesús mío, no moriré sin amarte, y amarte mucho.

II.

El esposo de los Cánticos dijo: Me llevó a la bodega del vino, puso en orden la caridad en mí- (Cánticos ii. 4}. San Gregorio de Nisa dice que la Comunión es precisamente esta bodega de vino en la que el alma se embriaga tanto del amor divino que olvida y pierde de vista a las criaturas; y ésta es esa languidez de amor de la que habla de nuevo la esposa: Sostenedme con flores; rodeadme de manzanas, porque languidezco de amor- (Cánticos ii. 5). Alguien dirá:" Pero precisamente por eso no me comunico con frecuencia, porque veo que soy tan frío en el amor de Dios". Gerson responde a tal diciendo: "¿Acaso, porque tienes frío, te alejas voluntariamente del fuego? Más bien, porque te sientes frío, deberías acercarte con mayor frecuencia a este Sacramento, si realmente deseas amar a Jesucristo " "Aunque sea con tibieza -escribió San Buenaventura-, acércate de todos modos, confiando en la misericordia de Dios. Cuanto más enfermo se siente uno, más necesidad tiene de médico".

Del mismo modo, San Francisco de Sales: "Dos clases de personas deben comulgar con frecuencia: los perfectos, para seguir siéndolo; y los imperfectos, para llegar a ser perfectos". Pero para comulgar con frecuencia es necesario, al menos, tener un gran deseo de hacerse santo y de crecer en el amor a Jesucristo. Nuestro Señor dijo una vez a Santa Matilde: "Cuando comulgues desea todo el amor que un alma haya tenido por Mí, y Yo recibiré tu amor según tu deseo".

Jesús mío, siento y me duele haberte ofendido tanto. Pero ahora Te amo sobre todas las cosas. Te amo más que a mí mismo y te consagro todos mis afectos. Tú, que me inspiras este deseo, dame también la gracia de realizarlo. Jesús mío, Jesús mío, nada deseo de Ti sino a Ti mismo. Ahora que me has atraído a tu amor, lo dejo todo, renuncio a todo y me aferro a Ti: sólo Tú me bastas. Oh María, Madre de Dios, ruega a Jesús por mí y hazme santo. Añade esto también a las muchas maravillas que has hecho al convertir a los pecadores en santos.

LUNES - TERCERA SEMANA DESPUÉS DE PASCUA

Meditación de la mañana
LA CARIDAD SE PRACTICA CON LAS PALABRAS.
San Bernardo dice que la lengua de un detractor es una espada de tres filos. Destruye la reputación del prójimo; hiere el alma de los que escuchan la detracción; y mata el alma o al mismo detractor privándole de la gracia divina. Si la serpiente muerde en silencio, no es nada mejor el que murmura en secreto -(Eclesiastés x. 11).

I.

Para practicar de palabra la caridad fraterna, es preciso, ante todo, abstenerse de toda especie de detracción. El chismoso, dice el Espíritu Santo, manchará su propia alma y será odiado por todos (Eclesiástico xxi. 31). Sí, será objeto de odio para Dios y para los hombres, e incluso para aquellos que por su propia diversión aplauden y alientan su lenguaje calumnioso. Incluso ellos le rehuirán; porque temen con razón que así como en su presencia ha detraído a otros, así ante otros los calumniará. San Jerónimo dice que algunos que han renunciado a otros vicios no pueden abstenerse de esto. "Los que han abandonado otros pecados siguen cayendo en el pecado de detracción". Quiera Dios que incluso entre los consagrados a Dios no se encuentren algunos cuya lengua sea tan afilada que no puedan hablar sin herir el carácter de un prójimo. Dios quiera que tales personas no corran la suerte de cierto calumniador, que, según Tomás Cantimpratensis, murió en un ataque de ira, y en el acto de lacerarse la lengua con los dientes. San Bernardo habla de otro calumniador que intentó difamar el carácter de San Malaquías; su lengua se hinchó al instante y se llenó de gusanos. En este miserable estado, el infeliz murió al cabo de siete días.

Pero ¡cuán queridos son para Dios y para los hombres los que hablan bien de todos! Santa María Magdalena de Pazzi solía decir que si conociera a alguien que nunca en toda su vida hubiera hablado mal de un prójimo, lo haría canonizar. Ten cuidado, pues, de no pronunciar nunca una palabra que sepa a detracción. Sobre todo, mantenecs en guardia contra cualquier expresión que pueda, en el más mínimo grado, herir el carácter de vuestros Superiores. Hablando mal de ellos, destruiríais en vuestros compañeros el espíritu de obediencia, así como disminuiríais el respeto a su juicio y autoridad. El pecado de detracción se comete, no sólo imputando a otros lo que no es verdad, exagerando sus defectos, o dando a conocer sus faltas ocultas, sino también representando sus acciones virtuosas como defectuosas, o atribuyéndolas a un mal motivo. También es detracción negar las buenas obras de los demás, o poner en duda sus derechos a la justa alabanza que se les ha concedido. Para hacer más creíbles sus calumnias, algunos comienzan con elogios y terminan con calumnias. Tal persona, dicen, tiene mucho talento, pero es orgullosa; es muy generosa, pero al mismo tiempo muy vengativa.

Ah, Dios mío, no mires mis pecados, sino a Jesús, tu Hijo, que ha sacrificado su vida por mi salvación. Por amor de Jesús, ten piedad de mí y perdona todas las ofensas que he cometido contra Ti, pero especialmente las que he cometido por mi falta de caridad hacia el prójimo. Destruye en mí, Señor, todo lo que te desagrada, y dame un sincero deseo de agradarte en todas las cosas.

II.

Procura hablar siempre bien de todos. Habla de los demás como te gustaría que te hablaran a ti. Con respecto a los ausentes, observa la excelente regla de Santa María Magdalena de Pazzi: "Nunca digas en su ausencia lo que no dirías en su presencia". Y si alguna vez oyes a alguien hablar mal de otros, procura no alentar su falta de caridad ni parecer complacido con su lenguaje; de lo contrario, participarás de su culpa. Debes reprenderle, o cambiar de tema de conversación, o retirarte, o, al menos, no prestarle atención. Cercad vuestros oídos con espinas, dice el Espíritu Santo; no oigáis lengua perversa -(Eclesiástico xxviii. 28). Contra la detracción, tapa tus oídos con espinas, para que no entre. Siempre que oigas a alguien hablar mal de los demás, es necesario que muestres, al menos con el silencio, con el semblante o con los ojos bajos, que no te agrada la conversación. Compórtate siempre de tal manera que en el futuro nadie se atreva a atacar el carácter de otro en tu presencia. Y cuando esté en tu mano, la caridad te exige que te pongas en el lugar de la persona que se siente ofendida. Tus labios son como un cordón de escarlata- (Cánticos iv. 3). Esposa mía, dice el Señor, quiero que tus labios sean como un encaje de grana; es decir, según la explicación de San Gregorio de Nisa, tus palabras deben estar llenas de caridad, para cubrir en lo posible los defectos de los demás, o al menos para excusar su intención, si sus acciones son inexcusables. "Excusa la intención", dice San Bernardo, "si no puedes excusar el acto". El abad Constabile, según relata Surius, era llamado "El cubridor de sus hermanos". Porque este santo monje, tan a menudo como oía a alguien hablar de los defectos de los demás, procuraba cubrirlos y excusarlos. Tal era también la práctica de Santa Teresa. De ella solían decir los religiosos que en su presencia su carácter estaba seguro, porque ella los defendía.

Lectura espiritual

¡SALVE, REGINA, MATER MISERICORDIAE! ¡SALVE, SANTA REINA,
MADRE DE MISERICORDIA!

VII.-LA GRANDEZA DEL AMOR QUE LA MADRE NOS PROFESA.

Puesto que María es nuestra Madre, podemos considerar cuán grande es el amor que nos tiene. El amor a los hijos es un impulso necesario de la naturaleza; y Santo Tomás dice que ésta es la razón por la que la ley divina impone a los hijos la obligación de amar a sus padres, pero no da ningún mandato expreso de que los padres amen a sus hijos; porque la naturaleza misma lo ha implantado tan fuertemente en todas las criaturas que, como observa San Ambrosio, "sabemos que una madre se expondrá al peligro por sus hijos", e incluso las bestias más salvajes no pueden hacer otra cosa que amar a sus crías. Se dice que incluso los tigres, al oír el llanto de sus cachorros raptados por los cazadores, se lanzan al mar y nadan hasta alcanzar la embarcación en la que se encuentran. Puesto que los mismos tigres, dice nuestra amantísima Madre María, no pueden olvidar a sus crías, ¿cómo podría yo olvidarme de amaros, hijos míos? E incluso, añade, si fuera posible que una madre se olvidara de amar a su hijo, no es posible que yo deje de amar a un alma que se ha convertido en mi hijo: ¿Puede una mujer olvidar a su hijo para no tener piedad del hijo de sus entrañas? Y si ella se olvida, yo no me olvidaré de ti" (Isaías xlix. 15).

María es nuestra Madre, no, como ya hemos observado, según la carne, sino por amor: Yo soy la madre del amor hermoso" (Eclesiástico xxiv. 24); de ahí que sea sólo el amor que nos profesa lo que la convierte en nuestra Madre; y por eso un escritor observa que "se gloría de ser Madre del amor, porque es todo amor hacia nosotros, a quienes ha adoptado por hijos". ¿Y quién puede decir el amor que María nos tiene a nosotros, miserables criaturas? Arnoldo de Chartres nos dice que "a la muerte de Jesucristo deseó con inmenso ardor morir con su Hijo, por amor a nosotros"; tanto es así, añade San Ambrosio, que mientras "su Hijo pendía de la Cruz, María se ofreció a los verdugos", para dar su vida por nosotros.

Pero consideremos la razón de este amor, pues así comprenderemos mejor cuánto nos ama esta buena Madre. La primera razón del gran amor que María profesa a los hombres es el gran amor que profesa a Dios; el amor a Dios y el amor al prójimo pertenecen al mismo mandamiento, como lo expresa San Juan: Este mandamiento tenemos de Dios, que el que ama a Dios ame también a su hermano- (I Juan iv. 21); de modo que en la medida en que el uno se hace mayor el otro también aumenta. ¡Qué no han hecho los santos por su prójimo como consecuencia de su amor a Dios! Léase solamente el relato de los trabajos de San Francisco Javier en las Indias, donde, para ayudar a las almas de estos pobres bárbaros y llevarlos a Dios, se expuso a mil peligros, trepando entre las montañas, y buscando a estas pobres criaturas en las cuevas en las que habitaban como bestias salvajes. Ved a San Francisco de Sales, que, para convertir a los herejes de la provincia de Chablais, arriesgó su vida todas las mañanas durante todo un año, arrastrándose sobre manos y rodillas por una viga helada, para poder predicarles en la orilla opuesta de un río; a San. Paulino, que se entregó como esclavo para conseguir la libertad del hijo de una pobre viuda; un san Fidel, que, para atraer a Dios a los herejes de un lugar, persistió en ir a predicarles, aunque sabía que le costaría la vida. Los Santos, pues, porque amaban mucho a Dios, hacían mucho por el prójimo; pero ¿quién amó a Dios tanto como María? Ella lo amó más en el primer momento de su existencia que todos los Santos y Ángeles lo amaron o lo amarán jamás. La misma Santísima Virgen reveló a Sor María Crucificada que el fuego del amor con que estaba inflamada hacia Dios era tal, que si los cielos y la tierra fuesen puestos en él, se consumirían al instante; de modo que los ardores de los Serafines, en comparación con él, no eran más que frescas brisas. Y así como entre todos los espíritus bienaventurados no hay uno que ame a Dios más que María, así tampoco nosotros tenemos ni podemos tener a nadie que, después de Dios, nos ame tanto como esta amantísima Madre; y si concentramos todo el amor que las madres tienen a sus hijos, los esposos a sus esposas, todo el amor de los Ángeles y de los Santos a sus clientes, no iguala el amor de María hacia una sola alma. El Padre Nieremberg dice que el amor que todas las madres han tenido por sus hijos no es más que una sombra en comparación con el amor que María nos tiene a cada uno de nosotros; y añade que sólo Ella nos ama más que todos los Ángeles y Santos juntos.

Meditación vespertina
LA PRÁCTICA DEL AMOR DE JESUCRISTO
SOBRE LA GRAN CONFIANZA QUE DEBEMOS TENER EN EL AMOR QUE JESUCRISTO NOS HA MANIFESTADO Y EN TODO LO QUE HA HECHO POR NOSOTROS.

I.

David puso toda su esperanza de salvación en su futuro Redentor, y dijo: En tus manos, Señor, encomiendo mi espíritu; Tú me has redimido, Señor, Dios de verdad- (Salmo xxx. 6). Pero ¡cuánto más debemos poner nuestra confianza en Jesucristo, ahora que ha venido y ha realizado la obra de la Redención! De ahí que cada uno de nosotros deba decir y repetir una y otra vez con mayor confianza: En tus manos, Señor, encomiendo mi espíritu; tú me has redimido, Señor, Dios de verdad.

Si tenemos grandes motivos para temer la muerte eterna a causa de nuestros pecados contra Dios, tenemos, por otra parte, muchos más motivos para esperar la vida eterna por los méritos de Jesucristo, que son infinitamente más poderosos para nuestra salvación que nuestros pecados para nuestra condenación. Hemos pecado y hemos merecido el infierno; pero el Redentor ha venido a tomar sobre sí todas nuestras ofensas y a satisfacerlas con sus sufrimientos: Ciertamente llevó él nuestras enfermedades y sufrió nuestros dolores" (Isaías liii. 4). En el mismo momento infeliz en que pecamos, Dios ya había escrito contra nosotros la sentencia de muerte eterna; pero ¿qué ha hecho nuestro misericordioso Redentor?

Borrando la letra del decreto que había contra nosotros... la quitó de en medio, fijándola en la cruz- (Colosenses ii. 14). Anuló con su Sangre el decreto de nuestra condenación, y luego lo fijó en la Cruz, para que, cuando miremos la sentencia de nuestra condenación por los pecados que hemos cometido, podamos ver al mismo tiempo la Cruz en la que Jesucristo murió y borró esta sentencia con su Sangre, y así recobrar la esperanza del perdón y de la vida eterna.

II.

¡Oh, con cuánta más fuerza habla por nosotros la sangre de Jesucristo, y nos obtiene la misericordia de Dios, de lo que habló la sangre de Abel contra Caín! Habéis venido a Jesús, el mediador del Nuevo Testamento, y a la aspersión de la sangre, que habla mejor que la de Abel- (Hebreos xii. 24). Como si el Apóstol hubiera dicho: "¡Oh pecadores, dichosos vosotros de poder, después de haber pecado, recurrir a Jesús crucificado, que ha derramado toda su Sangre para hacerse Mediador de paz entre los pecadores y Dios, y obtener para ellos el perdón! Vuestras iniquidades claman contra vosotros, pero la Sangre del Redentor aboga a vuestro favor; y la justicia divina no puede sino ser aplacada por la voz de esta Preciosa Sangre".

Es verdad que tendremos que dar cuenta rigurosa al Juez Eterno de todos nuestros pecados. Pero, ¿quién será nuestro Juez? El Padre ha encomendado todos los juicios al Hijo- (Juan v. 22). Consolémonos; el Padre Eterno ha encomendado nuestro juicio a nuestro propio Redentor. Por eso San Pablo nos anima diciendo: ¿Quién es el que condenará? Cristo Jesús, que murió . . . que también intercede por nosotros- (Romanos viii. 34). ¿Quién es el Juez que nos condena? Es el mismo Salvador que, para no condenarnos a la muerte eterna, se entregó a sí mismo para ser condenado y morir; y no contento con esto, en este momento intercede ante su Padre por nuestra salvación. De ahí que Santo Tomás de Villanueva diga: ¿Qué temes, pecador, si detestas tu pecado? ¿Cómo te condenará Él, que murió para no condenarte? ¿Cómo te va a alejar de Él, si vuelves a sus pies, Aquel que vino del Cielo a buscarte en el mismo momento en que huías de Él?

MARTES - SEGUNDA SEMANA DESPUÉS DE PASCUA

Mediación matutina

LA CARIDAD DE PALABRA

Los sembradores de discordia son objeto de abominación a los ojos de Dios: Seis cosas aborrece el Señor, y la séptima detesta su alma al que siembra discordia entre hermanos- (Proverbios vi. 16, 19). Una palabra poco caritativa que procede de la pasión puede ser excusable, pero ¿cómo puede soportar el Todopoderoso al que siembra la discordia y perturba la paz de una comunidad?

¿Has oído una palabra contra tu prójimo? Que muera dentro de ti- (Eclesiástico xix. 10).

I.

Cuídate de no decir nunca a nadie que otro ha hablado mal de él, porque estas habladurías provocan a veces disputas y aversiones que duran mucho tiempo. ¡Cuán terrible es la cuenta que los chismosos deben rendir a Dios! Los sembradores de discordia son objeto de abominación a Sus ojos.

Seis cosas aborrece Jehová, y la séptima aborrece su alma... al que siembra discordia entre hermanos" (Proverbios vi. 16, 19). Una palabra poco caritativa que procede de la pasión puede ser excusable. Pero ¿cómo puede soportar el Todopoderoso al que siembra la discordia y perturba la paz de una comunidad? Escucha el consejo del Espíritu Santo: ¿Has oído una palabra contra tu prójimo? Que muera dentro de ti (Eclesiástico xix. 10). Las palabras que oigas contra otro no sólo deben guardarse para ti, sino que incluso deben morir y quedar enterradas dentro de ti. Por tanto, debes tener cuidado de no dar nunca la menor insinuación de lo que has oído. Porque una sola palabra, un movimiento de cabeza, una simple insinuación, puede llevar a otros al conocimiento, o al menos a la sospecha, de las faltas que te han mencionado.

Algunos parecen sufrir los dolores de la muerte hasta haber revelado los secretos que les han sido comunicados, como si estos secretos fueran otras tantas espinas que hieren su mismo corazón hasta que son arrancadas. Nunca debéis mencionar los defectos ocultos de los demás a nadie, excepto a los Superiores, y ni siquiera a ellos, a menos que la reparación del daño hecho a la comunidad, o el bien del que ha cometido la falta, exijan que se dé a conocer al Superior.

Además, en tu conversación debes tener cuidado de no herir nunca, ni siquiera con bromas, los sentimientos de otro. Las bromas que ofenden al prójimo se oponen a la caridad y a las palabras de Jesucristo: Todo lo que queráis que los hombres hagan con vosotros, hacedlo también vosotros con ellos- (Mateo vii. 12). Ciertamente no te gustaría ser objeto de escarnio y de burla ante tus compañeros. Abstente, pues, de ridiculizar a los demás.

Procura también evitar en lo posible todas las disputas. A veces, nimiedades dan ocasión a discusiones que acaban en disputas y lenguaje injurioso. Hay quienes violan la caridad proponiendo, por espíritu de contradicción, ciertos temas de debate que dan lugar a disputas inútiles. No te esfuerces, dice el Sabio, en un asunto que no te concierne- (Eclesiástico xi. 9).

II.

Pero algunos dirán que en todo debate defienden el lado justo de la cuestión, y que no pueden escuchar en silencio afirmaciones totalmente desprovistas de fundamento. Yo respondo con las palabras del Beato Cardenal Belarmino: "Una onza de caridad vale más que cien carretadas de razón". El Beato Egidio solía decir que en tales controversias someterse es vencer; porque la sumisión demuestra una superioridad en la virtud y preserva la paz. Sin duda, la preservación de la paz es de mucha mayor importancia que el vacío honor de una victoria palabrera. De ahí que San Efrén solía decir que para mantener la paz siempre cedía ante su adversario en la disputa. San José Calasancio, por tanto, aconseja "a todos los que desean la paz que nunca contradigan a nadie".

Pero, si amas la caridad, procura ser afable y manso con todos. La mansedumbre es la virtud característica del cordero; es la virtud amada de Jesucristo, que, por amor a la mansedumbre, tomó el apelativo de Cordero. En tu conversación y trato con los demás sé agradable no sólo con los que están por encima de ti, sino con todos, y particularmente con los que te han ofendido, se oponen a tus deseos o te desagradan por su rudeza de modales o por el olvido de favores pasados. La caridad es paciente: todo lo soporta (I Corintios xiii. 4, 7). Quien, pues, no soporta los defectos de su prójimo, no puede tener verdadera caridad. Las almas más perfectas no están libres de todos los defectos. Vosotros mismos estáis sujetos a faltas; y a pesar de vuestras múltiples imperfecciones esperáis ser tratados con caridad y compasión Debéis, pues, según el consejo del Apóstol, compadecer los defectos de los demás. Sobrellevad los unos las cargas de los otros- (Gálatas vi. 2). Una madre, porque los ama, se somete pacientemente a la insolencia de sus hijos. Por la manera como soportáis las cargas que otros os imponen, juzgaréis si amáis a vuestro prójimo con verdadera caridad.

¡Oh, con qué caridad soportó el Redentor las groserías e imperfecciones de sus discípulos durante todo el tiempo que vivió con ellos! ¡Con qué caridad lavó los pies al traidor Judas! ¡Con qué paciencia ha soportado hasta el presente vuestra pecaminosidad e ingratitud! ¿Y te negarás a soportar los defectos de tu prójimo? El médico, mientras ama a un paciente, aborrece su enfermedad; y si tienes caridad, debes amar a tu prójimo y al mismo tiempo odiar sus defectos. Pero tú dirás: ¿Qué debo hacer? Tengo una repugnancia natural a la sociedad de tal persona y me resulta penoso mantener relaciones con ella. Mi respuesta es: Ten más fervor y más caridad, y todas esas antipatías desaparecerán.

Lectura espiritual

¡SALVE, REGINA, MATER MISERICORDIAE! ¡SALVE, SANTA REINA, MADRE DE MISERICORDIA!

VIII.-LA GRANDEZA DEL AMOR QUE ESTA MADRE NOS TIENE.

Nuestra Madre María nos ama mucho, porque le fuimos recomendados por su amado Jesús cuando Él, antes de expirar, le dijo: Mujer, he ahí a tu hijo, pues todos estábamos representados en la persona de San Juan, como ya hemos observado: éstas fueron sus últimas palabras; y las últimas recomendaciones que nos dejan antes de morir las personas que amamos son siempre atesoradas y nunca olvidadas. Pero, además, somos muy queridos por María a causa de los sufrimientos que le costamos. Por lo general, las madres aman más a aquellos hijos cuya conservación les ha costado más sufrimientos y angustias; nosotros somos esos hijos por los que María, para conseguirnos la vida de la gracia, se vio obligada a soportar la amarga agonía de ofrecer ella misma a su amado Jesús a una muerte ignominiosa, y tuvo también que verle expirar ante sus propios ojos en medio de los tormentos más crueles e inauditos. Fue, pues, por esta gran ofrenda de María que nacimos a la vida de la gracia; somos, por tanto, sus hijos muy queridos, puesto que le costamos tan grandes sufrimientos. Y así, como está escrito del amor del Padre Eterno hacia los hombres, al dar a su propio Hijo a la muerte por nosotros, que tanto amó Dios al mundo como para dar a su Hijo unigénito-(Juan iii. 16). "Así también -dice san Buenaventura- podemos decir de María que nos ha amado tanto como para dar por nosotros a su Hijo unigénito". ¿Y cuándo lo dio? Lo dio, dice el padre Nieremberg, cuando le concedió permiso para entregarse a la muerte; nos lo dio cuando, omitiendo otros hacerlo, por odio o por miedo, ella misma podría haber abogado por la vida de su Hijo ante los jueces. Bien puede suponerse que las palabras de una Madre tan sabia y amorosa habrían tenido gran peso, al menos ante Pilato, y podrían haberle impedido condenar a muerte a un hombre a quien conocía y había declarado inocente. Pero no, María no quiso decir ni una palabra en favor de su Hijo, para no impedir aquella muerte de la que dependía nuestra salvación. Finalmente, nos lo entregó mil y mil veces durante las tres horas que precedieron a su Muerte y que pasó al pie de la Cruz; porque durante todo ese tiempo ofreció incesantemente. Con el extremo del dolor y el extremo del amor, la vida de su Hijo por nosotros, y esto con tal constancia que San Anselmo y San Antonino dicen que si hubieran faltado verdugos, ella misma lo habría crucificado para obedecer al Padre Eterno que quiso su Muerte para nuestra salvación. Si Abraham tuvo tal fortaleza como para estar dispuesto a sacrificar con sus propias manos la vida de su hijo, con mucha mayor fortaleza María, mucho más santa y obediente que Abraham, habría sacrificado la vida del suyo. Pero volvamos a la consideración de la gratitud que debemos a María por un acto de amor tan grande como fue el doloroso sacrificio de la vida de su Hijo, que hizo para obtener la salvación eterna para todos nosotros. Dios recompensó abundantemente a Abrahán por el sacrificio que estuvo dispuesto a hacer de su hijo Isaac; pero nosotros, ¿qué retribución podemos hacer a María por la vida de su Jesús, un Hijo mucho más noble y amado que el hijo de Abrahán? "Este amor de María", dice San Buenaventura, "nos ha obligado a amarla; porque vemos que ha superado a todos los demás en amor hacia nosotros, ya que, nos ha dado a su único Hijo, a Quien amó más que a sí misma."

Meditación vespertina

LA PRÁCTICA DEL AMOR DE JESUCRISTO.

SOBRE LA GRAN CONFIANZA QUE DEBEMOS TENER EN EL AMOR QUE JESUCRISTO NOS HA DEMOSTRADO Y EN TODO LO QUE HA HECHO POR NOSOTROS.

I.

Ahora bien, si tememos, a causa de nuestra fragilidad, caer bajo los asaltos de nuestros enemigos, contra los que continuamente hemos de hacer la guerra, he aquí lo que hemos de hacer, como nos amonesta el Apóstol: Corramos a la lucha que se nos propone: fijándonos en Jesús, el autor y consumador de la fe, el cual, habiéndosele propuesto el gozo, sufrió la cruz, menospreciando el oprobio- (Hebreos xii. 1, 2). Salgamos a la batalla con gran valor, mirando a Jesús crucificado, que desde su cruz nos ofrece su ayuda, la victoria y la corona. En tiempos pasados caímos en pecado porque no tuvimos en cuenta las heridas y los dolores soportados por nuestro Redentor, y por eso no recurrimos a Él en busca de ayuda. Pero si para el futuro ponemos ante nuestros ojos todo lo que Él ha sufrido por amor a nosotros, y cómo siempre está dispuesto a socorrernos cuando recurramos a Él, es seguro que no seremos vencidos por nuestros enemigos. Santa Teresa decía, con su acostumbrada generosidad: "No comprendo los temores de algunas personas que dicen: El diablo, el diablo! mientras podamos decir: Dios, Dios! y hacer temblar a Satanás". Por otra parte, la Santa nos asegura que si no ponemos toda nuestra confianza en Dios, de poco o nada servirán todos nuestros propios esfuerzos. "De poco sirven todos nuestros esfuerzos"-son sus propias palabras- "si no renunciamos enteramente a toda confianza en nosotros mismos, y la ponemos toda en Dios."

Oh, qué dos grandes misterios de esperanza y de amor son para nosotros la Pasión de Jesucristo y el Sacramento del Altar, misterios que nunca hubiéramos podido creer si la fe no nos los hubiera asegurado. Que Dios Todopoderoso se dignara hacerse Hombre, derramar toda Su Sangre y morir de dolor en una Cruz, ¿y por qué? Para pagar por nuestros pecados y obtener la salvación para nosotros, gusanos rebeldes. Y luego, su propio Cuerpo, una vez sacrificado en la Cruz por nosotros, ¡se digna dárnoslo como alimento, para unirse totalmente a nosotros! Oh Dios, ¡cómo no deberían estos dos Misterios consumir de amor los corazones de todos los hombres! ¿Y qué pecador hay, por muy abandonado que esté, que pueda desesperar del perdón, si se arrepiente del mal que ha hecho, cuando ve a un Dios tan lleno de amor por los hombres y tan inclinado a hacerles el bien? De ahí que San Buenaventura, lleno de confianza, dijera: "Tendré gran confianza, esperando firmemente que Aquel que ha hecho y sufrido tanto por mi salvación no me negará nada de lo que tenga necesidad". ¿Cómo podría negarme las gracias necesarias para mi salvación Quien tanto ha hecho y sufrido por salvarme?

II.

Acudamos, pues, con confianza, nos exhorta el Apóstol, al trono de la gracia, para alcanzar misericordia y hallar gracia en el oportuno socorro (Hebreos iv. 16). La Cruz es el trono de gracia en el que Jesús se sienta para dispensar gracias y misericordia a todos los que acuden a Él. Pero debemos recurrir a Él de inmediato si queremos encontrar ayuda oportuna para nuestra salvación, porque tal vez llegue un momento en que ya no podamos encontrarla. Vayamos, pues, rápidamente y abracemos la cruz de Jesucristo, y vayamos con gran confianza. No nos asustemos al ver nuestras miserias; en Jesús crucificado encontraremos toda la riqueza, toda la gracia: En todo habéis sido enriquecidos en él, de modo que nada os falta en ninguna gracia (I Corintios i. 5, 7). Los méritos de Jesucristo nos han enriquecido con todos los tesoros divinos y nos han hecho capaces de toda gracia que podamos desear.

San León dice que "Jesús nos ha traído con su muerte más bien del que el demonio nos ha hecho daño con el pecado". Y con estas palabras explica lo que San Pablo dijo antes que él, que el don de la Redención es mayor que el pecado, y que la gracia ha vencido a la ofensa. No como la ofensa, así es también el don: donde abundó el pecado, sobreabundó la gracia- (Romanos v. 15, 20). De aquí nos anima el Salvador a esperar todo favor y toda gracia por sus méritos. Y ved cómo nos enseña el camino para obtener todo lo que deseamos de Su Padre Eterno: En verdad, en verdad os digo que si pedís algo al Padre en mi nombre, os lo dará - (Juan xvi. 23). Cualquier cosa que deseéis, dice, pedidla al Padre en mi Nombre, y os prometo que seréis escuchados. Y, en efecto, ¿qué podrá negarnos el Padre, si nos ha dado a su Hijo unigénito, a quien ama como a sí mismo? El que no escatimó ni a su propio Hijo, sino que lo entregó por todos nosotros, ¿cómo no nos ha dado también con él todas las cosas? -(Romanos viii. 32). El Apóstol dice, todas las cosas; de modo que no se exceptúa ninguna gracia, ni el perdón, ni la perseverancia, ni el amor santo, ni la perfección, ni el Paraíso: "todo, todo, Él nos ha dado". Pero debemos orar a Él. Dios es todo liberalidad para aquellos que le invocan: Rico para con todos los que le invocan- (Romanos x. 12).

MIÉRCOLES - SEGUNDA SEMANA DESPUÉS DE PASCUA

(SOLEMNIDAD DE SAN JOSÉ)

Meditación de la mañana
EL PATROCINIO DE SAN JOSÉ JOSÉ

Para comprender cuán poderosa es la intercesión de san José ante Jesucristo, basta saber lo que dice el Evangelio: y les estaba sujeto- (Lucas ii. 51). Durante treinta años, pues, el Hijo de Dios obedeció cuidadosamente a José y a María. José no tenía más que indicar su voluntad con una palabra o una señal, e inmediatamente era obedecido por Jesús. Esta humildad de Jesús al obedecer nos enseña que la dignidad de San José estaba por encima de la de todos los Santos, con excepción de la Divina Madre.

I.

Consideremos lo que dice Santa Teresa o la confianza que debemos tener en la protección de San José; ella dice: "Nuestro Señor parece haber concedido poder a otros Santos para ayudar en una necesidad; la experiencia prueba que este Santo nos ayuda en todas; y nuestro Señor quiere que entendamos que, como en la tierra estuvo sujeto a José, así también en el Cielo no le niega nada de lo que le pide". Así lo han experimentado otras personas a quienes aconsejé que se encomendaran a San José. Nunca conocí a nadie que le sirviera, practicando alguna devoción particular en su honor, que no progresara siempre en la virtud. Ruego a los que no crean lo que digo que lo prueben por sí mismos. No puedo comprender cómo es posible pensar en la Reina de los Ángeles y en todos los trabajos que sufrió durante la infancia de Jesús, sin devolver las gracias a San José por todos los Servicios que prestó en aquel tiempo a la Madre y al Hijo." Podemos, pues, imaginar que oímos a Nuestro Señor, cuando nos ve afligidos en medio de nuestras miserias, dirigirse a todos nosotros con las palabras con que el Faraón se dirigió a su pueblo en el tiempo del hambre en Egipto: Id a José- (Génesis xli. 55) si deseáis consuelo.

Mi santo patrono, San José, te elijo, después de María, por mi principal abogado y protector. Prometo honrarte cada día con alguna devoción especial y ponerme bajo tu protección. Soy indigno de ser tu siervo; pero por el amor que tienes a Jesús y a María, acéptame como tu siervo perpetuo. Por la dulce compañía de Jesús y de María de que gozaste en vida, protégeme durante toda mi vida, para que nunca me separe de Dios perdiendo su gracia.

II.

Debemos ser especialmente devotos de San José para que el Santo nos consiga una buena muerte. Él, por haber salvado al Niño Jesús de las asechanzas de Herodes, tiene los privilegios especiales de librar a los moribundos de las asechanzas del demonio Además, por los servicios que prestó durante tantos años a Jesús y María, habiéndoles proporcionado con sus trabajos morada y alimento, tiene el privilegio de obtener la asistencia especial de Jesús y María para sus devotos clientes en el momento de la muerte.

Mi santo protector, San José, a causa de mis pecados merezco una mala muerte; pero si tú me defiendes no estaré perdido. No sólo fuiste un gran amigo de mi Juez, sino también su tutor y padre adoptivo; recomiéndame a tu Jesús, que tanto te ama. Me pongo bajo tu protección; acéptame por tu siervo perpetuo. Y por la santa compañía de Jesús y de María que tuviste en la tierra, haz que nunca más me separe de su amor; y, en fin, por la asistencia de Jesús y de María, que tuviste en la muerte, haz que en mi muerte yo también tenga la asistencia especial de Jesús y de María. Virgen Santísima, por el amor que tuviste a tu santo esposo San José, ayúdame en la hora de mi muerte.

Lectura espiritual

¡SALVE, REGINA, MATER MISERICORDIAE! ¡SALVE, SANTA REINA, MADRE DE MISERICORDIA!

I- LA GRANDEZA DEL AMOR QUE ESTA MADRE NOS PROFESA

Otro motivo del amor de María hacia nosotros nace del hecho de que en nosotros ve almas que han sido compradas al precio de la muerte de Jesucristo. Si una madre supiera que un siervo ha sido rescatado por un hijo amado al precio de veinte años de prisión y sufrimiento, ¡cuánto estimaría a ese siervo sólo por eso! María sabe muy bien que su Hijo vino al mundo sólo para salvarnos a nosotros, pobres criaturas, como Él mismo protestó:

He venido a salvar lo que se había perdido- (Lucas xix.10). Y para salvarnos se complació incluso en dar la vida por nosotros, haciéndose obediente hasta la muerte (Filipenses II, 8). Si, pues, María nos amara poco, demostraría que valoraba poco la Sangre de su propio Hijo, que fue el precio de nuestra salvación. A Santa Isabel de Hungría le fue revelado que María, desde que habitaba en el Templo, no hacía otra cosa que rezar por nosotros, rogando que Dios apresurase la venida de su Hijo al mundo para salvarnos. Y ¡cuánto más debemos suponer que nos ama, ahora que ha visto que somos valorados en tal grado por su Hijo, que Él no desdeñó comprarnos a tal precio!

Porque todos los hombres han sido redimidos por Jesús, María los ama y los protege a todos. Fue a Ella a quien vio San Juan en el Apocalipsis, vestida del sol: Y apareció una gran señal en el cielo: una mujer vestida de sol- (Apocalipsis xii. 1). Se dice que está vestida de sol porque, así como no hay nadie en la tierra que pueda ocultarse del calor del sol, tampoco hay nadie vivo que pueda privarse del amor de María.

No hay nadie que pueda ocultarse de su calor- (Salmo xviii. 7); es decir, como aplica las palabras el Beato Raimundo Jordano, "del amor de María." "¿Y quién -exclama San Antonino- puede formarse idea del tierno cuidado que esta amantísima Madre tiene de todos nosotros?" "Ofreciendo y dispensando a todos su misericordia" ; pues nuestra buena Madre deseaba la salvación de todos, y cooperaba a obtenerla. "Es evidente", dice San Bernardo, "que ella estaba solícita por todo el género humano". De ahí que la costumbre de algunos clientes de María, que consiste en pedir al Señor que les conceda las gracias que la Santísima Virgen busca para ellos, tenga un éxito muy ventajoso. Dicen: Señor, concédeme lo que la Santísima Virgen María pide para mí. "Y no es de extrañar", dice Cornelio a Lápide, "pues nuestra Madre desea para nosotros cosas mejores de las que nosotros mismos podemos desear". El devoto Bernardino de Eustis dice que María "ama hacernos el bien y dispensarnos gracias mucho más de lo que nosotros podemos recibirlas." A este respecto, el Beato Alberto Magno aplica a María las palabras del Libro de la Sabiduría: Ella previene a los que la codician, para mostrarse primero a ellos- (Sabiduría vi. 14). María se anticipa a los que recurren a ella haciéndoles encontrarla antes de que la busquen. "El amor que esta buena Madre nos tiene es tan grande -dice Ricardo de San Lorenzo- que, en cuanto percibe nuestra necesidad, acude en nuestra ayuda. Ella viene antes de ser llamada".

Meditación vespertina
LA PRÁCTICA DEL AMOR A JESUCRISTO.

XV.-SOBRE LA GRAN CONFIANZA QUE DEBEMOS TENER EN EL AMOR QUE JESUCRISTO NOS HA DEMOSTRADO Y EN TODO LO QUE HA HECHO POR NOSOTROS.

I.

El Beato Juan de Ávila nos ha dejado muchos y hermosos pensamientos sobre la gran confianza que debemos tener en los méritos de Jesucristo. "No olvides -dice- que Jesucristo es el Mediador entre el Eterno Padre y nosotros; y que somos amados por Él, y unidos a Él por tan fuertes lazos de amor, que nada los puede romper, mientras el hombre no los disuelva por sí mismo con algún pecado mortal. La Sangre de Jesús clama y pide misericordia por nosotros; y clama tan fuerte que no se oye el ruido de nuestros pecados. La muerte de Jesucristo ha dado muerte a nuestros pecados: ¡oh muerte, yo seré tu muerte!- (Oseas xiii. 14). Los que están perdidos no lo están por falta de medios de satisfacción, sino porque no aprovechan los sacramentos como medio de beneficiarse de la satisfacción hecha por Jesucristo".

Jesús ha tomado sobre sí el asunto de remediar nuestros males, como si hubiera sido personalmente asunto suyo. De modo que ha llamado suyos nuestros pecados, aunque no los cometió, y ha pedido perdón por ellos; y con el amor más tierno ha orado, como si orara por sí mismo, para que todos los que recurrieran a Él se convirtieran en objetos de amor. Y así como buscó, así halló, porque Dios ha ordenado que Jesús y nosotros estemos tan unidos en uno, que o Él y nosotros seamos amados o Él y nosotros odiados: y puesto que Jesús no es ni puede ser odiado, del mismo modo, si permanecemos unidos por amor a Jesús, también nosotros seremos amados. Siendo Él amado por Dios, nosotros también somos amados, viendo que Jesucristo puede hacer más para hacernos amar que lo que nosotros podemos hacer para hacernos odiar; puesto que el Padre Eterno ama a Jesucristo mucho más de lo que odia a los pecadores."

Dios mío, te amo; y porque te amo me arrepiento sobre todas las cosas de haberte ofendido. Para no perder una satisfacción pasajera, he estado dispuesto, miserable de mí, a perderte tantas veces, ¡oh Bien Infinito! Este pensamiento me atormenta más que cualquier dolor; pero me consuela pensar que tengo que ver con la bondad infinita, que no sabe despreciar a un corazón que ama de verdad. ¡Oh, si pudiera morir por Ti, que moriste por mí! Mi querido Redentor, espero confiadamente la salvación eterna en la vida venidera, y en esta vida, espero la santa perseverancia en Tu amor; y por eso, me propongo pedírtela siempre. Y por los méritos de tu muerte, dame perseverancia en tus oraciones. También esto te pido y espero, oh María, Reina mía.

II.

Jesús dijo a su Padre: Padre, quiero que donde yo estoy, estén también conmigo los que tú me has dado- (Juan xvii. 24). El amor ha vencido al odio; y así hemos sido perdonados y amados, y estamos seguros de no ser abandonados jamás, tan fuerte es el lazo de amor que nos une. El Señor dijo por Isaías: ¿Puede una mujer olvidar a su hijo? Y si ella se olvidara, yo no me olvidaría de ti. He aquí, te he esculpido en mis manos- (Isaías xlix. 15, 16). Él nos ha grabado en Sus manos con Su propia Sangre. Así pues, no debemos preocuparnos por nada, ya que todo está ordenado por esas manos que fueron clavadas en la Cruz en testimonio del amor que Él nos tiene."

"Nada puede inquietarnos sobre lo que Jesucristo no pueda tranquilizarnos. Que me rodeen los pecados que he cometido, que los demonios me tiendan asechanzas, que me acusen los temores por el futuro; por exigir la misericordia del tiernísimo Jesucristo, que me ha amado hasta la muerte, no puedo perder la confianza; porque me veo tan estimada que Dios se entregó por mí. ¡Oh Jesús mío, refugio seguro para los que Te buscan en tiempo de peligro! Oh Pastor vigilantísimo, se engaña a sí mismo quien no confía en Ti, si tan sólo tiene la voluntad de enmendar su vida. Por eso Tú has dicho: "Yo estoy aquí, no temas; Yo soy el que aflige y el que consuela. A algunos de vez en cuando los pongo en desolaciones que parecen iguales al mismo infierno; pero después de un tiempo los saco y los consuelo. Yo soy tu Abogado, que he hecho Mía tu causa. Yo soy tu fiador, que he venido a pagar tus deudas. Yo soy tu Señor, que te redimí con mi sangre, no para abandonarte, sino para enriquecerte, habiéndote comprado a gran precio. ¿Cómo voy a huir del que Me busca, cuando salí al encuentro de los que buscaban ultrajarme? No aparté Mi rostro del que Me golpeaba; ¿y lo haré del que quiere adorarme?

¿Cómo pueden dudar Mis hijos de que los amo, viendo que por amor a ellos Me puse en manos de Mis enemigos? ¿A quién he despreciado que Me amaba? ¿A quién he abandonado que buscaba Mi ayuda? Incluso Yo voy en busca de los que no Me buscan. Si crees que el Padre Eterno te ha dado a Su Hijo, cree también que te dará todo lo demás que es infinitamente menos que Su Hijo. No creas que Jesucristo se olvida de ti, pues te ha dejado, como el mayor memorial y prenda de Su amor, a Él mismo en el Santísimo Sacramento del Altar.

Oh Jesús mío, Amor mío, ¡qué gozosa esperanza me da tu Pasión! ¡Cómo puedo temer no recibir de un Dios Todopoderoso, que me ha dado toda Su Sangre, el perdón de mis pecados, el Paraíso y todas las demás gracias que necesito! Ah, Jesús mío, mi Esperanza y mi Amor, Tú, para que yo no pereciera, diste Tu vida; Te amo sobre todo bien, Redentor mío y Dios mío. Te entregaste enteramente a mí; Te doy toda mi voluntad, y con ella repito que Te amo, y siempre diré Te amo, Te amo. Así deseo decir siempre en esta vida, así deseo morir, exhalando mi último suspiro con esta querida palabra en los labios: Para que desde ese momento comience un amor hacia Ti que dure sin cesar por toda la eternidad.

JUEVES - TERCERA SEMANA DESPUÉS DE PASCUA

Meditación de la mañana

LA CARIDAD SE PRACTICA CON PALABRAS

Decía el Padre Álvarez que la virtud es débil hasta que se prueba por el maltrato de los demás. Es por la manera en que soporta el desprecio y el insulto como un alma muestra si abunda o falla en la caridad. ¡Oh Dios mío! ¡Qué triste ver a ciertas almas, que practican la oración mental y frecuentan los Sacramentos, tan sensibles a toda falta de respeto o de atención!

I.

Consideremos cómo debe practicarse la mansedumbre. En primer lugar, esfuérzate con todas tus fuerzas por refrenar todo movimiento de ira. En segundo lugar, debes tener cuidado de abstenerte de toda palabra desagradable, y de evitar toda rudeza y altivez de modales; pues la conducta grosera es a veces más ofensiva que el lenguaje insultante. Si alguna vez alguien te trata con desprecio, sopórtalo con paciencia por amor a Jesucristo, que por amor a ti ha soportado insultos mucho mayores. Dios mío, qué desgracia ver a ciertas almas, que practican la oración mental y frecuentan los Sacramentos, tan sensibles a cualquier falta de respeto o de atención. Sor María de la Ascensión, cada vez que recibía una afrenta, se presentaba inmediatamente ante el Santísimo Sacramento y decía: Esposo mío, te traigo este pequeño presente; te ruego que lo aceptes y perdones a la persona por quien he sido ofendida. ¿Por qué no imitas a esta santa Religiosa? Para conservar la caridad, hay que sufrirlo todo. Decía el padre Álvarez que la virtud es débil hasta que se prueba por el maltrato ajeno. Es por la manera en que soporta el desprecio y el insulto como un alma muestra si abunda o falla en la caridad.

Si alguna vez alguien se dirige a ti con el lenguaje de la pasión, o incluso del insulto y el reproche, responde con dulzura, y su ira se aplacará al instante. Una respuesta suave quiebra la ira- (Proverbios xv. 1). San Juan Crisóstomo dice: "El fuego no se apaga con fuego, ni la ira con ira". ¿Te imaginas que respondiendo con acritud a los que te hablan con ira calmarás la pasión? Al contrario, la provocarás, y violarás también la caridad. Que tu respuesta a cada palabra de ira esté llena de dulzura, y el fuego de la pasión se extinguirá al instante. Cuenta Sofronio que dos monjes, habiéndose extraviado en un viaje, entraron por casualidad en un campo en el que se acababa de sembrar. El hombre al que se le había confiado el cuidado del campo estalló en un ataque de ira y vertió sobre ellos todos los epítetos de reproche. Al principio callaron, pero viendo que su silencio sólo servía para encender su ira, exclamaron: "Hermano, hemos obrado mal; por Dios, perdónanos". Esta humilde respuesta calmó su pasión y llenó su alma de dolor por su conducta. Inmediatamente pidió perdón a los monjes por su lenguaje injurioso; incluso abandonó el mundo después y se unió a ellos en el claustro.

II.

A veces pensarás que es justo e incluso necesario reprimir con una respuesta cortante el atrevimiento de otro, especialmente si eres un Superior y él te falta al respeto; pero ten por seguro que tal brusquedad procede de la pasión más que de la razón. Sé que a veces la ira es lícita. Enójate, dice el Salmista, y no peques- (Salmo iv. 5). Pero enojarse y no pecar es muy difícil en la práctica. Quien se abandona a la ira expone su alma a un peligro inminente. De ahí que San Francisco de Sales enseñe sabiamente en su Philothea, que por justas que sean las ocasiones de ira, sus mociones deben ser reprimidas. "Es mejor", dice el Santo, "que digan de ti que nunca te has enojado, a que te hayas enojado justamente". San Agustín dice que la ira, una vez que se le permite entrar en el alma, se destierra con dificultad; y por lo tanto, nos recomienda encarecidamente sofocarla en su mismo origen. Cierto filósofo llamado Agripino, habiendo perdido sus bienes, dijo: "Si he perdido mis bienes, no perderé mi paz". Que tal sea tu lenguaje cuantas veces recibas alguna ofensa. ¿No te basta con haber recibido una afrenta? ¿Quieres, además, perder la paz de tu alma cediendo a la cólera? La perturbación del ánimo ocasionada por la ira será mucho más perjudicial para ti que el insulto que hayas recibido. San Agustín dice que quien cede a la pasión en cada ocasión de insulto es su propio castigador. La inquietud del alma, aunque provenga del arrepentimiento de una falta, es siempre perjudicial. Porque, como decía San Luis, el demonio se deleita pescando en aguas turbulentas.

He dicho que, cuando alguien te habla con el lenguaje o el tono de la pasión o del desprecio, debes responder con dulzura. Pero ahora digo que siempre que el alma esté turbada es mejor callar; porque entonces la pasión hará que las expresiones ásperas parezcan justas y razonables. Pero cuando vuelva la paz verás que tu lenguaje era totalmente injustificable. San Bernardo dice que la ira tiende sobre el alma un velo oscuro que la hace incapaz de distinguir lo que está bien de lo que está mal.

Cuando la persona que te ha ofendido venga a pedirte perdón, procura no recibirla con semblante severo, ni mostrar descontento o falta de respeto con tus palabras o miradas. Pero siempre que ofendas o desagrades a otro, procura en seguida, por todos los medios a tu alcance, satisfacerle y alejar de su corazón todo sentimiento de aversión hacia ti. San Bernardo dice que "sólo la humildad es la reparación de la caridad herida". La autohumillación es el medio más eficaz para reparar la violación de la caridad. Siempre, pues, que ofendas a la caridad, humíllate inmediatamente, vence por la fuerza tu natural repugnancia a la humillación: cuanto más difieras la reparación de la falta que has cometido, tanto más aumentará tu repugnancia a reparar. Si, dice el Redentor, ofreces tu ofrenda en el altar, y allí te acuerdas de que tu hermano tiene algo contra ti; deja allí tu ofrenda delante del altar y ve primero a reconciliarte con tu hermano, y entonces, viniendo, ofrecerás tu ofrenda - (Mateo v. 23, 24). Si te acercas al altar para ofrecer tu ofrenda, para recibir la Sagrada Eucaristía o para asistir a Misa, y recuerdas que has ofendido a un hermano, retírate del altar y reconcíliate con él.

Lectura espiritual

¡SALVE, REGINA, MATER MISERICORDIAE! ¡SALVE, SANTA REINA,
MADRE DE MISERICORDIA!

X.- LA GRANDEZA DEL AMOR QUE ESTA MADRE NOS TIENE.

María es tan buena con todos, incluso con los ingratos y negligentes, que la aman poco y rara vez recurren a ella, ¡cuánto más amorosa será con los que la aman y la invocan a menudo! Ella es encontrada por los que la buscan" (Sabiduría vi. 13). "¡Oh, qué fácil -dice el Beato Alberto Magno- es para los que aman a María encontrarla, y encontrarla llena de compasión y de amor!". Con las palabras del Libro de los Proverbios, Yo amo a los que me aman- (Proverbios viii. 17), Ella protesta que no puede hacer otra cosa que amar a los que la aman. Y aunque esta amantísima Señora ama a todos los hombres como a sus hijos, sin embargo, dice San Bernardo. "Ella reconoce y ama", es decir, ama de un modo más especial a los que la aman con más ternura. El Beato Raimundo Jordano afirma que estos felices amantes de María no sólo son amados, sino incluso servidos por Ella; pues dice que quien encuentra a la Santísima Virgen María lo encuentra todo, pues Ella ama a quien la ama, es más, sirve a quien la sirve.

En las Crónicas de la Orden de Santo Domingo se cuenta que uno de los frailes llamado Leonardo solía encomendarse doscientas veces al día a esta Madre de Misericordia, y que cuando fue atacado por su última enfermedad vio a su lado a una hermosísima reina que así se dirigió a él: "Leonardo, ¿quieres morir y venir a morar con mi Hijo y conmigo?". "¿Y quién eres tú?", respondió él. "Yo soy", dijo la Santísima Virgen, pues era ella, "Yo soy la Madre de Misericordia: tantas veces me has invocado. He aquí que ahora vengo a llevarte; vayamos juntos al Paraíso". El mismo día murió Leonardo, y, como confiamos, la siguió al reino de los bienaventurados.

"¡Ah, dulcísima María!", exclamó San Juan Berchmans, de la Compañía de Jesús, "¡bendito el que te ama! Si amo a María, estoy seguro de la perseverancia, y obtendré de Dios cuanto desee". Por eso el devoto joven no se cansaba de renovar su resolución y de repetirse a sí mismo con frecuencia: "Amaré a María; amaré a María".

Meditación vespertina

LA PRÁCTICA DEL AMOR A JESUCRISTO.

XVI.-CUÁNTO ESTAMOS OBLIGADOS A AMAR A JESUCRISTO.

I.

Jesucristo, como Dios, tiene derecho a todo nuestro amor; pero por el amor que nos ha manifestado ha querido ponernos, por así decirlo, en la necesidad de amarle, al menos en agradecimiento por todo lo que ha hecho y sufrido por nosotros. Nos ha amado mucho para que le amemos mucho. "¿Por qué nos ama Dios sino para que Él sea amado?", escribió San Bernardo. Y Moisés había dicho lo mismo: Y ahora, Israel, ¿qué pide de ti el Señor, tu Dios, sino que temas al Señor, tu Dios, y lo ames -(Deuteronomio x. 12). Por lo tanto, el primer mandamiento que nos dio fue éste: Amarás al Señor tu Dios con todo tu corazón- (Deuteronomio vi. 5).

Y San Pablo dice que el amor es el cumplimiento de la ley: El amor es el cumplimiento de la ley- (Romanos xv. 10). Porque "cumplimiento" en el texto griego es "abrazamiento de la ley": el amor abarca toda la ley. ¿Y quién, a la vista de un Dios crucificado que muere por nuestro amor, puede negarse a amarlo?

Esas espinas, esos clavos, esa cruz, esas heridas y esa sangre nos llaman y nos impulsan irresistiblemente a amar a Aquel que tanto nos ha amado. Un corazón es demasiado poco para amar a este Dios tan enamorado de nosotros. Para corresponder al amor de Jesucristo, sería necesario que otro Dios muriera por su amor. "Ah, ¿por qué", exclama San Francisco de Sales, "no nos arrojamos sobre Jesucristo para morir en la Cruz con Aquel que se complació en morir allí por amor a nosotros?". El Apóstol nos inculca claramente que Jesucristo murió por nosotros con este fin, para que ya no vivamos para nosotros mismos, sino únicamente para aquel Dios que murió por nosotros: Cristo murió por todos, para que también los que viven, ya no vivan para sí, sino para aquel que murió por ellos- (2 Corintios v. 15).

II.

Y la recomendación del Eclesiástico va aquí al punto: No olvides la bondad de tu fiador, que dio su vida por ti (Eclesiástico xxix-19). No olvides a Aquel que ha sido tu fiador; Quien, para satisfacer por tus pecados, estuvo dispuesto a pagar, con Su muerte, la deuda del castigo debido por ti. Oh, ¡cuánto desea Jesucristo que recordemos continuamente Su Pasión! Y ¡cómo le entristece ver que somos tan inconscientes de ella! Si una persona soportara por uno de sus amigos afrentas, golpes y prisión, ¡cuán aflictivo sería para él saber que ese amigo después nunca le dio importancia, y ni siquiera se preocupó de oír hablar de ello! Por el contrario, qué gratificante sería para él saber que su amigo constantemente hablaba de ello con la más cálida gratitud, y a menudo le daba las gracias por ello. Así, es agradable a Jesucristo que conservemos en nuestra mente un recuerdo agradecido y amoroso de los dolores y de la muerte que sufrió por nosotros. Jesucristo era el deseado de los antiguos Padres; era el deseado de todas las naciones antes de que viniera a la tierra. Ahora, ¡cuánto más debe ser nuestro único deseo y nuestro único amor, ahora que sabemos que ha venido realmente, y somos conscientes de lo mucho que ha hecho y sufrido por nosotros, hasta el punto de morir en la cruz por amor a nosotros!

VIERNES - TERCERA SEMANA DESPUÉS DE PASCUA

(PRIMER VIERNES DE MAYO)

Meditación matutina

EL CORAZÓN GENEROSO DE JESÚS

En el Corazón de Jesús recibimos todo bien, toda gracia que deseamos. Al Corazón de Jesús somos deudores de todas las gracias que hemos recibido: las gracias de la Redención, las gracias de la Vocación, de la luz, del perdón; la gracia de resistir a la tentación y de soportar con paciencia las contradicciones. El Sagrado Corazón es rico para todos los que lo invocan.

I.

Es propio de las personas de buen corazón desear hacer felices a todos, y especialmente a los más afligidos y afligidas. Pero, ¿quién puede encontrar un corazón más bondadoso que el de Jesucristo? Él es la Bondad infinita, y por eso tiene el deseo soberano de comunicarnos sus riquezas: Conmigo están las riquezas: Conmigo están las riquezas... para enriquecer a los que me aman- (Proverbios viii. 18, 21). Por eso se hizo pobre, como dice el Apóstol, para enriquecernos: Por vosotros se hizo pobre, para enriqueceros con su pobreza (2 Co. viii, 9). También para esto quiso permanecer con nosotros en el Santísimo Sacramento, donde permanece constantemente con las manos llenas de gracias, como vio el Padre Baltasar Álvarez, para dispensarlas a los que vienen a visitarle. Por eso también se nos concede a Sí mismo en la Sagrada Comunión, dándonos a entender con ello que no puede negarnos ningún don bueno, pues incluso se nos da a Sí mismo por entero: Cómo no nos ha dado también con Él todas las cosas- (Romanos viii. 32). Porque en el Corazón de Jesús recibimos todo bien, toda gracia que deseamos: En todo habéis sido enriquecidos en Cristo... de modo que nada os falta en ninguna gracia-(1 Corintios i. 5, 7).

Ah, Jesús mío, Tú no te has negado a darme Tu Sangre y Tu Vida, ¿y yo voy a negarme a darte mi miserable corazón? No, mi amadísimo Redentor, te lo ofrezco enteramente a Ti. Te doy toda mi voluntad; acéptala y dispone de ella a tu gusto. No puedo hacer nada ni tener nada; pero tengo este corazón que Tú me has dado, y del que nadie puede privarme. Podrán privarme de mis bienes, de mi sangre, de mi vida, pero no de mi corazón. Con este corazón puedo amarte; con este corazón te amaré.

Te suplico, oh Dios mío, que me enseñes un perfecto olvido de mí mismo; enséñame lo que debo hacer para llegar a Tu puro amor, del que Tú, en Tu bondad, me has inspirado el deseo. Siento en mí la determinación de complacerte; pero para poner en ejecución mi resolución, espero e imploro tu ayuda. De Ti depende, oh amoroso Corazón de Jesús, hacer enteramente Tuyo mi pobre corazón, que hasta ahora ha sido tan ingrato, y por mi propia culpa privado de Tu amor. Oh, haz que mi corazón arda de amor por Ti, como el Tuyo arde de amor por mí. Haz que mi voluntad se una enteramente a la Tuya, de modo que no quiera nada más que lo que Tú quieras, y que desde este día en adelante Tu santa voluntad sea la regla de todas mis acciones, de todos mis pensamientos y de todos mis deseos. Confío, oh Salvador mío, en que no me negarás tu gracia para cumplir esta resolución que ahora hago postrado a tus pies, de recibir con sumisión todo lo que ordenes para mí y para mis asuntos, así en la vida como en la muerte. Bendita seas, oh Inmaculada María, que tu corazón estuvo siempre y enteramente unido al Corazón de Jesús; consígueme, oh Madre mía, que en el futuro quiera y desee lo que Jesús quiera y Tú quieras.

II.

Debemos comprender que somos deudores al Corazón de Jesús por todas las gracias que hemos recibido: gracias de Redención, de Vocación, de luz, de perdón, la gracia de resistir a las tentaciones y de soportar pacientemente las contradicciones; porque sin su asistencia no podríamos hacer nada bueno: Sin mí no podéis hacer nada- (Juan xv. 5). Y si hasta ahora, dice nuestro Salvador, no has recibido más gracias, no te quejes de Mí, sino échate la culpa a ti mismo, que has descuidado buscarlas en Mí: Hasta ahora no has pedido nada... pide, y recibirás- (Juan xvi. 24). ¡Oh, qué rico y liberal es el Corazón de Jesús para con todos los que recurren a Él! Rico para con todos los que le invocan- (Romanos x. 12). Oh, qué grandes misericordias reciben las almas que piden seriamente la ayuda de

Jesucristo. David dijo: Porque tú, Señor, eres dulce y clemente, y grande en misericordia para con todos los que te invocan - (Salmo lxxxv. 5). Acudamos, pues, siempre a este Corazón y pidamos con confianza, y obtendremos todo lo que queramos.

Lectura espiritual

¡SALVE, REGINA, MATER MISERICORDIAE! ¡SALVE, SANTA REINA, MADRE DE MISERICORDIA!

XI.-GRANDEZA DEL AMOR QUE NOS TIENE ESTA MADRE.

¡Oh, cuánto excede el amor de esta buena Madre al de todos sus hijos! Que la amen cuanto quieran, María es siempre entre los amantes la más amante, dice San Ignacio Mártir. Que la amen como San Estanislao Kostka, que amaba a esta querida Madre con tanta ternura que, al hablar de ella, movía a todos los que le oían a amarla. Había creado nuevas palabras y nuevos títulos con los que honrar su nombre. Nunca hacía nada sin antes dirigirse a su imagen y pedirle su bendición. Cuando rezaba su Oficio, el Rosario u otras oraciones, lo hacía con las mismas muestras externas de afecto que si hubiera estado hablando cara a cara con María; cuando se cantaba la Salve Regina, toda su alma, e incluso todo su semblante, estaban inflamados de amor. Preguntado un día por un Padre de la Compañía que iba con él a visitar una imagen de la Santísima Virgen, cuánto amaba a María, respondió: "Padre, ¿qué más puedo decir? -Es mi Madre". "Pero", añade el Padre, "el santo joven pronunció estas palabras con tanta ternura en la voz, con tal expresión en el semblante, y al mismo tiempo le salió tan plenamente del corazón, que ya no parecía un joven, sino un ángel hablando del amor de María."

Amémosla como la amó el Beato Hermann. Él la llamaba la esposa de su amor, pues fue honrado por la misma María con este mismo título. Amémosla como san Felipe Neri, que se llenaba de consuelo con sólo pensar en María, y por eso la llamaba su delicia. Amémosla como san Buenaventura, que no sólo la llamaba Señora y Madre, sino que, para manifestar la ternura de su afecto, la llamaba incluso corazón y alma: "¡Salve, Señora mía, Madre mía; más aún, hasta mi corazón, mi alma!".

Amémosla como aquel gran amante de María, San Bernardo, que amaba tanto a esta dulce Madre que la llamaba "la arrebatadora de corazones"; y para expresar el ardiente amor que le profesaba añadía: "pues, ¿no has arrebatado mi corazón, oh Reina?".

Llamémosla nuestra amada, como San Bernardino de Siena, que diariamente iba a visitar un cuadro devocional de María, y allí, en tiernos coloquios con su Reina, le declaraba su amor; y cuando le preguntaban adónde iba cada día, respondía que iba a visitar a su amada.

Amémosla como san Luis Gonzaga, cuyo amor a María ardía tan incesantemente que, cada vez que oía mencionar el dulce nombre de su Madre, su corazón se inflamaba al instante y su semblante se iluminaba con un fuego visible para todos.

Amemos tanto como San Francisco Solano, que, enloquecido como estaba, pero con una santa locura, de amor a María, cantaba ante su imagen, y se acompañaba de un instrumento musical, diciendo que, como los amantes mundanos, daba serenatas a su dulcísima Reina.

En fin, amémosla como la han amado tantos siervos suyos que nunca hicieron bastante por demostrarle su amor. El Padre Juan de Trexo, de la Compañía de Jesús, se regocijaba con el nombre de "esclavo de María", y en señal de servidumbre iba con frecuencia a visitarla a alguna iglesia dedicada en su honor. Al llegar a la iglesia derramaba abundantes lágrimas de ternura y amor a María; luego, postrado, lamía y frotaba el pavimento con la lengua y la cara, besándolo mil veces, porque era la casa de su amada Señora. El Padre Santiago Martínez, de la misma Sociedad, que, por su devoción a la Santísima Virgen en sus fiestas, fue llevado por los Ángeles al Cielo para ver cómo se guardaban allí, solía decir: "Ojalá tuviera yo los corazones de todos los Ángeles y Santos para amar a María como ellos la aman. Ojalá tuviera la vida de todos los hombres, para darla toda por su amor".

Meditación vespertina

LA PRÁCTICA DEL AMOR DE JESUCRISTO.
XVII.-CUÁNTO ESTAMOS OBLIGADOS A AMAR A JESUCRISTO.

I.

Con este fin, instituyó el sacramento de la Sagrada Eucaristía el día anterior a su muerte, y nos dio la orden de que todas las veces que nos alimentáramos con su sagradísima carne, nos acordáramos de su muerte: Tomad y comed; esto es mi cuerpo... Haced esto en conmemoración mía... Porque todas las veces que comiereis este pan y bebiereis el cáliz, manifestaréis la muerte del Señor hasta que él venga" (I Corintios xi. 24, 26). Por eso la santa Iglesia ora: "Oh Dios, que en este admirable Sacramento nos has dejado un memorial de tu Pasión", etc. Y también canta: "Oh sagrado Banquete, en el que Cristo es tomado, se renueva el recuerdo de su Pasión", etc. Por lo tanto, podemos deducir cuán agradables a Jesucristo son aquellos que piensan frecuentemente en Su Pasión, ya que fue con este mismo propósito que Él se dejó a Sí Mismo en el Santo Sacramento sobre nuestros Altares, para que podamos tener un recuerdo continuo y agradecido de todo lo que Él sufrió por nosotros, y por este medio aumentar cada vez más nuestro amor hacia Él. San Francisco de Sales llamó al Monte Calvario" la montaña de los amantes". Es imposible recordar ese monte y no amar a Jesucristo, que murió allí por amor a nosotros.

II.

Cómo es posible que los hombres no amen a este Dios, que tanto ha hecho para ser amado por los hombres. Antes de la Encarnación del Verbo, el hombre podía dudar si Dios le amaba con verdadero amor, pero después de la venida del Hijo de Dios, y después de su muerte por amor de los hombres, ¿cómo es posible que dudemos de su amor? "On hombre", dice Santo Tomás de Villanueva, "mira esa Cruz, esos tormentos y esa muerte cruel que Jesucristo ha sufrido por ti: después de tan grandes y tantas muestras de su amor, ya no puedes albergar la duda de que te ama y te ama sobremanera." Y San Bernardo dice que "la Cruz y cada Herida de nuestro Santísimo Redentor claman en voz alta para hacernos comprender el amor que nos tiene".

En este gran Misterio de la Redención del hombre, debemos considerar cómo Jesús empleó todos sus pensamientos y celo para descubrir todos los medios de hacerse amar por nosotros. Si sólo hubiera querido morir por nuestra salvación, habría bastado con que Herodes lo matara con los otros niños; pero no, antes de morir eligió llevar durante treinta y tres años una vida de privaciones y sufrimientos; y durante ese tiempo, con el fin de ganarse nuestro amor, se presentó bajo diversas apariencias. En primer lugar, como un pobre niño nacido en un establo; después, como un muchachito que ayudaba en el taller; y finalmente, como un criminal ejecutado en una Cruz. Pero antes de morir en la Cruz lo vemos en muchos estados diferentes, todos ellos calculados para excitar nuestra compasión y hacerse amar: en agonía en el huerto, bañado de pies a cabeza en un sudor de sangre; después en el tribunal de Pilatos, desgarrado por los azotes; luego tratado como un rey de pega, con una caña en la mano, un andrajoso manto de púrpura sobre los hombros y una corona de espinas en la cabeza; después arrastrado públicamente por las calles hasta la muerte, con la Cruz sobre los hombros; y finalmente en la colina del Calvario, suspendido en la Cruz por tres clavos de hierro. Decidme, ¿merece o no nuestro amor este Dios que se ha dignado soportar todos estos tormentos y emplear tantos medios para cautivar nuestro amor? El Padre Juan Rigouleux solía decir: "Me pasaría la vida llorando por amor a un Dios Cuyo amor le indujo a morir por la salvación de los hombres".

SÁBADO - TERCERA SEMANA DESPUÉS DE PASCUA

Meditación de la mañana

LA CASTIDAD DE MARÍA

"De todos los combates en que estamos empeñados -dice San Agustín-, los más severos son los de la castidad: sus batallas son diarias, pero la victoria rara." Pero ¡alabado sea siempre Dios, que en María ha dado un gran ejemplo de esta virtud! Y ¡cuán poderoso es el nombre de María para vencer todas las tentaciones contra la santa pureza!

I.

Desde la caída de Adán, rebelándose los sentidos contra la razón, la castidad es, de todas las virtudes, la más difícil de practicar. San Agustín dice: "De todos los combates en que estamos empeñados, los más severos son los de la castidad; sus batallas son diarias, pero la victoria rara". Pero ¡alabado sea siempre Dios, que en María nos ha dado un gran ejemplo de esta virtud!

"Con razón", dice el Beato Alberto Magno, "se llama a María la Virgen de las vírgenes; porque ella, sin el ejemplo consejero de otras, fue la primera en ofrecer su virginidad a Dios." Así llevó a Dios a todas las vírgenes que la imitaron, como ya había predicho David: Después de ella serán traídas las vírgenes... al templo del Rey- (Salmo xliv. 15) Sin consejo y sin ejemplo. Sí, pues San Bernardo dice: "Oh Virgen, ¿quién te enseñó a agradar a Dios con la virginidad, y a llevar en la tierra una vida de Ángel?". "Ah", responde San Sofronio,

"Dios eligió por Madre a esta Virgen purísima, para que fuera ejemplo de castidad para todos." Por eso San Ambrosio llama a María "la abanderada de la virginidad".

Por razón de su pureza, la Santísima Virgen fue también declarada por el Espíritu Santo hermosa como la tórtola: Tus mejillas son hermosas como las de la tórtola -(Cántico i. 9). "María", dice Aponio, "era una tórtola purísima". Por la misma razón se la llamaba también azucena: Como el lirio entre las espinas, así es mi amor entre las hijas -(Cántico ii. 2). Sobre este pasaje, Denis el Cartujo comenta que "María fue comparada con un lirio entre espinas, porque todas las demás vírgenes eran espinas, para sí mismas o para los demás; pero que la Santísima Virgen no lo era ni para sí misma ni para los demás"; porque inspiraba pensamientos castos a todos los que la miraban. Esto lo confirma Santo Tomás, quien dice que la belleza de la Santísima Virgen era un incentivo para la castidad en todos los que la contemplaban. San Jerónimo declaró que era su opinión que San José permaneció virgen al vivir con María; pues, escribiendo contra el hereje Helvidio, que negaba la virginidad de María, dice: "Tú dices que María no permaneció virgen. Yo digo que no sólo permaneció virgen, sino que incluso José conservó su virginidad por medio de María".

El Beato Juan de Ávila dice que "muchos que fueron tentados contra la pureza se conservaron castos por la devoción a nuestra Santísima Señora." Oh, ¡cuán especialmente poderoso es el nombre de María para vencer todas las tentaciones de impureza! Oh purísima María, líbrame de ella. Haz que en todas mis tentaciones recurra siempre a ti y te invoque mientras dure la tentación.

II.

San Gregorio de Nisa dice que la Santísima Virgen amaba tanto esta virtud que, para conservarla, habría estado dispuesta a renunciar incluso a la dignidad de Madre de Dios. Esto se deduce de su respuesta al Arcángel: ¿Cómo se hará esto, pues no conozco varón? y de las palabras que añadió después: Hágase en mí según tu palabra (Lucas i. 34, 38), dando a entender que dio su consentimiento con la condición de que, como le había asegurado el Ángel, sólo llegaría a ser Madre por la sombra del Espíritu Santo.

San Ambrosio dice que quien ha conservado la castidad es un Ángel, y que quien la ha perdido es un demonio. Nuestro Señor nos asegura que los que son castos se convierten en Ángeles: Serán como los ángeles de Dios en el cielo- (Mateo xxii. 30). Pero los impuros se vuelven como demonios, odiosos a los ojos de Dios. San Remigio solía decir que la mayor parte de los adultos se pierden por este vicio. Rara vez, como ya hemos dicho con San Agustín, se obtiene una victoria sobre este vicio. ¿Por qué? Porque rara vez se hace uso de los medios por los que se puede ganar, a saber, el ayuno, la evitación de las ocasiones de pecado y la oración. Ah, mi Reina Inmaculada, hermosa paloma y amada de Dios, no desdeñes echar tus ojos sobre las muchas manchas y heridas de mi alma. Mírame y ten piedad de mí. Dios, que tanto te ama, no te niega nada, y tú no sabes rechazar a los que recurren a ti. Oh María, a ti recurro. Ten piedad de mí. Madre inviolada, ruega por nosotros.

Lectura espiritual

¡SALVE, REGINA, MATER MISERICORDIAE! ¡SALVE, SANTA REINA, MADRE DE MISERICORDIA!

XII.-LA GRANDEZA DEL AMOR QUE ESTA MADRE NOS TIENE.

Ojalá todos llegaran a amar a María como Carlos, el hijo de Santa Brígida, que decía que nada en el mundo le consolaba tanto como el saber que María era tan amada por Dios. Y añadió que soportaría de buen grado todos los tormentos antes que permitir que María perdiera el más mínimo grado de su gloria, si tal cosa fuera posible; y que si su gloria fuera suya, renunciaría a ella en su favor, por ser mucho más digno de ella.

Deseemos, además, dar la vida en testimonio de nuestro amor a María, como lo quiso hacer San Alonso Rodríguez. Amémosla como aquellos que llegaron a grabar el amado nombre de María en sus pechos con instrumentos afilados, como hicieron Francisco Binanzio y Radagundis, esposa del rey Clothaire; o como aquellos que pudieron imprimir este amado nombre en su carne con hierros candentes para que permaneciera más nítido y duradero, como hicieron sus devotos siervos Bautista Archinto y Agustín d'Espinosa, ambos de la Compañía de Jesús, impulsados a ello por la vehemencia de su amor.

Hagamos, en fin, o deseemos hacer, todo lo que puede hacer un enamorado que pretende dar a conocer su afecto a la persona amada. Porque tened por seguro que los amantes de María nunca podrán igualarla en el amor. "Sé, Señora mía", dice San Pedro Damián, "que eres amantísima y que nos amas con un amor invencible". Yo sé, Señora mía, que entre los amantes eres la que más ama, y que nos amas con un amor invencible".

San Alonso Rodríguez, de la Compañía de Jesús, postrado una vez ante una imagen de María, sintió su corazón inflamado de amor hacia esta Santísima Virgen, y prorrumpió en la siguiente exclamación: "Madre mía amadísima, sé que me amas, pero no me amas tanto como yo te amo". María, como ofendida en el punto de amor, replicó inmediatamente desde la imagen: "¿Qué dices, Alonso? ¿Qué dices? ¡Oh, cuánto mayor es el amor que yo te tengo que cualquier amor que tú me puedas tener! Sabe que la distancia entre el cielo y la tierra no es tan grande como la distancia entre tu amor y el mío".

San Buenaventura, pues, tenía razón al exclamar: Bienaventurados los que tienen la dicha de ser fieles servidores y amantes de esta amantísima Madre. "Bienaventurados los corazones de los que aman a María; bienaventurados los que le son tiernamente devotos. Sí, porque en esta lucha nuestra graciosísima Reina nunca permite que sus clientes la conquisten en el amor. Ella nos devuelve nuestro amor y homenaje, y siempre aumenta sus favores pasados con otros nuevos." María, imitando en esto a nuestro amantísimo Redentor Jesucristo, devuelve a los que la aman su amor doblado en beneficios y favores.

Entonces exclamaré, con el enamorado San Anselmo: "¡Que mi corazón languidezca y mi alma se derrita y consuma en vuestro amor, oh mi amado Salvador Jesús, y mi querida Madre María! Pero, como sin vuestra gracia no puedo amaros, concededme, oh Jesús y María, conceded a mi alma, por vuestros méritos y no por los míos, la gracia de amaros como merecéis ser amados. Oh Dios, Amante de los hombres, Tú pudiste amar a los hombres culpables hasta la muerte. ¿Y puedes negar Tu amor y el de Tu Madre a los que te lo piden?".

Meditación vespertina

LA PRÁCTICA DEL AMOR DE JESUCRISTO.
XVIII.-CUÁNTO ESTAMOS OBLIGADOS A AMAR A JESUCRISTO.

I.

"El amor es una gran cosa", dice San Bernardo. Grande y precioso es el amor. Salomón, hablando de la sabiduría divina, que es la santa Caridad, la llamó tesoro infinito, porque el que posee la Caridad es hecho partícipe de la amistad de Dios: Porque ella es un tesoro infinito para los hombres, que los que la usan se hacen amigos de Dios- (Sabiduría vii. 14). El doctor angélico Santo Tomás dice que la Caridad no sólo es la reina de todas las virtudes, sino que dondequiera que reina arrastra consigo, como en su tren, a todas las demás virtudes, y las dirige a todas para que nos unan más estrechamente con Dios; pero la Caridad es propiamente lo que nos une con Dios. Como nos dice San Bernardo: "La caridad es una virtud que nos une a Dios". Y, en efecto, está una y otra vez significado en las Sagradas Escrituras que Dios ama a quien le ama: Yo amo a los que me aman- (Proverbios viii. 17). Si alguno me ama... mi Padre le amará, y vendremos a él y haremos morada con él-(Juan xiv. 23). El que permanece en la caridad, permanece en Dios, y Dios en él-(I Juan iv. 16). He aquí la hermosa unión que produce la Caridad; une el alma con Dios. Además, el amor da fuerza para practicarlo y sufrirlo todo por Dios: El amor es fuerte como la muerte - Cánticos viii. 6). San Agustín escribe:" Nada hay tan duro que no pueda ser subyugado por el fuego del amor". Por eso dice el Santo que donde se ama, o no se siente el trabajo, o si se siente, el trabajo mismo es amado:" En lo que se ama, o no hay trabajo, o el trabajo es amado".

II.

Oigamos de San Juan Crisóstomo cuáles son los efectos del amor divino en aquellas almas en que reina: "Cuando el amor de Dios se ha apoderado de un alma, produce en ella un deseo insaciable de trabajar por el Amado; de tal manera que por muchas y vastas que sean las obras que haga, y por prolongada que sea la duración de su servicio, todo le parece nada a sus ojos, y se aflige de hacer tan poco por Dios; y si le fuera permitido morir y consumirse por Él, sería felicísima. De aquí que se considere sierva inútil en todo lo que hace; porque está instruida por el amor para conocer lo que Dios merece y ve por esta clara luz todos los defectos de sus acciones, y encuentra en ellas motivos de confusión y dolor, bien consciente de cuán mezquino es todo lo que puede hacer por tan gran Señor."

"¡Oh, cómo se engañan esas personas -dice San Francisco de Sales- que ponen la virtud en cualquier otra cosa que no sea amar a Dios! Algunos," escribe el Santo, "ponen la perfección en las austeridades. otros en las limosnas, otros en la oración, otros en frecuentar los Santos Sacramentos. Por mi parte, no conozco otra perfección que la de amar a Dios con todo el corazón; porque todas las demás virtudes, sin amor, no son más que un montón de piedras. Y si no gozamos perfectamente de este santo amor, la culpa es nuestra, porque no llegamos, de una vez por todas, a la conclusión de entregarnos enteramente a Dios."

TERCER DOMINGO DESPUÉS DE PASCUA

Meditación de la mañana

"UN POCO DE TIEMPO Y YA NO ME VERÉIS"- (Evangelio del domingo. Juan xvi.).
No hay nada más breve que el tiempo y, sin embargo, nada más valioso. No hay nada más
corto, porque el pasado ya no existe, el futuro es incierto, el presente sólo un instante.
Jesucristo dijo: Dentro de poco no me veréis. Lo mismo podemos decir de nuestra vida
que, según Santiago, es un vapor que aparece por poco tiempo (iv. 15).

I.

El tiempo es corto, dice el Apóstol San Pablo, queda que... los que lloran sean como si no
lloraran; que los que se alegran, como si no se alegraran; y los que compran, como si no
poseyeran; y los que se sirven de este mundo, como si no se sirvieran de él-(1 Corintios
vii. 29, 31). Puesto que el tiempo que tenemos para permanecer en esta tierra es corto, el
Apóstol dice a los que lloran que no deben llorar, porque sus penas pasarán pronto; y a
los que se alegran, que no fijen sus afectos en los goces, porque pronto tendrán fin. De
aquí concluye que debemos usar de este mundo, no para gozar de sus bienes transitorios,
sino para merecer la vida eterna.

Hijo, dice el Espíritu Santo, observa el tiempo-(Eclesiástico iv. 23). Hijo, aprende a
conservar el tiempo, que es lo más precioso y el mayor don que Dios puede concederte.
San Bernardino de Siena enseña que el tiempo tiene tanto valor como Dios; porque en
cada instante de tiempo bien empleado se merece la posesión de Dios. Añade que en cada
instante de esta vida el hombre puede obtener el perdón de sus pecados, la gracia de Dios y
la gloria del Paraíso. De ahí que San Buenaventura diga que "ninguna pérdida es de mayor
importancia que la pérdida del tiempo".

Pero, por su parte, San Bernardo dice que aunque no hay nada más precioso que el tiempo, no hay nada menos valioso en la estimación de los hombres. Verás a algunas personas pasar cuatro o cinco horas jugando. Si les preguntas por qué pierden tanto tiempo, responden: Para divertirse. Otros permanecen medio día de pie en una calle o mirando por una ventana. Si se les pregunta qué hacen, responden que pasan el tiempo. ¿Y por qué, dice el mismo Santo, pierdes tú ese tiempo? ¿Por qué habéis de perder una sola hora que la misericordia de Dios os concede para llorar vuestros pecados y adquirir la gracia divina?

Oh tiempo, despreciado por los hombres durante la vida, ¡cuánto serás deseado a la hora de la muerte, y particularmente en el otro mundo! El tiempo es una bendición de la que sólo gozamos en esta vida; no se disfruta en la otra; no se encuentra ni en el Cielo ni en el infierno. En el infierno los condenados exclaman con lágrimas: "¡Oh, que nos fuera dada una hora!" Pagarían cualquier precio por una hora o por un minuto en que pudieran reparar su ruina eterna. Pero esta hora o este minuto nunca los tendrán. En el Cielo no hay llanto; pero si los santos fueran capaces de afligirse, todos sus lamentos surgirían del pensamiento de haber perdido en esta vida el tiempo en que podrían haber adquirido mayor gloria, y de la convicción de que este tiempo nunca más les será concedido.

Oh Dios de mi alma, ¿cuál sería mi suerte en este momento si no me hubieras mostrado tantas misericordias? Estaría en el infierno entre los necios a cuyo número he pertenecido. Te doy gracias, Señor mío, y te suplico que no me abandones en mi ceguera. Siento que me llamas tiernamente a pedirte perdón y a esperar de Ti las gracias. Sí, Salvador mío, espero que me admitas entre tus hijos. Padre, no soy digno de ser llamado hijo tuyo. He pecado contra el Cielo y contra Ti.

II.

San Francisco de Borja tenía cuidado de emplear cada momento de su tiempo para Dios. Cuando otros hablaban de cosas inútiles, él conversaba con Dios por santos afectos; y tan recogido era, que, cuando le preguntaban su opinión sobre el tema de conversación, no sabía qué responder. Al ser corregido por esto, dijo: Me contento con ser considerado estúpido antes que perder mi tiempo en vanidades.

Algunos dirán: ¿Qué mal estoy haciendo? ¿No es un mal, pregunto yo, perder el tiempo en diversiones, en conversaciones y en ocupaciones inútiles que no son provechosas para el alma? ¿Te ha dado Dios este tiempo para que lo malgastes? No permitas, dice el Espíritu Santo, que la parte de un buen don te sobrepase-(Eclesiástico xiv. 14}. Los jornaleros de que habla San Mateo no hicieron ningún mal; sólo perdieron el tiempo, permaneciendo ociosos en las calles. Pero fueron reprendidos: ¿Por qué estáis aquí todo el día ociosos? -(Mateo xx. 6}. En el día del Juicio, Jesucristo pedirá cuenta, no sólo de cada mes y día que se haya perdido, sino incluso de cada palabra ociosa que se haya pronunciado. De toda palabra ociosa que hablen los hombres darán cuenta en el día del juicio -(Mateo xii. 36}. Igualmente pedirá cuenta de cada momento del tiempo que se pierda. Según San Bernardo, todo tiempo no empleado para Dios es tiempo perdido. De ahí que el Espíritu Santo diga: Todo lo que tu mano pueda hacer, hazlo con empeño: porque ni el trabajo ni la razón... estarán en el infierno, adonde tú te apresuras. Lo que puedas hacer hoy no lo dejes para mañana; porque mañana puedes estar muerto y haber ido a otro mundo donde no tendrás más tiempo para hacer el bien, y donde sólo gozarás del premio de tus virtudes o sufrirás el castigo debido a tus pecados. Si oís hoy su voz, no endurezcáis vuestros corazones (Salmo xciv.}. Obedeced hoy a su llamada; porque puede suceder que mañana ya no haya tiempo para vosotros, o que Dios ya no os llame. Toda nuestra salvación depende de corresponder a las llamadas divinas, y en el momento en que Dios nos llama.

Oh Dios mío, ¡ilumíname! Hazme comprender que el único mal es ofenderte, el único bien amar pasar el resto de mis días sirviéndote. Oh María, esperanza mía, intercede por mí.

Lectura espiritual

¡SALVE, REGINA, MATER MISERICORDIAE! ¡SALVE, SANTA REINA,
MADRE DE MISERICORDIA!

XIII.-MARIA ES LA MADRE DE LOS PECADORES PENITENTES.

La Santísima Virgen dijo a Santa Brígida que era Madre no sólo de los justos e inocentes, sino también de los pecadores, siempre que estuvieran dispuestos a arrepentirse. ¡Oh, qué pronto encuentra el pecador deseoso de enmienda que vuela a sus pies a esta buena Madre para abrazarle y ayudarle, mucho más que cualquier madre terrena! San Gregorio VII escribió en este sentido a la princesa Matilde, diciendo: "Resuélvete a no pecar más y te prometo que indudablemente encontrarás a María más dispuesta a amarte que cualquier madre terrena".

Pero quien aspire a ser hijo de esta gran Madre debe primero abandonar el pecado, y entonces podrá esperar ser aceptado como tal. Ricardo de San Lorenzo, a propósito de las palabras de Proverbios, levantó a sus hijos-(Proverbios xxxi. 28}, observa que las palabras se levantó primero, y luego la palabra hijos para mostrar que nadie puede ser un hijo de María sin antes esforzarse por levantarse de la falta en la que ha caído; porque el que está en pecado mortal no es digno de ser llamado el hijo de tal Madre. Y San Pedro Crisólogo dice que quien actúa de manera distinta a María declara con ello que no será su hijo. "Quien no hace las obras de su Madre abjura de su linaje". María humilde y él orgulloso; María pura y él malvado; María llena de caridad y él odiando a su prójimo. Da así prueba de que no es, ni será, hijo de su santa Madre. Los hijos de María, dice Ricardo de San Lorenzo, son sus imitadores, y esto principalmente en tres cosas: castidad, liberalidad y humildad; y también en mansedumbre, misericordia y cosas semejantes.

¿Quién se atrevería siquiera a desear ser hijo de María mientras la repugna con una vida perversa? Cierto pecador dijo una vez a María: "Muéstrate Madre"; pero la Santísima Virgen respondió: "Muéstrate hijo". Otro invocó a la Divina Madre, llamándola "Madre de misericordia"; y Ella respondió: "Vosotros pecadores, cuando queréis mi ayuda, llamadme 'Madre de misericordia', y al mismo tiempo no dejéis por vuestros pecados de hacerme 'Madre de dolor y angustia'. Maldito sea de Dios, dice el Eclesiástico, el que hace enojar a su madre -(Eclesiástico iii. 18). "Su madre, es decir, María", dice Ricardo de San Lorenzo. Dios maldice a los que con su vida perversa, y más aún con su obstinación en el pecado, afligen a esta tierna Madre.

Digo por su obstinación, porque si un pecador, aunque todavía no haya renunciado a su pecado, se esfuerza por hacerlo, y para ello busca la ayuda de María, esta buena Madre no dejará de ayudarle y de hacerle recobrar la gracia de Dios. Y esto es precisamente lo que Santa Brígida oyó un día de labios de Jesucristo, Quien, hablando a su Madre, dijo: "Tú asistes al que se esfuerza por volver a Dios, y a nadie faltan tus consuelos". Así pues, mientras un pecador se obstine, María no puede amarlo; pero si él, encontrándose encadenado por alguna pasión que lo mantiene esclavo del infierno, se encomienda a la Santísima Virgen, y le implora, con confianza y perseverancia, que lo saque del estado de pecado en que se encuentra, no cabe duda de que esta buena Madre le tenderá su poderosa mano, lo librará de sus cadenas y lo conducirá a un estado de salvación.

Meditación vespertina

LA PRÁCTICA DEL AMOR DE JESUCRISTO
XIX.-CUÁNTO ESTAMOS OBLIGADOS A AMAR A JESUCRISTO.

I.

Nuestro Señor dijo un día a Santa Teresa: "Todo lo que no me complace es vanidad" ¡Ojalá todos comprendieran bien esta gran verdad! "Por lo demás, una cosa es necesaria". No es necesario ser rico en este mundo, ganar la estima de los demás, llevar una vida desahogada, gozar de dignidades, tener fama de erudito: sólo es necesario amar a Dios y hacer su voluntad. Para este único fin nos ha creado, para este fin conserva nuestra vida; y sólo así podemos conseguir la entrada en el Paraíso. Ponme como un sello en tu corazón, como un sello en tu brazo- (Cánticos viii. 6). Así habla el Señor a todas sus almas desposadas. Ponme como sello sobre tu corazón y sobre tu brazo, para que todos tus deseos y acciones tiendan a Mí; sobre tu corazón, para que no entre en él otro amor que el Mío; sobre tu brazo, para que todo lo que hagas tenga a Mí como único objeto. ¡Oh, cuán rápidamente avanza hacia la perfección el alma que en todas sus acciones no mira sino a Jesús crucificado y no tiene otro deseo que el de satisfacerle!

II.

Adquirir, pues, un verdadero amor a Jesucristo debe ser nuestro único cuidado. Los maestros de la vida espiritual describen las características del verdadero amor. El amor, dicen, es temeroso, y su temor no es otro que el de desagradar a Dios. Es generoso, porque, confiando en Dios, nunca se amedrenta ni siquiera ante las mayores empresas para Su gloria. Es fuerte, porque domina todos sus malos apetitos, aun en medio de las más violentas tentaciones y de las más oscuras desolaciones. Es obediente, porque vuela inmediatamente a ejecutar la voluntad divina. Es pura, porque ama sólo a Dios, y por la única razón de que Él merece ser amado. Es ardiente, porque inflamaría a toda la humanidad, y de buena gana la vería consumida por el amor Divino. Es embriagadora, porque hace que el alma viva como fuera de sí misma, como si ya no viera, ni sintiera, ni tuviera más percepción de las cosas terrenas, empeñada enteramente en amar a Dios. Es unitiva, porque produce una estrecha unión entre la voluntad de la criatura y la Voluntad del Creador. Es anhelante, porque llena el alma de deseos de dejar este mundo, para volar y unirse perfectamente a Dios en su verdadera y feliz patria, donde pueda amarle con todas sus fuerzas.

LUNES - CUARTA SEMANA DESPUÉS DE PASCUA

Meditación de la mañana
"EL TIEMPO CONTRA MÍ".

Alguien dirá, tal vez: "Soy joven. Más tarde me entregaré a Dios". "¿Cómo puedes prometerte otro día", dice San Agustín, "cuando no sabes si vivirás una hora más?". "Si", dice Santa Teresa, "no estás preparado para morir hoy, tiembla no sea que mueras una muerte infeliz".

I.

Alguien dirá, tal vez: Soy joven. Más tarde me entregaré a Dios. Pero recordad que el Evangelio nos dice que Jesucristo maldijo la higuera que encontró sin fruto, aunque todavía no había llegado la época de los higos. No era tiempo de higos- (Marcos xi. 13). Con esto el Salvador quiso significar que el hombre en todo tiempo, aun en la juventud, debe producir frutos de buenas obras; y que de lo contrario, como la higuera, será maldecido y no producirá frutos para el futuro. Que nadie vuelva a comer fruto de ti para siempre - (Marcos xi. 14). No tardes en convertirte al Señor y no lo aplaces de día en día, porque su ira vendrá de repente- (Eclesiástico v. 8). Si encuentras tu alma en estado de pecado, no demores tu arrepentimiento ni tu Confesión. No los dejes ni siquiera para mañana; porque, si no obedeces hoy a la voz de Dios que te llama a confesar tus pecados, la muerte puede alcanzarte hoy en el pecado, y mañana puede no haber esperanza de salvación para ti. El diablo considera que todo ha descendido a vosotros con gran ira, sabiendo que tiene poco tiempo (Apocalipsis xii. 12). El enemigo, pues, nunca pierde tiempo en tratar de llevarnos al infierno: ¿y hemos de malgastar el tiempo que Dios nos ha dado para salvar nuestras almas? Tú dices: "En adelante me entregaré a Dios". Pero "¿por qué", responde San Bernardo, "presumes, oh miserable, del futuro, como si el Padre pusiera el tiempo en tu poder?". ¿Por qué presumes que en adelante te entregarás a Dios, como si Él te hubiera dado el tiempo y la oportunidad de volver a Él cuando lo desees? Job dijo temblando que no sabía si le quedaba otro momento de vida: Porque no sé cuánto tiempo duraré, y si después de algún tiempo mi Hacedor me arrebatará-(Job Xii. 22). Y tú dices: Hoy no me confesaré; ya lo pensaré mañana. San Agustín dice: "¿Cómo puedes prometerte otro día cuando no sabes si vivirás una hora más?". "Si", dice Santa Teresa, "no estás preparado para morir hoy, tiembla no sea que mueras una muerte infeliz".

Oh Dios mío. Te doy gracias por darme ahora tiempo para lamentar mis pecados y reparar con mi amor todas las ofensas que te he hecho.

II.

San Bernardo llora por la ceguera de aquellos cristianos negligentes que malgastan los días de la salvación, y nunca consideran que un día perdido nunca volverá. A la hora de la muerte desearán otro año, u otro día; pero no lo tendrán: entonces se les dirá que el tiempo no será más (Apoc. x. 6), ¿Qué precio no darían entonces por otra semana, por un día, o incluso por una hora, para preparar la cuenta que entonces deberán rendir a Dios? San Lorenzo Justiniano dice que por una sola hora darían todos sus bienes, todos sus honores y todos sus deleites. Pero esa hora no les será concedida. El sacerdote que los atienda dirá: Sal, sal inmediatamente de de nuestra vida como muy corta, y por eso no pierde esta tierra; para ti el tiempo ya no existe. "Vete, alma cristiana, de este mundo".

¿De qué le servirá al pecador que ha llevado una vida irregular exclamar al morir: ¡Oh, si hubiera llevado una vida de santidad! ¡Oh, si hubiera pasado mis años amando a Dios! ¡Cuán grande es la angustia del viajero que, al caer la noche, se da cuenta de que ha perdido el camino y de que ya no hay tiempo para corregir su error! Tal será la angustia al morir de los que han vivido muchos años en el mundo, pero no los han gastado por Dios. La noche viene cuando nadie puede trabajar - (Juan ix. 4). De ahí que el Redentor diga a todos: Caminad mientras tenéis luz, para que las tinieblas no os alcancen- (Juan xii. 35). Caminad por el camino de la salvación, ahora que tenéis la luz, antes de que os sorprendan las tinieblas de la muerte en las que nada podéis hacer. Entonces sólo podrás llorar por el tiempo que has perdido.

Ha llamado contra mí el tiempo-(Lamentaciones i. 15), A la hora de la muerte la conciencia nos recordará todo el tiempo que hemos tenido para llegar a ser Santos, y que hemos empleado en multiplicar nuestras deudas con Dios. Nos recordará todas las llamadas y todas las gracias que Dios nos ha dado para que le amemos, y de las que hemos abusado. En ese momento, terrible, veremos también que el camino de la salvación está cerrado para siempre. En medio de este remordimiento, y de la torturante oscuridad de la muerte, el pecador moribundo dirá: ¡Oh necio que he sido! ¡Oh vida malgastada! ¡Oh años perdidos en los que podría haber ganado tesoros de méritos y convertirme en Santo! Pero lo he descuidado, y ahora el tiempo de salvar mi alma se ha ido para siempre. Pero ¿de qué servirán estos lamentos y lamentaciones, cuando la escena de este mundo esté a punto de cerrarse, la lámpara esté a punto de apagarse, y cuando el cristiano moribundo haya llegado a ese gran momento del que depende la eternidad?

Oh Dios mío, ¿qué será de mí en el último momento de mi vida? Oh Jesús, que moriste por mi salvación, ¡no permitas que me pierda para siempre! No permitas que te pierda a Ti, mi único Bien. No, Dios mío, no te perderé. Si hasta ahora he perdido tu amistad, lo lamento y me arrepiento sinceramente. Nunca más te perderé.

Lectura espiritual

¡SALVE, REGINA, MATER MISERICORDIAE! ¡SALVE, SANTA REINA,
MADRE DE MISERICORDIA!

XIV.-MARIA ES LA MADRE DE LOS PECADORES PENITENTES.

La doctrina de que todas las oraciones y obras realizadas en estado de pecado son pecados fue condenada como herética por el sagrado Concilio de Trento. San Bernardo dice que aunque la oración en boca de un pecador está desprovista de belleza, ya que no va acompañada de caridad, sin embargo es útil y obtiene la gracia para abandonar el pecado; porque, como enseña Santo Tomás, la oración de un pecador es un acto de caridad. Tomás enseña que la oración de un pecador, aunque sin mérito, es un acto que obtiene la gracia del perdón, ya que el poder de impetración se funda, no en los méritos de quien pide, sino en la bondad divina, y en los méritos y promesas de Jesucristo, que ha dicho: Todo el que pide, recibe-(Lucas xi. 10). Lo mismo debe decirse de las oraciones ofrecidas a la Divina Madre. "Si el que reza", dice San Anselmo, "no merece ser escuchado, los méritos de la Madre, a quien se encomienda, intercederán eficazmente".

Por eso San Bernardo exhorta a todos los pecadores a recurrir a María, invocándola con gran confianza; pues aunque el pecador no merezca por sí mismo las gracias que pide, las recibe, porque esta Santísima Virgen las pide y obtiene de Dios, a causa de sus propios méritos. Estas son sus palabras, dirigiéndose a un pecador: "Porque eras indigno de recibir la gracia por ti mismo, te fue dada a María, para que, por ella, la recibieras toda". "Si una madre -continúa el mismo Santo- supiera que sus dos hijos tienen entre sí una enemistad mortal, y que cada uno conspira contra la vida del otro, ¿no se esforzaría al máximo para reconciliarlos? Este sería el deber de una buena madre. "Y así actúa María, que es Madre de Jesús y Madre de los hombres. Cuando ve a un pecador enemistado con Jesucristo, no puede soportarlo y hace todo lo que está en su mano para que haya paz entre ellos. Oh feliz María, tú eres la Madre del criminal y la Madre del Juez; y siendo Madre de ambos, ellos son tus hijos, y no puedes soportar discordias entre ellos."

Meditación vespertina

LA PRÁCTICA DEL AMOR A JESUCRISTO.
XX.-CUÁNTO ESTAMOS OBLIGADOS A AMAR A JESUCRISTO.

I.

Nadie nos enseña tan bien las características reales y la práctica de la Caridad como el gran predicador de la Caridad, San Pablo. En su Primera Epístola a los Corintios dice, en primer lugar, que sin Caridad el hombre no es nada, y que nada le aprovecha: Si yo tuviera toda la fe, de modo que pudiera mover montañas, y no tuviera caridad, nada soy. Y si repartiese todos mis bienes para dar de comer a los pobres, y si entregase mi cuerpo para ser quemado, y no tengo caridad, de nada me aprovecha -(1 Corintios xiii. 2, 3). De modo que incluso si una persona tuviera una fe tan fuerte como para remover montañas, como San Gregorio Taumaturgo, pero no tuviera caridad, de nada le serviría. Si diera todos sus bienes a los pobres, e incluso sufriera voluntariamente el martirio, pero le faltara la caridad, es decir, si lo hiciera con cualquier otro fin que no fuera el de agradar a Dios, de nada le serviría.

Oh amantísimo y amantísimo Corazón de Jesús, ¡desdichado el corazón que no te ama! Oh Dios, por amor de los hombres moriste en la Cruz, desamparado y abandonado, y ¿cómo pueden entonces los hombres vivir tan olvidados de Ti?

¡Oh amor de Dios! ¡Oh ingratitud del hombre! No hay más que mirar al inocente Hijo de Dios, que agoniza en la Cruz y muere por vosotros, para satisfacer la justicia divina por vuestros pecados, y por este medio atraeros a amarle. Observa cómo, al mismo tiempo.

Él ruega a Su Padre Eterno que te perdone. Contempladle y amadle. Ah, Jesús mío, ¡qué pequeño es el número de los que Te aman! Desdichado soy yo también, pues he vivido tantos años sin acordarme de Ti y te he ofendido gravemente, mi amado Redentor. No es tanto el castigo que he merecido lo que me hace llorar, sino el amor que Tú me has tenido.

II.

San Pablo nos da las señales de la verdadera Caridad, y al mismo tiempo nos enseña la práctica de aquellas virtudes que son hijas de la Caridad; y continúa diciendo: La caridad es paciente, es bondadosa; la caridad no tiene envidia, no actúa perversamente; no es jactanciosa, no es ambiciosa; no busca lo suyo; no se irrita, no piensa mal; no se alegra de la injusticia, sino que se alegra con la verdad; todo lo soporta, todo lo cree, todo lo espera, todo lo soporta-(I Corintios xiii.). Consideremos, pues, estas santas prácticas, para ver así si reina verdaderamente en nosotros el amor que debemos a Jesucristo; así como para comprender en qué virtudes debemos ejercitarnos principalmente, para perseverar y avanzar en este santo amor.

¡Oh dolores de Jesús! ¡Oh ignominias de Jesús! ¡Oh llagas de Jesús! ¡Oh muerte de Jesús! ¡Oh amor de Jesús! Descansad profundamente grabados en mi corazón, y que vuestro dulce recuerdo se fije allí para siempre, para herirme e inflamarme continuamente con su amor. Te amo, mi Jesús; te amo, mi soberano Bien; te amo, mi Amor y mi Todo; te amo y te amaré siempre. ¡Oh, que nunca más te abandone, que nunca más te pierda! Hazme enteramente Tuyo; hazlo por los méritos de Tu muerte. En esto confío firmemente. Y confío también mucho en tu intercesión, oh María, Reina mía; hazme amar a Jesucristo, y hazme amarte también a Ti, Madre mía y esperanza mía.

MARTES - CUARTA SEMANA DESPUÉS DE PASCUA

Meditación de la mañana
"MIENTRAS TENGAMOS TIEMPO, HAGAMOS EL BIEN".

Puede que la muerte no nos sobrevenga hasta dentro de veinte o treinta años; pero puede que llegue muy pronto; tal vez dentro de un año o de un mes. Y aun así perdemos nuestro tiempo, y, en vez de ajustar nuestras cuentas, seguimos multiplicando nuestros pecados, que merecerán la sentencia de muerte eterna. Mientras tengamos tiempo, hagamos el bien.

I.

Estad, pues, también vosotros preparados, porque a la hora que no penséis vendrá el Hijo del hombre (Lucas xii. 40). El Señor dice: "Estad preparados". No nos dice que nos preparemos cuando se acerque la muerte, sino que estemos preparados para su venida; porque cuando menos pensemos en la muerte vendrá el Hijo del hombre y nos pedirá cuenta de toda nuestra vida. En la confusión de la muerte, será muy difícil ajustar nuestras cuentas para quedar libres de culpa ante el tribunal de Jesucristo. Puede que la muerte no nos sobrevenga hasta dentro de veinte o treinta años; pero también puede llegar muy pronto, tal vez en un año o en un mes. Si alguien tuviera motivos para temer que tuviera lugar un juicio del que dependiera su vida, ciertamente no esperaría al día del juicio, sino que, tan pronto como fuera posible, emplearía un abogado para defender su causa. ¿Y qué hacemos nosotros? Sabemos con certeza que un día seremos juzgados, y que del resultado de ese juicio depende no la vida temporal, sino la eterna. Sabemos también que ese día puede estar muy próximo; y aun así perdemos el tiempo, y, en vez de ajustar nuestras cuentas, seguimos multiplicando diariamente nuestros pecados, que merecerán la sentencia de muerte eterna.

Si, pues, hemos ofendido a Dios hasta ahora, esforcémonos en adelante por lamentar nuestra desgracia durante el resto de nuestra vida, y digamos continuamente con el penitente rey Ezequías: Te contaré todos mis años con la amargura de mi alma (Is. xxxviii. 15). El Señor nos da los días que nos quedan de vida para que recuperemos el tiempo mal empleado. Mientras tengamos tiempo, hagamos el bien (Gálatas vi. 10). No provoquemos al Señor para que nos castigue con una muerte desgraciada; y si durante los años transcurridos hemos sido insensatos y le hemos ofendido, atendamos ahora al Apóstol que nos exhorta a ser sabios para el futuro, y a redimir el tiempo que hemos perdido.

Oh Señor, ¡cuán desdichado he sido por haber ido durante tantos años tras las vanidades del mundo y haberte dejado a Ti, mi soberano Bien! Pero desde hoy deseo poseerte como mi único Tesoro, como el único Amor de mi alma.

II.

Mirad, pues, hermanos, cómo andáis con prudencia, no como imprudentes, sino como sabios, aprovechando bien el tiempo, porque los días son malos... entendiendo cuál es la voluntad de Dios. -(Efesios v. 15,17). Los días son malos. Según San Anselmo, el sentido de estas palabras es que los días de esta vida son malos, porque en ellos estamos expuestos a mil tentaciones y al peligro de la miseria eterna; por eso, para escapar de la perdición, es necesario todo el cuidado posible. "¿Qué -dice San Agustín- significa redimir el tiempo, sino, cuando es necesario, someterse a la pérdida temporal para ganar los bienes eternos?". Sólo debemos vivir para cumplir con toda diligencia la voluntad divina; y, si fuera necesario, es mejor sufrir en las cosas temporales, que descuidar nuestros intereses eternos.

¡Oh, qué bien redimió San Pablo el tiempo que había perdido! San Jerónimo dice que, aunque fue el último de los Apóstoles, fue, por sus grandes trabajos, el primero en méritos. "Pablo, el último en orden, pero el primero en méritos, porque trabajó más que todos". Consideremos que, en cada momento, podemos acumular mayores tesoros de bienes eternos. Si te prometieran la posesión de toda la tierra que pudieras recorrer, o de todo el dinero que pudieras contar en un día, ¿perderías el tiempo? ¿No empezarías inmediatamente a recorrer el terreno o a contar el dinero? Ahora tienes en tu poder adquirir, en cada momento, tesoros eternos; y no obstante, ¿perderás el tiempo? No digas que lo que puedes hacer hoy lo puedes hacer también mañana; porque entonces este día estará perdido para ti y no volverá jamás. Hoy lo tienes; pero tal vez mañana no te sea dado.

Te doy gracias, Dios mío, por haberme esperado. ¡Qué habría sido de mí si hubiera muerto una de esas noches en que fui a descansar bajo Tu desagrado! Pero como Tú me has esperado pacientemente, es señal de que deseas perdonarme. Perdóname, pues, ¡oh Jesús mío! Me arrepiento y no volveré a pecar.

Lectura espiritual

¡SALVE, REGINA, MATER MISERICORDIAE! ¡SALVE, SANTA REINA, MADRE DE MISERICORDIA!

XV.-MARIA ES LA MADRE DE LOS PECADORES PENITENTES.

Esta benignísima Señora sólo requiere que el pecador se recomiende a Ella y haga propósito de enmienda. Cuando María ve a un pecador a sus pies, implorando su misericordia, no considera los delitos de que está cargado, sino la intención con que viene; y si la intención es buena, aunque haya cometido todos los pecados posibles, la amantísima Madre lo abraza, y no desdeña curar las heridas de su alma; porque no sólo se llama Madre de misericordia, sino que lo es, verdadera y realmente, y se muestra tal por el amor y la ternura con que nos asiste a todos. Y esto es precisamente lo que la misma Santísima Virgen dijo a Santa Brígida: "Por mucho que peque un hombre, estoy dispuesta a recibirlo inmediatamente cuando se arrepiente; ni me fijo en el número de sus pecados, sino sólo en la intención con que viene: No desdeño ungir y curar sus heridas; porque soy llamada, y verdaderamente lo soy, la Madre de la Misericordia."

María es la Madre de los pecadores que quieren arrepentirse, y como Madre de ellos no puede hacer otra cosa que compadecerlos; es más, parece sentir las miserias de sus pobres hijos como si fueran propias. Cuando la mujer cananea suplicó al Señor que librase a su hija del demonio que la poseía, le dijo: Ten piedad de mí, Señor, Hijo de David, que mi hija está atormentada por el demonio" (Mateo xv. 22). Pero como era la hija, y no la madre, la que estaba atormentada, más bien debería haber dicho: "Señor, ten compasión de mi hija" y no ten compasión de mí; pero no, dijo ten compasión de mí, y tenía razón; porque los sufrimientos de los hijos son sentidos por sus madres como si fueran propios. Y es precisamente así, dice Ricardo de San Lorenzo, como María ruega a Dios cuando recomienda a un pecador a Aquel que ha recurrido a Ella; clama por el alma pecadora: "¡Ten piedad de mí!" "Señor mío", parece decir, "esta pobre alma que está en pecado es mi hija y, por tanto, no te compadezcas tanto de ella como de mí, que soy su Madre".

Ojalá todos los pecadores recurrieran a esta dulce Madre, porque entonces ciertamente todos serían perdonados por Dios. "Oh María", exclama San Buenaventura con arrobado asombro, "abrazas con afecto maternal a un pecador despreciado por todo el mundo, y no lo abandonas hasta que hayas reconciliado a la pobre criatura con su Juez", queriendo decir que el pecador, mientras está en estado de pecado, es odiado y aborrecido por todos, incluso por las criaturas inanimadas; el fuego, el aire y la tierra lo castigarían y vengarían el honor de su Señor ultrajado. Pero si esta infeliz criatura vuela a María, ¿le rechazará María? Oh, no, con tal de que acuda a ella en busca de ayuda y con el fin de enmendarse, ella lo abrazará con el afecto de una Madre, y no lo dejará marchar, hasta que, por su poderosa intercesión, lo haya reconciliado con Dios y lo haya restablecido en gracia.

Meditación vespertina

LA PRÁCTICA DEL AMOR DE JESUCRISTO

XXI. LA CARIDAD ES PACIENTE": EL ALMA QUE AMA A JESUCRISTO AMA SUFRIR.

I.

Esta tierra es lugar para merecer, y por eso es lugar para sufrir. Nuestra verdadera patria, donde Dios nos tiene preparado el reposo en el gozo eterno, es el Paraíso.

Tenemos poco tiempo para permanecer en este mundo; pero en este corto tiempo tenemos muchas fatigas que sufrir: El hombre nacido de mujer, viviendo poco tiempo, está lleno de muchas miserias- (Job xiv. 1). Debemos sufrir, y todos deben sufrir, sean justos o pecadores, cada uno debe llevar su cruz. El que la lleva con paciencia se salva; el que la lleva con impaciencia se pierde. San Agustín dice que las mismas miserias envían a unos al Paraíso y a otros al infierno: "Un mismo golpe eleva a la gloria a los buenos y reduce a cenizas a los malos". El mismo Santo observa que por la prueba del sufrimiento se distingue la paja en la Iglesia de Dios del trigo: el que se humilla bajo las tribulaciones, y se resigna a la voluntad de Dios, es trigo para el Paraíso; el que se ensoberbece y se enfurece, y así abandona a Dios, es paja para el infierno.

II.

En el día en que se decida la causa de nuestra salvación, nuestra vida debe ser hallada conforme a la vida de Jesucristo, si queremos gozar de la feliz sentencia de los predestinados: Porque a los que antes conoció, también los predestinó para que fuesen hechos conformes a la imagen de su Hijo (Romanos viii. 29). Este fue el fin para el que el Verbo Eterno descendió a la tierra, para enseñarnos, con su ejemplo, a llevar con paciencia la cruz que Dios nos envía: Cristo padeció por nosotros, escribió San Pedro, dejándoos ejemplo, para que sigáis sus pisadas- (I Pedro ii. 21}. De modo que Jesucristo sufrió a propósito para animarnos a sufrir. Oh Dios, qué vida la de Jesucristo, una vida de ignominia y dolor. El Profeta llama a nuestro Redentor despreciado, y el más abyecto de los hombres, un hombre de dolores- (Isaías liii. 3}. Un hombre despreciado y tratado como lo más bajo, lo más vil entre los hombres, un hombre de dolores; sí, porque la vida de Jesucristo estuvo hecha de privaciones y aflicciones.

MIÉRCOLES - CUARTA SEMANA DESPUÉS DE PASCUA

Meditación de la mañana

LA CARIDAD PRACTICADA EN LAS OBRAS

Hijitos míos, dice San Juan, no amemos de palabra ni de lengua, sino de hecho y en verdad (1 Juan iii. 18). Algunos dicen que aman sinceramente a sus prójimos, pero no se someten a molestias por el bien de ninguno de ellos. Para cumplir el precepto de la caridad no basta amar al prójimo de palabra; hay que amarlo de obra y de verdad.

I.

Algunos dicen que aman sinceramente a todos sus prójimos, pero que no se incomodan por ninguno de ellos. Hijitos míos, dice San Juan, no amemos de palabra ni de lengua, sino de hecho y de verdad. La Escritura nos dice que la limosna libra a los hombres de la muerte, los limpia del pecado y les alcanza la misericordia divina y la vida eterna. La limosna libra de la muerte, y la misma es la que purga los pecados, y hace hallar misericordia y vida eterna (Tobías xii. 9).

Dios te aliviará de la misma manera en que tú alivies a tu prójimo. Con la medida con que mides se te volverá a medir- (Mateo vii. 2). De ahí que San Juan Crisóstomo diga que el ejercicio de la caridad hacia los demás es el medio de adquirir grandes ganancias con Dios. "La limosna es, de todos los actos, el más lucrativo". Y Santa María Magdalena de Pazzi solía decir que se sentía más feliz aliviando a su prójimo que cuando estaba envuelta en la contemplación. "Porque", añadía, "cuando estoy en contemplación Dios me asiste;

pero al socorrer al prójimo yo asisto a Dios"; pues, todo acto de caridad que ejercemos hacia el prójimo, Dios lo acepta como hecho a Sí mismo. Pero, por otra parte, como dice San Juan, ¿puede decirse que ama a Dios quien no socorre a un hermano necesitado? El que tiene los bienes de este mundo, y ve a su hermano necesitado, y le cierra sus entrañas, ¿cómo permanece en él la caridad de Dios? - (I Juan iii. 17). Por limosna se entiende no sólo la distribución de dinero y otros bienes, sino todo socorro dado al prójimo para aliviar sus necesidades. Se cuenta de Santa Teresa que acostumbraba a realizar todos los días algún acto de caridad hacia sus hermanas de Religión, y siempre que no podía hacerlo durante el día, tenía cuidado por la noche de mostrar luz a las hermanas que pudieran estar pasando a oscuras ante su celda. Los Santos estaban llenos de caridad y compasión hacia todos los que requerían su ayuda. Los justos son misericordiosos y muestran misericordia- (Proverbios xiii. 13).

II.

El ejercicio de una caridad especial hacia los enfermos es también muy agradable a Dios. Servirles tiene mucho más mérito que servir a los que gozan de salud. Los enfermos tienen mayor necesidad de asistencia que los que están sanos. Están afligidos por el dolor, la melancolía y el miedo a la muerte, y a veces incluso son abandonados por todos. Oh, ¡cuán agradable es a Dios esforzarse por consolarlos en sus aflicciones! Santa María Magdalena de Pazzi asistía y servía a los enfermos y deseaba vivir en algún hospital para estar siempre empleada en un oficio tan grato a Dios. "Si quieres saber", solía decir el padre Antonio Torres, "si el Espíritu de Dios reina en una comunidad, pregunta cómo se trata a los enfermos". Todos los que tienden a la perfección practican la caridad con los enfermos. Cuida, pues, de aliviar a los enfermos con limosnas, o con pequeños presentes, y de servirles lo mejor que puedas, procurando al menos consolarles con tus palabras, con exhortaciones a practicar la resignación a la voluntad de Dios, y a ofrecerle todos sus sufrimientos. No esperes agradecimientos, sino soporta sus quejas, impaciencias y groserías. El Señor mismo recompensará vuestra caridad. Se cuenta en las Crónicas de las Teresianas que Sor Isabel de los Ángeles fue vista ascendiendo al Cielo inmediatamente después de la muerte y llevada por los Ángeles en medio de grandes esplendores. Dijo a una Religiosa a quien se le apareció después, que Dios le había concedido esa gloria por su caridad para con los enfermos.

Meditación espiritual
¡SALVE, REGINA, MATER MISERICORDIAE! ¡SALVE, SANTA REINA, MADRE DE MISERICORDIA!

XVI.-MARIA ES LA MADRE DE LOS PECADORES PENITENTES.

En el Segundo Libro de los Reyes-(2 Reyes xiv. 5), leemos que una mujer sabia de Tecua se dirigió así al rey David: Señor mío, tuve dos hijos, y para mi desgracia uno mató al otro; de modo que ahora he perdido a uno y la justicia exige al otro, el único que me queda; ten compasión de una pobre madre y no permitas que me vea así privada de ambos. David, movido a compasión hacia la madre, declaró que el delincuente debía ser puesto en libertad y restituido a ella. María parece decir lo mismo cuando Dios se indigna contra un pecador, que se ha encomendado a ella. "Dios mío -dice-, yo tuve dos hijos, Jesús y el hombre; el hombre quitó la vida a mi Jesús en la Cruz, y ahora Tu justicia quiere condenar al culpable. Oh Señor, mi Jesús ya está muerto, ten piedad de mí, y si he perdido a uno, no me hagas perder también al otro."

Ciertamente Dios no condenará a los pecadores que recurran a María y por los que ella ruegue, puesto que Él mismo se los encomendó como hijos suyos. El devoto Lanspergio supone que nuestro Señor habló en los siguientes términos: "Yo recomendé a todos, pero especialmente a los pecadores a María, como hijos suyos, y por eso es ella tan diligente y tan cuidadosa en el ejercicio de su oficio que no permite que perezca ninguno de los encomendados a su cargo, y especialmente los que la invocan, sino que, en cuanto puede, los trae a todos a Mí." "¿Y quién podrá decir", dice el devoto Blosius, "la bondad, la misericordia, la compasión, el amor, la benignidad, la clemencia, la fidelidad, la benevolencia, la caridad, de esta Virgen Madre para con los hombres? Es tal que no hay palabras para expresarlo".

"Arrojémonos, pues", dice San Bernardo, "a los pies de esta buena Madre, y, abrazados a ellos, no nos alejemos hasta que ella nos bendiga, y así nos acepte por hijos suyos." ¿Y quién puede dudar de la compasión de esta Madre? San Buenaventura solía decir: "Aunque me quitara la vida, seguiría esperando en Ella; y, lleno de confianza, desearía morir ante su imagen y estar seguro de la salvación". Y así debe dirigirse cada pecador cuando recurre a esta Madre compasiva; debe decir: "Señora y Madre mía, a causa de mis pecados merezco que me rechaces, e incluso que tú misma me castigues según mis merecimientos; pero si me rechazaras, o incluso me quitaras la vida" seguiré confiando en ti, y esperando con firme esperanza que me salvarás. En ti está toda mi confianza; sólo concédeme el consuelo de morir ante tu imagen, encomendándome a tu misericordia, entonces estoy convencido de que no me perderé, sino que iré a alabarte al cielo en compañía de tantos siervos tuyos que dejaron este mundo pidiéndote ayuda, y todos se han salvado por tu poderosa intercesión."

Meditación vespertina
LA PRÁCTICA DEL AMOR DE JESUCRISTO
XXII-" LA CARIDAD ES PACIENTE"-EL ALMA QUE AMA A JESUCRISTO AMA SUFRIR.

I.

Ahora bien, de la misma manera que Dios ha tratado a su Hijo amado, así trata a todo aquel a quien ama y a quien recibe por hijo: Porque el Señor al que ama castiga, y azota a todo el que recibe por hijo- (Hebreos xii. 6). Por eso dijo un día a Santa Teresa: "Sabed que las almas más queridas de mi Padre son las que se afligen con mayores sufrimientos". De ahí que la Santa dijera de todas sus penas que no las cambiaría por todos los tesoros del mundo. Se apareció después de su muerte a un alma, y le reveló que gozaba de una inmensa recompensa en el Cielo, no tanto por sus buenas obras cuanto por los sufrimientos que alegremente soportaba en esta vida por amor de Dios; y que si pudiera albergar el deseo de volver a la tierra, la única razón sería para poder sufrir más por Dios.

II.

El que ama a Dios en el sufrimiento gana doble recompensa en el Paraíso. San Vicente de Paúl decía que era una gran desgracia no sufrir en esta vida. Y añadía que una Congregación o un individuo que no sufre, y es aplaudido por todo el mundo, no está lejos de una caída. Por esta razón, San Francisco de Asís, el día que no había sufrido nada por Dios, tuvo miedo de que Dios se hubiera olvidado de él. San Juan Crisóstomo dice que cuando Dios dota a un hombre con la gracia del sufrimiento, le concede una gracia mayor que la de resucitar a los muertos; porque al hacer milagros el hombre sigue siendo deudor de Dios, mientras que al sufrir, Dios se hace deudor del hombre. Y añade que quien soporta algo por Dios, aunque no tuviera otro don que la fuerza de sufrir por el Dios a quien ama, obtendría para sí una inmensa recompensa, por lo que afirmó que consideraba que San Pablo había recibido una gracia mayor al ser encadenado por Jesucristo que al ser arrebatado al Tercer Cielo en éxtasis.

JUEVES - CUARTA SEMANA DESPUÉS DE PASCUA

Meditación de la mañana

LA CARIDAD HACIA EL ALMA DEL PRÓJIMO

El que hace que un pecador se convierta del error de su camino, salvará su alma de la muerte y cubrirá multitud de pecados- (Santiago v. 20). ¿No sería crueldad en quien viera a un ciego caminando por un precipicio y no lo amonestara de su peligro y así lo rescatara de la muerte temporal? Pero sería aún mayor crueldad descuidar, cuando se puede, librar a un prójimo de la muerte eterna.

I.

La caridad más perfecta consiste en el celo por el bien espiritual del prójimo. Aliviar las necesidades espirituales de un prójimo, o contribuir a su bienestar espiritual, es tan superior al ejercicio de la caridad hacia su cuerpo como la dignidad del alma trasciende la baja condición de la carne. La caridad hacia el alma se practica, en primer lugar, corrigiendo las faltas del prójimo. Santiago declara que quien haga que un pecador se convierta del error de su camino, salvará su alma de la muerte y cubrirá multitud de pecados -(Santiago v. 20). Pero, por otra parte, San Agustín dice que el que ve a un prójimo destruir su alma, cediendo a la ira contra un prójimo, o insultándolo, y descuida corregirlo, peca más gravemente por su silencio que el otro por sus insultos y contumelias. "Tú", dice el Santo, "lo ves perecer, y no te importa; tu silencio es más criminal que su lenguaje reprobatorio". No te excuses diciendo que no sabes cómo corregirle. San Juan Crisóstomo te dice que para corregir las faltas de los demás es más necesaria la caridad que la sabiduría. Haz la corrección en un momento razonable, con caridad y dulzura, y será provechosa. Si eres Superior, estás obligado por tu cargo a corregir a los que están bajo tus órdenes: si no lo eres, estás obligado por caridad a administrar la corrección tan a menudo como esperes fruto de ella. ¿No sería crueldad en quien viera a un ciego caminando por un precipicio no amonestarle de su peligro, y librarle así de la muerte temporal? Pero aún sería mayor crueldad en ti el descuidar, cuando puedas, el librar a tu prójimo de la muerte eterna. Si juzgáis prudentemente que vuestro consejo sería inútil, procurad al menos dar a conocer la falta a otra persona que pueda poner remedio. No digas: esto no es asunto mío; no me ocuparé de ello. Así hablaba Caín. Soy yo, dijo, el guardián de mi hermano" (Génesis iv. 9). Es deber de cada uno, cuando puede, salvar a su prójimo de la ruina. Y, dice el Eclesiástico, dio a cada uno de ellos mandamiento acerca de su prójimo- (Eclesiástico xvii. 12).

II.

San Felipe Neri dice que, cuando es necesario, Dios quiere que omitamos la oración mental para socorrer al prójimo, particularmente en sus necesidades espirituales. Santa Gertrudis deseaba un día entretenerse en la oración, pero había que realizar una obra de caridad, por lo que el Señor le dijo: Dime, Gertrudis, ¿pretendes que yo te sirva, o que tú me sirvas a Mí?".

"Si", dice San Gregorio, "vas a Dios, cuida de no ir solo a Él". Y San Agustín dice: "Si amas a Dios, atrae a todos al amor de Dios". Si amas a Dios, cuídate de no ir solo a amarle, sino esfuérzate por atraer a su amor a todos tus parientes y a todos aquellos con quienes te relacionas.

Aparecer devoto, mortificado, dedicado a la oración mental y a la Comunión frecuente, dar buen ejemplo a los demás, inducir a otros a hacer lo mismo, no es un acto de vanidad, sino un acto de caridad, muy agradable a Dios. Brille, pues, vuestra luz delante de los hombres, para que vean vuestras buenas obras y glorifiquen a vuestro Padre que está en los cielos (Mateo v. 16).

Esforzaos, pues, por ayudar a todos en la medida de vuestras posibilidades, con palabras, con obras y, particularmente, con oraciones. Muchos Doctores, junto con San Basilio, enseñan, que por las palabras Amén os digo, si pedís algo al Padre en mi nombre, os lo dará- (Juan xvi. 23), Jesucristo promete escuchar nuestras oraciones, no sólo por nosotros mismos, sino también por los demás, siempre que no pongan un obstáculo positivo en el camino. Por eso, en la oración común, en vuestra acción de gracias después de la Comunión y en vuestras visitas al Santísimo Sacramento, nunca debéis dejar de encomendar a Dios a todos los pobres pecadores, infieles y herejes, y a todos los que viven sin Dios.

¡Cuánto agradan a Jesucristo las oraciones de sus esposas por los pecadores! Dijo una vez a la Venerable Sor Serafina de Capri: "Ayúdame, hija mía, a salvar las almas con tus oraciones." A María Magdalena de Pazzi le dijo: "Mira, Magdalena, cómo los cristianos están en manos del demonio; si mis elegidos con sus oraciones no los libran, serán devorados". Por eso la Santa solía decir a sus Religiosas: "Hermanas mías, Dios no nos ha separado del mundo sólo por nuestro bien, sino también por el bien de los pecadores." Y en otra ocasión, decía: "Hermanas mías, tenemos que dar cuenta a Dios de tantas almas perdidas: si las hubiéramos recomendado a Dios con fervor, tal vez no se condenarían." De ahí que leamos en su vida que no dejaba pasar una hora del día sin orar por los pecadores. ¡Oh, cuántas almas se convierten a veces, no tanto por los sermones de los sacerdotes como por las oraciones de los religiosos! Una vez se reveló a un predicador que el fruto que producía no era efecto de sus sermones, sino de las oraciones de un hermano laico que le asistía en el púlpito. Tened también cuidado de orar por los sacerdotes, para que trabajen con verdadero celo por la salvación de las almas.

Lectura espiritual

¡VITA, DULCEDO! ¡SALVE, VIDA NUESTRA, DULZURA NUESTRA!

XVII.-MARIA ES NUESTRA VIDA, PORQUE NOS OBTIENE EL PERDÓN DE NUESTROS PECADOS.

Para comprender por qué la santa Iglesia nos hace llamar a María nuestra vida, debemos saber que, así como el alma da vida al cuerpo, así la gracia divina da vida al alma; pues un alma sin gracia tiene el nombre de estar viva, pero en realidad está muerta, como se dijo de una en el Apocalipsis.

Tienes nombre de vivo y estás muerto - (Apocalipsis iii. I). María, pues, al obtener esta gracia para los pecadores por su intercesión, les devuelve la vida. Ved cómo la Iglesia hace hablar a María, aplicándole las siguientes palabras de Proverbios: Los que por la mañana temprano velan por mí, me encontrarán- (Proverbios viii. 17). Los que con diligencia recurran a mí por la mañana, es decir, tan pronto como puedan, me encontrarán con toda seguridad. En la Septuaginta las palabras me encontrarán se traducen "hallarán gracia". Por tanto, recurrir a María es lo mismo que encontrar la gracia de Dios. Un poco más adelante dice: "El que me encuentre, encontrará la vida y tendrá la salvación del Señor" (Proverbios viii. 35). "Escuchad", exclama San Buenaventura sobre estas palabras, "escuchad todos los que deseáis el reino de Dios: honrad a la Santísima Virgen María, y hallaréis la vida y la salvación eterna."

San Bernardino de Siena dice que si Dios no: destruyó al hombre después de su primer pecado, fue a causa de su singular amor por esta santa Virgen, que estaba destinada a nacer de esta raza. Y añade el Santo que él "no tiene duda sino que todas las misericordias concedidas por Dios bajo la antigua dispensación fueron concedidas sólo en consideración a esta Santísima Señora."

De ahí que San Bernardo tuviera razón al exhortarnos "a buscar la gracia, y a buscarla por María"; es decir, que si hemos tenido la desgracia de perder la gracia de Dios, debemos procurar recuperarla, pero debemos hacerlo por medio de María; porque, aunque nosotros la hayamos perdido, ella la ha encontrado; y de ahí que el Santo la llame "la halladora de la gracia". El ángel Gabriel lo declaró expresamente para nuestro consuelo cuando saludó a la Santísima Virgen diciendo: No temas, María, has hallado la gracia (Lucas i. 30). Pero si María nunca había sido privada de la gracia, ¿cómo podía decir el Arcángel que entonces la había encontrado? Una cosa puede ser hallada por una persona que antes no la poseía; pero el mismo Arcángel nos dice que la Santísima Virgen estaba siempre con Dios, siempre en gracia, más aún, llena de gracia. Dios te salve, llena eres de gracia, el Señor es contigo -(Lucas i. 28). Puesto que María, entonces, no encontró la gracia para sí misma, estando siempre llena de ella, ¿para quién la encontró? El cardenal Hugo, en su comentario al texto anterior, responde que la encontró para los pecadores que la habían perdido. "Que los pecadores, pues", dice este devoto escritor, "que por sus crímenes han perdido la gracia, se dirijan a la Santísima Virgen, porque con ella seguramente la encontrarán; que la saluden humildemente, y digan con confianza: "Señora, lo que se ha encontrado debe ser devuelto a quien lo ha perdido; devuélvenos, pues, nuestra propiedad que tú has encontrado." Sobre este tema, Ricardo de San Lorenzo concluye, "que si esperamos recuperar la gracia de Dios debemos acudir a María, que la ha encontrado, y la encuentra siempre." Y como ella siempre fue y siempre será querida por Dios, si recurrimos a ella ciertamente lo conseguiremos.

Meditación vespertina

LA PRÁCTICA DEL AMOR A JESUCRISTO

XXIII. LA CARIDAD ES PACIENTE"-EL ALMA QUE AMA A JESUCRISTO AMA SUFRIR

I.

Pero la paciencia tiene una obra perfecta-(Santiago i. 4}. El sentido de esto es que nada es más agradable a Dios que ver a un alma sufrir con paciencia todas las cruces que Él le envía. El efecto del amor es asemejar al amante a la persona amada. San Francisco de Sales dijo: "Todas las Llagas de Cristo son otras tantas bocas que nos predican que debemos sufrir por Él. La ciencia de los Santos es sufrir constantemente por Jesús; y de esta manera pronto nos convertiremos en Santos." Una persona que ama a Jesucristo está ansiosa de ser tratada como Jesucristo, -pobre, perseguida y despreciada. San Juan contempló a todos los Santos vestidos de blanco y con palmas en las manos: Vestidos de blanco y con palmas en las manos- (Apocalipsis vii. 9). La palma es el símbolo de los mártires y, sin embargo, no todos los santos sufrieron martirio; ¿por qué, entonces, todos los santos llevan palmas en las manos? San Gregorio responde que todos los Santos han sido Mártires o de la espada o de la paciencia; de modo que, añade, "podemos ser Mártires sin la espada si conservamos la paciencia."

II.

El mérito de un alma que ama a Jesucristo consiste en amar y en sufrir. Oíd lo que dijo Nuestro Señor a Santa Teresa: "¿Piensas, hija mía, que el mérito consiste en gozar? No; consiste en sufrir y en amar. Mira mi vida, toda amargada de aflicciones. Ten la seguridad, hija Mía, de que cuanto más ama Mi Padre a alguien, más sufrimientos le envía; son la norma de Su amor. Mira Mis Llagas; tus tormentos nunca llegarán tan lejos. Es insensato suponer que Mi Padre favorece con Su amistad a los que son extraños al sufrimiento." Y, para nuestro consuelo, Santa Teresa hace esta observación: "Dios nunca manda una prueba, sino que inmediatamente la recompensa con algún favor". Un día se apareció Jesucristo a la Beata Baptista Varani y le habló de tres favores especiales que acostumbra conceder a las almas queridas: el primero, no pecar; el segundo, que es mayor, hacer buenas obras; el tercero, y el mayor de todos, sufrir por su amor. Por lo que decía Santa Teresa, siempre que alguien hace algo por Dios, el Todopoderoso se lo paga con alguna prueba. Y por eso, los Santos, al recibir tribulaciones, daban gracias a Dios por ellas. San Luis de Francia, refiriéndose a su cautiverio entre los turcos, dijo: "Me regocijo y doy gracias a Dios más por la paciencia que me concedió en el tiempo de mi prisión que si me hubiera hecho dueño del Universo". Y cuando Santa Isabel, princesa de Turingia, después de la muerte de su esposo, fue desterrada con su hijo del reino y se encontró desamparada y abandonada por todos, se fue a un convento de franciscanos y allí hizo cantar el Te Deum en acción de gracias a Dios por el señaladísimo favor de haberle permitido sufrir por su amor.

Viernes - Cuarta Semana Después de Pascua

Meditación matutina

LA MUERTE DE JESUCRISTO NUESTRA ESPERANZA

¿De qué tienes miedo, pecador? ¿Cómo te condenará a ti, penitente, el que muere para que tú no seas condenado? He aquí que Él dice: Te tengo grabado en mis manos. Te tengo grabado en Mis manos en estas Llagas que he sufrido por ti, Ámame y ten confianza.

I.

Oh, cuán grande es la esperanza de salvación que nos imparte la muerte de Jesucristo: ¿Quién es el que condenará? Cristo Jesús muerto, que también intercede por nosotros (Rom. viii. 34). ¿Quién es, pregunta el Apóstol, el que tiene que condenarnos? Es el mismo Redentor que, para no condenarnos a la muerte eterna, se condenó a sí mismo a una muerte cruel en la cruz. De ahí que Santo Tomás de Villanueva nos anime diciendo: ¿Qué temes, pecador, si estás dispuesto a dejar tu pecado? ¿Cómo habría de condenarte aquel Señor que murió para no condenarte? ¿Cómo habría de alejarte cuando vuelves a sus pies, Aquel que vino del Cielo a buscarte cuando huías de Él? "¿De qué tienes miedo, pecador? ¿Cómo te condenará penitente, Quien muere para que tú no seas condenado? ¿Cómo te desechará volviendo, Quien vino del Cielo buscándote?". Pero mayor aún es el aliento que nos da este mismo Salvador nuestro cuando, hablando por Isaías, dice: He aquí que te he esculpido en mis manos; tus muros están siempre delante de mis ojos-(Isaías xlix. 16). No desconfíes, oveja mía; mira cuánto me has costado. Te tengo grabada en Mis manos en estas Llagas que he sufrido por ti; éstas me recuerdan siempre que debo ayudarte y defenderte de tus enemigos: ámame y ten confianza.

Sí, Jesús mío, te amo y confío en Ti. Rescatarme, sí, te ha costado caro; salvarme no te costará nada. Tu voluntad es que todos se salven y que ninguno perezca. Si mis pecados me causan temor, tu bondad me tranquiliza, más deseoso como estás de hacerme el bien que yo de recibirlo. Ah, mi amado Redentor, te diré con Job: Aunque me mates, esperaré en Ti, y Tú serás mi Salvador (Job xiii). Aunque me alejaras de tu presencia. Oh amor mío, no dejaré de esperar en Ti, que eres mi Salvador. Demasiado me animan estas Llagas Tuyas y esta Sangre a esperar todo bien de Tu misericordia. Te amo, oh querido Jesús; Te amo y confío en Ti.

II.

El glorioso San Bernardo se vio un día enfermo ante el tribunal de Dios, donde el demonio le acusaba de sus pecados y le decía que no merecía el Paraíso: "Es verdad que no merezco el Paraíso -respondió el Santo-, pero Jesús tiene un doble título a este reino: en primer lugar, por ser Hijo de Dios por naturaleza; en segundo lugar, por haberlo comprado con su muerte. Él se contenta con lo primero, y lo segundo me lo cede a mí; y por eso pido y espero el Paraíso." También nosotros podemos decir lo mismo; pues San Pablo nos dice que la voluntad de Jesucristo de morir, consumido por los sufrimientos, tuvo por fin la obtención del Paraíso para todos los pecadores arrepentidos y resueltos a enmendarse. Y de ahí que el Apóstol subjunte: Corramos... a la lucha que se nos propone, puestos los ojos en Jesús, el Autor y Consumador de la fe, el cual, puesto el gozo delante de sí, sufrió la cruz, menospreciando el oprobio- (Hebreos xii. 1, 2). Salgamos con valor a luchar contra nuestros enemigos, fijando los ojos en Jesucristo, que, junto con los méritos de su Pasión, nos ofrece la victoria y la corona.

Él nos ha dicho que se ha ido al Cielo para prepararnos un lugar: No se turbe vuestro corazón... Yo voy a prepararos un lugar- (Juan xiv. 1, 2). Ha dicho y dice continuamente a su Padre que, puesto que nos ha consignado a Él, desea que estemos con Él en el Paraíso: Padre, aquellos que me has dado, quiero que donde yo estoy, ellos también estén conmigo- (Juan xvii. 24). Y qué mayor misericordia podíamos esperar del Señor, dice San Anselmo, que el Padre Eterno hubiera dicho a un pecador, ya por crímenes condenado al infierno, y sin medios de librarse de sus castigos: ¿Toma a mi Hijo y ofrécelo en tu lugar? Y que el mismo Hijo haya dicho: Tómame a Mí y líbrate del infierno? Qué mayor misericordia podemos imaginar que a quien, siendo pecador, no puede redimirse, Dios Padre le diga:

Acepta a mi Hijo unigénito, y entrégalo para que sea castigado en tu lugar; y que el Hijo diga: ¿Tómame a mí y redímite a ti mismo?

Ah, Padre mío, te doy gracias por haberme dado a tu Hijo como Salvador; te ofrezco su muerte y, por sus méritos, te pido misericordia. Y siempre te doy gracias a Ti, mi Redentor, por haber dado Tu Sangre y Tu Vida para librarme de la muerte eterna. "Te rogamos, por tanto, que ayudes a tus siervos, a quienes has redimido con tu preciosa Sangre". Ayúdanos, pues, a nosotros, tus siervos rebeldes, ya que nos has redimido a tan alto precio. Oh Jesús, mi única esperanza, Tú me amas. Tú tienes poder para hacer todas las cosas; hazme un Santo. Si soy débil, dame fuerza; si estoy enfermo, a consecuencia de los pecados que he cometido, aplica a mi alma una gota de Tu Sangre y cúrame. Dame el amor a Ti y la perseverancia final, haciéndome morir en Tu gracia. Dame el Paraíso; por tus méritos te lo pido y espero obtenerlo. Te amo, Dios mío, con toda mi alma, y espero amarte siempre ¡Oh, ayuda a un miserable pecador que desea amarte sólo a Ti!

Lectura espiritual

¡VITA, DULCEDO! ¡SALVE, VIDA NUESTRA, DULZURA NUESTRA!

XVIII.-MARÍA ES NUESTRA VIDA, PORQUE NOS OBTIENE EL PERDÓN DE NUESTROS PECADOS.

María dice, en el capítulo octavo de los sagrados Cánticos, que Dios la ha puesto en el mundo para ser nuestra defensa: Yo soy un muro, y mis pechos son como una torre (Cánticos viii. 10). Y es verdaderamente hecha mediadora de paz entre los pecadores y Dios: Puesto que me he convertido en su presencia como quien encuentra la paz. Sobre estas palabras San Bernardo anima a los pecadores, diciendo: "Acude a esta Madre de Misericordia y muéstrale las llagas que tus pecados han dejado en tu alma; entonces ciertamente suplicará a su Hijo, por los pechos que le amamantaron, que te perdone todo. Y este Divino Hijo, que la ama tan tiernamente, ciertamente le concederá su petición". En este sentido es en el que la santa Iglesia, en su oración casi diaria nos pide que supliquemos al Señor que nos conceda la poderosa ayuda de la intercesión de María para levantarnos de nuestros pecados: "Concede, oh Dios misericordiosísimo, tu ayuda a nuestra debilidad, y que nosotros, que tenemos memoria de la santa Madre de Dios, podamos, con la ayuda de su intercesión, levantarnos de nuestras iniquidades." Con razón, pues, San Lorenzo Justiniano la llama "la esperanza de los malhechores", ya que sólo Ella es la que les obtiene de Dios el perdón. Con razón San Bernardo la llama "la escalera del pecador", ya que Ella, la Reina más compasiva, extendiendo su mano hacia ellos, los saca del abismo del pecado y les permite ascender hasta Dios. Con razón un antiguo escritor la llama "la única esperanza de los pecadores", pues sólo con su ayuda podemos esperar la remisión de nuestros pecados.

San Juan Crisóstomo dice también "que los pecadores reciben el perdón por la sola intercesión de María". Y por eso el Santo, en nombre de todos los pecadores, se dirige así a ella: "Dios te salve, Madre de Dios y de todos nosotros; Cielo donde Dios habita; trono, desde el cual nuestro Señor dispensa toda gracia; gloria de nuestra Iglesia, ruega asiduamente a Jesús que en el Día del Juicio encontremos misericordia por medio de ti, y recibamos la recompensa preparada por Dios para los que le aman."

Con razón, finalmente, María es llamada, en las palabras de los sagrados Cánticos, la aurora: ¿Quién es la que sale como la aurora? - (Cánticos vi. 9). Sí, dice el Papa Inocencio III, "pues así como la aurora es el fin de la noche y el principio del día, bien puede la Santísima Virgen María, que fue el fin de los vicios, ser llamada la aurora del día". Cuando comienza en un alma la devoción a María, produce el mismo efecto que produjo en el mundo el nacimiento de esta Santísima Virgen. Pone fin a la noche del pecado y conduce al alma por el camino de la virtud. Por eso dice San Germán: "Oh Madre de Dios, tu protección nunca cesa, tu intercesión es la vida y tu patrocinio nunca falta." Y en un sermón el mismo Santo dice que pronunciar el nombre de María con afecto es señal de vida en el alma, o al menos, de que la vida volverá pronto a ella.

Meditación vespertina
LA PRÁCTICA DEL AMOR A JESUCRISTO.
XXIV. LA CARIDAD ES PACIENTE"-EL ALMA QUE AMA A JESUCRISTO AMA SUFRIR

I.

Decía San José Calasancio: "Todo sufrimiento es leve para ganar el Cielo". Y ya el Apóstol había dicho lo mismo: Los sufrimientos de este tiempo no son dignos de compararse con la gloria venidera, que en nosotros se manifestará - (Romanos viii. 18). Sería una gran ganancia para nosotros soportar todos los tormentos de todos los Mártires durante toda nuestra vida para gozar un solo momento de la bienaventuranza del Paraíso. Con qué prontitud, pues, debemos abrazar nuestras cruces, cuando sabemos que los sufrimientos de esta vida transitoria nos ganarán una bienaventuranza eterna. Lo que al presente es momentáneo y leve de nuestra tribulación, nos obra sobre medida un eterno peso de gloria (2 Corintios iv. 17). San Agapito, cuando todavía era un muchacho, fue amenazado por el tirano con cubrirle la cabeza con un casco al rojo vivo, a lo que él respondió: "¿Y qué mejor fortuna podría sucederme que perder mi cabeza aquí, para coronarla después en el Cielo?". Este pensamiento hizo exclamar a San Francisco: "Busco tal necesidad de bienaventuranza, Que todos mis dolores parecen felicidad."

Pero quien desea la corona del Paraíso debe necesariamente combatir y sufrir: si sufrimos, también reinaremos-(2 Timoteo ii. 12). No podemos obtener una recompensa sin mérito; y ningún mérito se obtiene sin paciencia: No es coronado el que no se esfuerza legítimamente (2 Timoteo II, 5). Y la persona que se esfuerza con la mayor paciencia tendrá la mayor recompensa.

¡Qué cosa tan extraña! Cuando se trata de los bienes temporales de este mundo, los mundanos se esfuerzan por conseguir cuanto pueden; pero cuando se trata de los bienes de la vida eterna, dicen: "¡Basta con que tengamos un rinconcito en el Cielo!". Tal no es el lenguaje de los santos; ellos se contentan con cualquier cosa en esta vida, es más, se despojan de todos los bienes terrenales; pero en cuanto a los bienes eternos, se esfuerzan por obtenerlos en la mayor medida posible. Yo preguntaría: ¿cuál de los dos actúa con más sabiduría y prudencia?

II.

Pero incluso con respecto a la vida presente es cierto que quien sufre con más paciencia goza de la mayor paz. Decía San Felipe Neri que en este mundo no hay Purgatorio; o todo es Paraíso o todo es infierno: el que soporta pacientemente las tribulaciones goza de un Paraíso; el que no lo hace sufre un infierno. Sí, pues, como escribe Santa Teresa, quien abraza las cruces que Dios le envía no las siente. San Francisco de Sales, encontrándose en una ocasión acosado por todas partes con tribulaciones, dijo: "Desde hace algún tiempo las severas oposiciones y secretas contrariedades que me han sobrevenido me proporcionan una paz tan dulce que nada puede igualarla; y me dan tal seguridad de que mi alma estará dentro de poco firmemente unida a Dios, que puedo decir con toda verdad que son la única ambición, el único deseo de mi corazón." Y, en efecto, la paz nunca puede encontrarla quien lleva una vida irregular, sino sólo quien vive en unión con Dios y con su bendita voluntad. Cierto misionero de una Orden Religiosa, estando un día en las Indias, presenció la ejecución de un condenado a muerte, que ya estaba en el patíbulo; el criminal llamó al misionero y le dijo: "Usted debe saber, Padre, que una vez fui miembro de su Orden. Mientras observé las reglas llevé una vida muy feliz; pero cuando, después, empecé a relajarme en la estricta observancia de las mismas, inmediatamente experimenté dolor en todo; tanto que abandoné la vida religiosa y me entregué al vicio, lo que finalmente me ha reducido al melancólico paso en el que actualmente me contempláis." Y para concluir dijo: "Os digo esto para que mi ejemplo sirva de advertencia a los demás." El venerable

Padre Lewis da Ponte dijo: "Tomad las cosas dulces de esta vida por amargas, y las amargas por dulces; y así estaréis en el constante goce de la paz. Sí, porque aunque las dulces son agradables al sentido, invariablemente dejan tras de sí la amargura del remordimiento de conciencia, a causa de la imperfecta satisfacción que, en su mayor parte, proporcionan; pero las amargas, cuando se toman con paciencia de la mano de Dios, se vuelven dulces y queridas para las almas que le aman."

SÁBADO - CUARTA SEMANA DESPUÉS DE PASCUA

Meditación de la mañana

RECURRIR A MARÍA

"La Reina del Cielo es tan graciosa y liberal", dice San Andrés de Creta, "que recompensa a sus siervos con la mayor munificencia por las devociones más insignificantes." "Pero" dice San Bernardo, "sólo la perseverancia merecerá una Corona". ¡Oh, cuántos hay ahora en el infierno que se habrían salvado si sólo hubieran perseverado en las devociones que una vez practicaron en honor de María!

I.

"La Reina del Cielo es tan bondadosa y liberal", dice San Andrés de Creta, "que recompensa a sus siervos con la mayor munificencia por las devociones más insignificantes." Sin embargo, hay dos condiciones:

La primera es que, cuando le ofrezcamos nuestras devociones, nuestras almas estén libres de pecado; de lo contrario, se dirigiría a nosotros como se dirigió a un malvado soldado del que habla San Pedro Celestino. Este soldado realizaba todos los días alguna devoción en honor de la Santísima Virgen. Un día que padecía mucha hambre, se le apareció María y le ofreció unas carnes riquísimas, pero en un recipiente tan sucio, que no se atrevió a probarlas. "Yo soy la Madre de Dios", le dijo entonces la Santísima Virgen, "y he venido a saciar tu hambre". "Pero, oh Señora", respondió él, "no puedo comer de un vaso tan sucio". "¿Y cómo", replicó María, "puedes esperar que acepte tus devociones que se me ofrecen con el alma tan mancillada?". Al oír esto, el soldado se convirtió, se hizo ermitaño y vivió en un desierto durante treinta años. Al morir, la Santísima Virgen se le apareció de nuevo y se lo llevó en persona al Cielo.

Decimos que es moralmente imposible que un cliente de María se pierda; pero esto debe entenderse a condición de que viva sin pecado o, al menos, con el deseo de abandonarlo; pues entonces la Santísima Virgen le ayudará. Pero si alguien, por el contrario, pecara con la esperanza de que María lo salve, con ello se haría indigno e incapaz de su protección.

Ah, Reina mía, continúa protegiéndome del infierno; pues ¿de qué me servirán tu misericordia y los favores que me has dispensado si me pierdo? Si no amé siempre, ahora al menos después de Dios, te amo sobre todas las cosas. No permitas nunca que te dé la espalda ni a ti ni a Dios, que por tu intercesión me ha concedido tantas gracias. Ámame, oh María, esperanza mía; sálvame del infierno. Pero sálvame primero del pecado, que es el único que puede condenarme a él.

II.

La segunda condición es la perseverancia en la devoción a María: "Sólo la perseverancia", dice San Bernardo, "merecerá una corona". Cuando Tomás de Kempis era joven, solía recurrir todos los días a la Santísima Virgen con ciertas oraciones; un día las omitió; luego las omitió durante algunas semanas, y finalmente las abandonó del todo. Una noche vio a María en sueños: ella abrazaba a todos sus compañeros, pero cuando llegó su turno, le dijo: "¿Qué esperas, tú que has abandonado tus devociones? Vete, eres indigno de mis caricias". Al oír esto, Tomás se despertó alarmado y reanudó sus oraciones ordinarias. De ahí que Ricardo de San Lorenzo diga con razón que quien persevera en su devoción a María será bendecido en su confianza y obtendrá todo lo que desea. Pero como nadie puede estar seguro de esta perseverancia, nadie antes de la muerte puede estar seguro de la salvación. El consejo dado por San Juan Berchmans, de la Compañía de Jesús, merece nuestra particular atención. Cuando este santo joven agonizaba, sus compañeros le rogaron que, antes de dejar este mundo, les dijera qué devoción podían realizar que fuera más agradable a la Santísima Virgen. Él respondió con las siguientes notables palabras: Cualquier devoción, por pequeña que sea, con tal que sea constante. ¡Oh, cuántos hay ahora en el infierno que se habrían salvado si sólo hubieran perseverado en las devociones que en otro tiempo practicaron en honor de María!

Oh Madre mía, en ti he puesto todas mis esperanzas; de ti espero toda gracia. ¡Ay, miserable de mí! Hasta ahora he caído por no haber recurrido a ti. Ahora espero que, por los méritos de Jesucristo y tus oraciones, he obtenido el perdón. Pero puedo volver a perder la gracia divina; el peligro no ha pasado; mis enemigos no duermen. Sé que me ayudarás, y que con tu ayuda venceré si me encomiendo a ti; pero esto es lo que temo, que en tiempo de peligro me descuide de invocarte y así me pierda. Te pido, pues, esta gracia, para que en los asaltos del infierno pueda recurrir siempre a ti diciendo: ¡Oh María, ayúdame! Madre mía, no permitas que pierda a mi Dios.

Lectura espiritual

¡VITA, DULCEDO! ¡SALVE. VIDA NUESTRA, DULZURA NUESTRA!

XIX.-MARÍA ES NUESTRA VIDA, PORQUE NOS OBTIENE EL PERDÓN DE NUESTROS PECADOS

Leemos en el Evangelio de San Lucas que María dijo: He aquí que desde ahora me llamarán bienaventurada todas las generaciones (Lucas i. 48). "Sí, Señora mía", exclama San Bernardo, "todas las generaciones te llamarán bienaventurada, porque has engendrado vida y gloria para todas las generaciones de los hombres". Por eso todos los hombres te llamarán bienaventurada, porque todos tus siervos obtienen por ti la vida de la gracia y la gloria eterna. "En ti encuentran los pecadores el perdón, y los justos la perseverancia y la vida eterna". "No desconfíes, oh pecador", dice el devoto Bernardino de Bustis, "aunque hayas cometido todos los pecados posibles: acude con confianza a esta gloriosísima Señora, y encontrarás sus manos llenas de misericordia y bondad". "Porque, añade, "ella desea más hacerte bien que tú puedas desear recibir favores de ella".

San Andrés de Creta llama a María prenda de la misericordia divina; queriendo decir que cuando los pecadores recurren a María para reconciliarse con Dios, Él les asegura el perdón y les da prenda de él; y esta prenda es María, a quien nos ha concedido por abogada, y por cuyas oraciones, en virtud de los méritos de Jesucristo, Dios perdona a todos los que recurren a ella. Santa Brígida oyó decir a un Ángel que los santos Profetas se regocijaron al saber que Dios, por la humildad y pureza de María, iba a reconciliarse con los pecadores y a recibir en su favor a los que le habían ofendido. "Se regocijaron, presintiendo que nuestro Señor mismo se apaciguaría por tu humildad y la pureza de tu vida, oh María, estrella superexultante, y que se reconciliaría con los que habían provocado su ira".

Ningún pecador, recurriendo a la compasión de María, debe temer ser rechazado; porque ella es la Madre de Misericordia y como tal desea salvar a los más miserables. María es esa arca feliz, dice San Bernardo, "en la que los que se refugian nunca sufrirán el naufragio de la perdición eterna." En la época del diluvio incluso los brutos se salvaron en el Arca de Noé. Bajo el manto de María incluso los pecadores obtienen la salvación.

Santa Gertrudis vio una vez a María con su manto extendido y bajo él se habían refugiado muchas fieras: leones, osos y tigres. Y observó que María no sólo no los rechazaba, sino que incluso los acogía y acariciaba con la mayor ternura. La Santa comprendió así que los pecadores más abandonados que recurren a María no sólo no son rechazados, sino que son acogidos y salvados por Ella de la muerte eterna. Entremos, pues, en esta arca, refugiémonos bajo el manto de María, y Ella, ciertamente, no nos rechazará, sino que nos asegurará la salvación.

Meditación vespertina

LA PRÁCTICA DEL AMOR A JESUCRISTO

XXV. LA CARIDAD ES PACIENTE"-EL ALMA QUE AMA A JESUCRISTO AMA SUFRIR

I.

Convenzámonos de que en este valle de lágrimas no puede hallar la verdadera paz del corazón sino quien soporta y abraza amorosamente los sufrimientos para agradar a Dios Todopoderoso: ésta es la consecuencia de aquella corrupción en que todos están colocados por la infección del pecado. La condición de los santos en la tierra es sufrir y amar; la condición de los santos en el cielo es gozar y amar. El Padre Pablo Segneri el Joven, en una carta que escribió a una de sus penitentes para animarla a sufrir, le aconsejó que tuviera inscritas estas palabras al pie de su Crucifijo: Así se ama. No es simplemente sufriendo, sino deseando sufrir por amor a Jesucristo, como el alma da las señales más seguras de amarle realmente. ¿Y qué mayor adquisición, decía Santa Teresa, podemos hacer que tener alguna señal de gratificar a Dios Todopoderoso? Por desgracia, la mayoría de los hombres se alarman ante la sola mención de las cruces, de las humillaciones y de las aflicciones. Sin embargo, hay muchas almas que encuentran todo su deleite en el sufrimiento, y que estarían bastante desconsoladas si pasaran su tiempo en esta tierra sin sufrir. La visión de Jesús crucificado, decía una persona devota, me hace tan hermosa la cruz, que me parece que nunca podría ser feliz sin el sufrimiento; el amor de Jesucristo me basta en todas las circunstancias. Jesús aconseja a todo el que quiera seguirle que tome y cargue con su cruz: Que tome su cruz y me siga- (Lucas ix. 23). Pero debemos tomarla y llevarla, no por obligación y contra nuestra voluntad, sino con humildad, paciencia y amor.

II.

Oh, ¡cuán agradable es a Dios el que humilde y pacientemente abraza las cruces que le envía! San Ignacio de Loyola decía: "No hay madera tan apta para encender y mantener el amor hacia Dios como la madera de la cruz"; es decir, para amarle en medio de los sufrimientos. Un día Santa Gertrudis preguntó a Nuestro Señor qué podía ofrecerle de más acepto, y Él le respondió: "Hija mía, nada puedes hacer más grato para Mí que someterte pacientemente a todas las tribulaciones que te sobrevengan". Por lo cual la gran sierva de Dios Sor Victoria Angelini afirmaba que un día de crucifixión valía por cien años de todos los demás ejercicios espirituales. Y el Beato Juan de Ávila dijo: "Una ¡Bendito sea Dios! en el mal éxito vale más que mil acciones de gracias en la prosperidad". ¡Ay, qué poco saben los hombres del inestimable valor de la aflicción soportada por Dios! La Beata Ángela de Foligno decía que "si conociéramos el justo valor del sufrimiento por Dios, se convertiría en objeto de saqueo"; lo que es tanto como decir que cada uno buscaría la ocasión de robar al prójimo las ocasiones de sufrir. Por esta razón, Santa María Magdalena de Pazzi, muy consciente como era del mérito de los sufrimientos, suspiró por ver prolongada su vida antes que morir e ir al Cielo, "porque -dijo- en el Cielo no se puede sufrir más."

Cuarto domingo después de Pascua

Meditación de la mañana

"NO TE ENOJES" (Epístola del domingo. Santiago i. 17, 21).

San Jerónimo dice que la ira es la puerta por la que entran en el alma todos los vicios. Imploremos a Dios que nos preserve de ceder a cualquier pasión fuerte, y particularmente a la ira. Porque el que se somete a tal pasión se expone a gran peligro de caer en pecado grave contra Dios o contra el prójimo. Miremos a Jesús Crucificado y no nos atreveremos a quejarnos.

I.

San Jerónimo dice que la ira es la puerta por la que entran en el alma todos los vicios. Según San Buenaventura, un hombre airado es incapaz de distinguir entre lo que está bien y lo que está mal. La ira del hombre no obra la justicia de Dios-(Santiago i. 20). El que se somete a tal pasión se expone a un gran peligro de caer en pecado grave contra Dios, o contra su prójimo. Así, cuando recibimos un insulto, debemos hacernos violencia a nosotros mismos y refrenar nuestra ira. Respondamos con mansedumbre o callemos; y así, como dice San Isidoro, venceremos. Pero, si respondéis con pasión, os haréis daño a vosotros mismos y a los demás. Peor aún sería dar una respuesta airada a quien os corrige. San Bernardo dice que algunos no se enojan aunque deberían indignarse con quienes hieren sus almas con halagos; pero se llenan de indignación contra la persona que los corrige para sanar sus irregularidades. Contra el hombre que aborrece la corrección se ha pronunciado, según el Sabio, la sentencia de perdición. Porque han despreciado todas mis represiones . . la prosperidad de los necios los destruirá-(Proverbios i. 30, 32). Los necios consideran como prosperidad estar libres de corrección, o despreciar las amonestaciones que reciben; pero tal prosperidad es la causa de su ruina. Cuando te encuentres con una ocasión de ira, debes estar en guardia para no permitir que la ira entre en tu corazón. No te enojes pronto- (Eclesiastés vii. 10). Algunas personas cambian de color y se apasionan ante cualquier contradicción; y cuando la cólera ha entrado, nadie sabe a qué les conducirá. Por eso es necesario prever estas ocasiones en nuestras meditaciones y oraciones; porque, a menos que estemos preparados para ellas, será tan difícil refrenar la ira como poner la brida a un caballo desbocado. Sin embargo, si tenemos la gran desgracia de permitir que la ira entre en el alma, tengamos cuidado de no permitir que permanezca. Jesucristo dice a todos los que recuerdan que un hermano está ofendido con ellos que no ofrezcan la ofrenda que llevan al altar sin haberse reconciliado antes con su prójimo. Ve primero a reconciliarte con tu hermano, y luego que vengas ofrecerás tu ofrenda- (Mateo v. 24). Y el que ha recibido alguna ofensa debe esforzarse por desarraigar de su corazón no sólo toda ira, sino también todo sentimiento de amargura hacia las personas que le han ofendido. Toda amargura, dice San Pablo, y toda ira e indignación... sean alejadas de vosotros- (Efesios iv. 31). Mientras dure la ira, sigue el consejo de Séneca: "Cuando estés enojado no hagas nada, no digas nada que pueda ser dictado por la ira". Como David, guarda silencio y no hables cuando te sientas turbado. Me turbé, y no hablé- (Salmo lxxvi. 5). Cuántos, cuando se inflaman de ira, dicen y hacen lo que después lamentan en sus momentos más tranquilos.

II.

Es necesario, por supuesto, recordar que no es posible para la debilidad humana, en medio de tantas ocasiones, estar completamente libre de toda moción de ira. Nadie, como dice Séneca, puede estar enteramente exento de esta pasión. Todos nuestros esfuerzos deben dirigirse a moderar los sentimientos de ira que brotan en el alma. ¿Cómo moderarlos? Mediante la mansedumbre. Ésta se llama la virtud del cordero, es decir, la virtud amada de Jesucristo. Porque como un cordero, sin ira ni siquiera queja, soportó los dolores de su Pasión y Crucifixión. Como oveja será llevado al matadero, y como cordero enmudecerá ante su trasquilador, y no abrirá la boca- (Isaías liii. 7). Por eso nos enseñó a aprender de Él la mansedumbre y la humildad de corazón. Aprended de mí, que soy manso y humilde de corazón- (Mateo xi. 29).

¡Oh, qué agradables a los ojos de Dios son los mansos, que se someten en paz a todas las cruces, desgracias, persecuciones e injurias! A los mansos se les promete el Reino de los Cielos. Bienaventurados los mansos, porque ellos poseerán la tierra- (Mateo v. 4). A ellos se les llama hijos de Dios. Bienaventurados los pacificadores, porque ellos serán llamados hijos de Dios - (Mateo v. 9). Algunos se jactan de su mansedumbre, pero sin fundamento, pues sólo son mansos con los que los alaban y les conceden favores, pero con los que los injurian o censuran son todo furia y venganza. La virtud de la mansedumbre consiste en ser mansos y pacíficos con los que nos odian y maltratan. Con los que odiaban la paz yo era pacífico- (Salmo cxix. 6).

Debemos, como dice San Pablo, revestirnos de entrañas de misericordia para con todos los hombres, y soportarnos unos a otros. Revestíos de entrañas de misericordia, humildad, modestia, paciencia, soportándoos unos a otros, y perdonándoos unos a otros, si alguno tuviere queja contra otro..." (Colosenses iii. 12). - Colosenses iii. 12). Si quieres que los demás soporten tus defectos y perdonen tus faltas, debes actuar de la misma manera con ellos. Así pues, cuando recibas un insulto de una persona enfurecida contra ti, recuerda que una respuesta suave quiebra la ira (Proverbios xv. I). Cierto monje pasó una vez por un maizal: el dueño del campo salió corriendo y le habló en un lenguaje muy ofensivo e injurioso. El monje le respondió humildemente Hermano, tienes razón; he obrado mal; perdóname. Con esta respuesta, el labrador quedó tan apaciguado que al instante se tranquilizó, e incluso deseó seguir al monje y entrar en la Religión. Los orgullosos se sirven de las humillaciones que reciben para aumentar su orgullo; pero los humildes y los mansos convierten el desprecio y los insultos que se les ofrecen en ocasión de avanzar en la humildad. "Es humilde -dice San Bernardo- quien convierte la humillación en humildad".

"Un hombre de mansedumbre", dice San Juan Crisóstomo, "es útil a sí mismo y a los demás". Los mansos son útiles a sí mismos porque, según el padre Álvarez, el tiempo de la humillación y del desprecio es para ellos el tiempo del mérito. De ahí que Jesucristo llame dichosos a sus discípulos cuando sean injuriados y perseguidos. Bienaventurados seréis cuando os ultrajen y os persigan- (Mateo v. 11). Por eso los santos siempre han deseado ser despreciados como Jesucristo fue despreciado. Los mansos son útiles a los demás, porque, como dice el mismo San Juan Crisóstomo, no hay nada mejor calculado para atraer a los demás hacia Dios que ver a un cristiano manso y alegre cuando recibe una injuria o un insulto. La razón es que la virtud se conoce por la prueba; y, como el oro se prueba en el fuego, así la mansedumbre de los hombres se prueba por la humillación. El oro y la plata se prueban en el fuego, pero los hombres aceptables en el horno de la humillación- (Eclesiástico ii. 5).

Lectura espiritual

¡VITA, DULCEDO! ¡SALVE, VIDA NUESTRA, DULZURA NUESTRA!

XX.-MARIA ES NUESTRA VIDA, PORQUE NOS OBTIENE LA PERSEVERANCIA

La perseverancia final es un don de Dios tan grande que, como declaró el Santo Concilio de Trento, es totalmente gratuita por parte de Dios, y no podemos merecerla. Sin embargo, nos dice San Agustín que todos los que la buscan la obtienen de Dios; y, según el Padre Suárez, la obtienen infaliblemente, si tan sólo son diligentes en pedirla hasta el fin de sus vidas. Porque, como bien observa el Beato Belarmino, "¡lo que se requiere cada día hay que pedirlo cada día!". Ahora bien, si es verdad (y yo lo tengo por cierto, según la opinión ya generalmente recibida) que todas las gracias que Dios dispensa a los hombres pasan por las manos de María, será igualmente verdad que sólo por María podemos esperar esta gracia mayor: la perseverancia. Y la obtendremos con toda seguridad si la buscamos siempre con confianza a través de María. Esta gracia la promete Ella misma a todos los que la sirven fielmente durante la vida, en las siguientes palabras del Eclesiástico, y que le son aplicadas por la Iglesia en la fiesta de su Inmaculada Concepción: Los que trabajan por mí no pecarán. Los que me explican tendrán vida eterna- (Eclesiástico xxiv. 30).

Para que podamos ser preservados en la vida de la gracia, necesitamos fortaleza espiritual para resistir a los muchos enemigos de nuestra salvación. Ahora bien, esta fortaleza sólo puede obtenerse por medio de María, y así nos lo asegura el Libro de los Proverbios, pues la Iglesia aplica el pasaje a esta Santísima Virgen. Mía es la fortaleza; por mí reinan los reyes" (Proverbios viii. 14); las palabras "mía es la fortaleza" significan que Dios ha concedido este precioso don a María para que lo dispense a sus fieles clientes. Y con las palabras "Por mí reinan los reyes" quiere decir que por su medio sus siervos reinan y dominan sus sentidos y pasiones, y así se hacen dignos de reinar eternamente en el Cielo. ¡Oh, qué fuerza poseen los siervos de esta gran Señora para vencer todos los asaltos del infierno! María es la torre de la que hablan los cánticos sagrados: Tu cuello es como la torre de David, construida con baluartes; mil escudos cuelgan de ella, toda la armadura de hombres valientes- (Cántico iv. 4). Es como una fortaleza bien defendida en defensa de sus amantes que, en sus guerras, recurren a ella. En ella encuentran sus clientes todos los escudos y armas para defenderse del infierno.

Meditación vespertina

LA PRÁCTICA DEL AMOR DE JESUCRISTO

XXVI. LA CARIDAD ES PACIENTE"-EL ALMA QUE AMA A JESUCRISTO AMA SUFRIR

I.

El alma que ama a Dios no tiene otro fin que unirse enteramente a El; pero aprendamos de Santa Catalina de Génova lo que es necesario hacer para llegar a esta perfecta unión: "Para llegar a la unión con Dios son indispensables las adversidades -dice-, porque con ellas Dios se propone destruir todas nuestras propensiones corruptas por dentro y por fuera. Y de aquí que todas las injurias, desprecios, enfermedades, abandonos de parientes y amigos, confusiones, tentaciones y otras mortificaciones, todas nos son en el más alto grado necesarias para que prosigamos la lucha hasta que por repetidas victorias lleguemos a extinguir dentro de nosotros todos los movimientos viciosos, de modo que ya no se sientan; y nunca llegaremos a la unión divina hasta que las adversidades, en vez de parecernos amargas, se vuelvan todas dulces por amor de Dios."

II.

Resulta, pues, que el alma que desea sinceramente pertenecer a Dios debe estar resuelta, como escribe San Juan de la Cruz, a no buscar goces en esta vida, sino a sufrir en todas las cosas; debe abrazar con ansia todas las mortificaciones voluntarias, y con mayor ansia aún las involuntarias, por ser las más gratas a Dios Todopoderoso: "El hombre paciente es mejor que el valiente". Dios se complace en la persona que practica la mortificación con ayunos, cilicios y disciplinas, por el valor que demuestra en tales mortificaciones; pero se complace mucho más en aquellos que tienen el valor de soportar con paciencia y alegría las cruces que vienen de su propia mano divina. San Francisco de Sales dijo: "Las mortificaciones que nos vienen de la mano de Dios, o de los hombres con su permiso, son siempre más preciosas que las que son fruto de nuestra propia voluntad; porque es regla general que donde hay menos de nuestra propia elección, Dios se complace más, y nosotros mismos sacamos mayor provecho." Lo mismo enseñaba Santa Teresa: "Ganamos más en un día con las oposiciones que nos vienen de Dios o del prójimo, que con diez años de mortificaciones autoinfligidas."

LUNES - QUINTA SEMANA DESPUÉS DE PASCUA

Meditación de la mañana
"LA VOLUNTAD DE DIOS, VUESTRA SANTIFICACIÓN".

En la búsqueda de la salvación eterna debemos, como nos dice San Pablo; no descansar nunca, sino correr continuamente por el camino de la perfección para ganar el premio y conseguir una corona incorruptible. Corred, pues, para que obtengáis -(1 Corintios ix 24). Si fracasamos, la culpa será toda nuestra, pues Dios quiere que todos seamos santos y perfectos. Esta es la voluntad de Dios: vuestra santificación (I Tesalonicenses iv. 3).

I.

Esta es la voluntad de Dios: tu santificación. Como es imposible llegar a la perfección en cualquier arte o ciencia sin ardientes deseos de alcanzarla, así nadie ha llegado a ser santo sin fuertes y fervientes aspiraciones a la santidad. "Dios", observa Santa Teresa, "ordinariamente confiere Sus favores especiales sólo a aquellos que tienen sed de Su amor". Dichoso, dice el Profeta real, el hombre cuyo auxilio procede de ti: en su corazón ha dispuesto ascender por gradas en el valle de lágrimas, Irán de virtud en virtud- (Salmo lxxxiii. 6, 7, 8). Feliz el hombre que ha resuelto en su alma subir la escalera de la perfección: recibirá abundante ayuda de Dios y ascenderá de virtud en virtud. Tal ha sido la práctica de los Santos, y especialmente de San Andrés Avellino, que incluso se obligó con voto "a avanzar continuamente por el camino de la perfección cristiana." Santa Teresa solía decir que "Dios recompensa, incluso en esta vida, todo buen deseo". Fue por los buenos deseos que los Santos llegaron en poco tiempo a un grado sublime de santidad. Siendo perfeccionado en un corto espacio, cumplió un largo tiempo- (Sabiduría iv. 13). Fue así como San Luis, que vivió sólo veinticinco años, adquirió tal perfección que Santa María Magdalena de Pazzi, que lo vio en la bienaventuranza, declaró que su gloria parecía igual a la de la mayoría de los Santos. En la visión le dijo Mi eminente santidad fue el fruto de un ardiente deseo que acaricié durante mi vida de amar a Dios tanto como Él merecía ser amado: y, siendo incapaz de amarle con ese amor infinito que: Él merece, sufrí en la tierra un continuo martirio de amor, por el que ahora soy elevado a esa gloria trascendente de la que disfruto.

"Nuestros pensamientos", dice Santa Teresa, "deben aspirar a que de grandes deseos venga todo nuestro bien". En otro lugar ella dice:" No debemos rebajar nuestros deseos. pero debemos confiar en Dios que por el esfuerzo continuo nosotros, por Su gracia, llegaremos a la santidad y felicidad de los Santos." Otra vez dice: "La Divina Majestad se complace en las almas generosas y desconfiadas de sí mismas". Esta gran Santa afirmó que en toda su experiencia nunca conoció a un cristiano tímido que alcanzara tanta virtud en muchos años como ciertas almas valientes adquirieron en pocos días. La lectura de las Vidas de los Santos contribuye mucho a infundir valor en el alma.

Será particularmente útil leer las Vidas de aquellos que, después de haber sido grandes pecadores, se convirtieron en eminentes Santos, como Santa María Magdalena, San Agustín, Santa Pelagia, Santa María de Egipto, y especialmente Santa Margarita de Cortona, que fue una de las más grandes santas de Europa. Margarita de Cortona, que durante muchos años estuvo en estado de condenación, pero aun entonces abrigaba deseos de santidad; y que, después de su conversión, voló a la perfección con tal rapidez que mereció aprender por revelación, aun en esta vida, no sólo que estaba predestinada a la gloria, sino también que le estaba reservado un lugar entre los Serafines.

¡Oh Corazón divino de mi Jesús! ¡Corazón enamorado de los hombres! ¡Corazón creado para amarlos! ¿Cómo es posible que Tú hayas sido tan deshonrado y despreciado por ellos? ¡Infeliz de mí! Yo también he sido una de esas almas ingratas; yo también he vivido tantos años en el mundo y no Te he amado. Perdóname, oh Jesús mío, el crimen de no haberte amado a Ti, que eres tan amable y me has amado tanto que no podías hacer más de lo que has hecho para obligarme a amarte. En castigo de haber despreciado tanto tiempo Tu amor merecería ser condenado a ese estado miserable en el que nunca podría amarte. Pero no, Jesús mío; acepto de buen grado todo castigo, excepto la privación eterna de tu amor. Concédeme la gracia de amarte, y luego dispón de mí como te plazca.

II.

Santa Teresa dice que el demonio trata de persuadirnos de que sería soberbia en nosotros desear un alto grado de perfección, o querer imitar a los Santos. Añade que es un gran engaño considerar los fuertes deseos de santidad como hijos de la soberbia; porque no es soberbia en un alma desconfiada de sí misma y confiada sólo en el poder de Dios resolverse a caminar valerosamente por el camino de la perfección, diciendo con el Apóstol: Todo lo puedo en aquel que me fortalece- (Filipenses iv. 13). Por mí mismo no puedo hacer nada; pero con la ayuda de Dios podré hacerlo todo; y por eso resuelvo, con su gracia, desear amarle como le han amado los santos.

Es muy provechoso aspirar con frecuencia a la virtud más excelsa y desearla, como amar a Dios más que todos los Santos, sufrir por amor de Dios más que todos los Mártires, soportar y perdonar todas las injurias, abrazar toda clase de fatigas y sufrimientos por salvar una sola alma, y realizar actos semejantes de perfecta caridad. Porque estas santas aspiraciones y deseos, aunque su objeto nunca se alcance, son, en primer lugar, muy meritorios a los ojos de Dios, que se gloría de los hombres de buena voluntad, ya que abomina de un corazón perverso y de las malas inclinaciones. En segundo lugar, porque el hábito de aspirar a la santidad heroica anima y alienta al alma a realizar actos de virtud ordinaria y fácil. De ahí que sea de gran importancia proponerse por la mañana trabajar lo más posible por Dios durante el día; resolverse a soportar pacientemente todas las cruces y contradicciones; observar un recogimiento constante; y hacer actos continuos de amor a Dios. Tal era la práctica del seráfico San Francisco. "Se propuso", dice San Buenaventura, "con la gracia o Jesucristo hacer grandes cosas". Santa Teresa afirma que "el Señor se complace tanto en los buenos deseos como en su cumplimiento." Oh, ¡cuánto mejor es servir a Dios que servir al mundo! Para adquirir bienes de la tierra, para procurarse riquezas, honores y aplausos de los hombres, no basta jadearlos con ardor; no, desearlos y no conseguirlos sólo hace más penosa su ausencia. Pero para merecer las riquezas y el favor de Dios, basta desear su gracia y su amor.

Oh Jesús mío, Tú dices: Amarás al Señor tu Dios con todo tu corazón- (Mateo xxii. 37). Es, pues, tu voluntad que te ame con toda mi alma, y no deseo otra cosa que amarte con todas mis fuerzas. Oh Corazón amoroso de mi Jesús, enciende en mi alma ese fuego bendito que viniste a encender en la tierra. Destruye todos los apegos terrenales que aún viven en mi corazón y me impiden pertenecer enteramente a Ti. Oh mi amado Salvador, no rechaces el amor de un corazón que hasta ahora tanto te ha afligido. ¡Ah, ya que me has amado tanto, no me permitas vivir ni un solo instante sin tu amor! ¡Oh amor de mi

Jesús, Tú eres mi amor! Espero amarte siempre y que Tú me ames siempre, y que este amor mutuo no se disuelva jamás.

Oh María, Madre del amor hermoso, oh Tú que deseas ver a tu Hijo amado, átame y úneme a Jesús, para que yo sea enteramente Suyo, como Él desea que yo sea.

Lectura espiritual

¡VITA, DULCEDO! ¡SALVE, VIDA NUESTRA, DULZURA NUESTRA!

XXI.-MARIA ES NUESTRA VIDA, PORQUE NOS OBTIENE LA PERSEVERANCIA.

La Santísima Virgen es llamada plátano en el Eclesiástico: Como un plátano junto al agua en las calles fui exaltada (Eclesiástico xxiv. 19). El cardenal Hugo las explica y dice que "el plátano tiene hojas como escudos", para mostrar cómo María defiende a todos los que se refugian en ella. El Beato Amedeus da otra explicación y dice que esta santa Virgen se llama plátano porque, como el plátano protege a los viajeros bajo sus ramas del calor del sol y de la lluvia, así los hombres encuentran refugio bajo el manto de María del ardor de sus pasiones y de la furia de las tentaciones. En verdad, hay que compadecer a las almas que abandonan esta defensa al cesar su devoción a María y no encomendarse más a Ella en tiempo de peligro. Si el sol dejara de salir, dice San Bernardo, ¿cómo podría el mundo convertirse en otra cosa que en un caos de oscuridad y horror? Y aplicando su pregunta a María, la repite: "Quitad el sol y ¿dónde estará el día? Quitad a María y ¿qué quedará sino la noche más oscura?". Cuando un alma pierde la devoción a María, inmediatamente se ve envuelta en tinieblas, y en esas tinieblas de las que habla el Espíritu Santo en los Salmos: Tú has puesto tinieblas, y es de noche; en ella andarán todas las bestias del bosque-(Salmo ciii. 20). Cuando la luz del Cielo deja de brillar en un alma, todo son tinieblas, y se convierte en guarida de demonios y de todo pecado. San Anselmo dice que "si alguien es despreciado y condenado por María, está necesariamente perdido", y por eso podemos exclamar con razón: "¡Ay de los que se oponen a este sol!". ¡Ay de los que desprecian su luz! Es decir, todos los que desprecian la devoción a María.

San Francisco de Borja dudaba siempre de la perseverancia de aquellos en quienes no encontraba particular devoción a la Santísima Virgen. En una ocasión interrogó a algunos novicios acerca de los Santos hacia los que tenían especial devoción, y percibiendo a algunos que no la tenían hacia María, advirtió al instante al Maestro de novicios y le rogó que vigilara más atentamente a estos desafortunados jóvenes, que todos, como había temido, perdieron su vocación y renunciaron al estado religioso.

No era, pues, sin razón que San Germán llamaba a la Santísima Virgen el "aliento de los cristianos"; porque así como el cuerpo no puede vivir sin respirar, así el alma no puede vivir sin recurrir y encomendarse a María, por cuyos medios ciertamente adquirimos y conservamos la vida de la gracia divina dentro de nuestras almas. Pero citaré las propias palabras de la Santa: "Como la respiración no es sólo un signo, sino incluso una causa de vida, así el nombre de María, que se encuentra constantemente en los labios de los siervos de Dios, prueba que están verdaderamente vivos, y al mismo tiempo causa y preserva su vida y les da todo socorro."

El Beato Allan fue un día asaltado por una violenta tentación y estaba a punto de ceder, pues no se había encomendado a María, cuando se le apareció la Santísima Virgen y, para que en otra ocasión se acordara de invocar su ayuda, le dio un golpe, diciéndole: "Si te hubieras encomendado a mí no habrías corrido tanto peligro".

Mediación vespertina

LA PRÁCTICA DEL AMOR DE JESUCRISTO
XXVII.-"LA CARIDAD ES BENIGNA"-EL QUE AMA A JESUCRISTO AMA LA MANSEDUMBRE

I.

Santa María Magdalena de Pazzi hizo la generosa declaración de que no se podía encontrar en el mundo entero una aflicción tan severa que ella no soportara con gusto al pensar que venía de Dios; y, de hecho, durante los cinco años de dura prueba que sufrió la Santa, bastó para devolver la paz a su alma recordar que era por voluntad de Dios que sufría así. ¡Ah, Dios, que el tesoro infinito se compra a cualquier precio! El Padre Hipólito Durazzo solía decir: "Compra a Dios a cualquier precio; Él nunca puede ser caro".

¡Oh mi amantísimo Redentor, hazme conocer cuán grande Bien eres, y cuán grande es el amor que me has tenido para obligarme a amarte! ¡Ah, Dios mío, no permitas que siga viviendo sin acordarme de tanta bondad! Bastante te he ofendido, nunca más te dejaré; quiero emplear todo el resto de mis días en amarte y en agradarte. Jesús mío, Amor mío, préstame tu ayuda; socorre a un pecador que desea amarte y ser todo Tuyo. Oh María, esperanza mía, tu Hijo te escucha; ruégale en mi favor y obtén para mí la gracia de amarle perfectamente.

II.

Supliquemos, pues, a Dios que nos haga dignos de su amor; porque si una vez le amásemos perfectamente, todos los bienes de esta tierra no nos parecerían sino humo y suciedad, y gustaríamos las ignominias y aflicciones como delicias. Oigamos lo que San

Juan Crisóstomo dice de un alma enteramente entregada a Dios Todopoderoso: "El que ha alcanzado el perfecto amor de Dios parece estar solo en la tierra; ya no le importan ni la gloria ni la ignominia; desprecia las tentaciones y las aflicciones; pierde todo gusto y apetito por las cosas creadas. Y como nada en este mundo le proporciona apoyo o reposo, va incesantemente en busca de su Amado sin sentirse nunca cansado; de modo que cuando trabaja, cuando come, cuando está velando o durmiendo, en cada acción y en cada palabra todos sus pensamientos y deseos están fijos en encontrar a su amado, porque su corazón está donde está su tesoro."

Mi querido y amado Jesús, mi Tesoro, he merecido por mis ofensas que nunca más se me permita amarte; pero por tus méritos, te suplico, hazme digno de tu puro amor. Te amo sobre todas las cosas; y me arrepiento de todo corazón de haberte despreciado y alejado de mi alma; pero ahora te amo más que a mí mismo; te amo con todo mi corazón.

¡Oh Bien Infinito! Te amo, Te amo, Te amo, y no tengo otro deseo que el de amarte perfectamente; ni otro temor que el de verme privado de Tu amor.

MARTES - QUINTA SEMANA DESPUÉS DE PASCUA

Meditación matutina

PARA SER SANTA, EL ALMA DEBE ENTREGARSE A DIOS SIN RESERVAS.

San Jerónimo dice que Dios es celoso de nuestros corazones. Desea reinar solo en nuestros corazones y no tener allí compañeros. Hay almas llamadas por Dios a ser santas, pero que se acercan a Él con reservas, y no le dan todo su amor, sino que conservan algún afecto por las cosas terrenas, nunca llegarán a ser santas. Para ganarlo todo hay que darlo todo.

I.

San Felipe Neri decía que cuanto de nuestro amor fijamos en las criaturas se lo quitamos a Dios; y por eso, nuestro Salvador, como escribió San Jerónimo, es celoso de nuestros corazones. Como Él mismo nos ha amado tan abundantemente, desea reinar solo en nuestros corazones, y no tener allí compañeros que puedan robarle una porción de ese amor que desea tener enteramente para Él; y por lo tanto, le desagrada vernos apegados a cualquier afecto que no sea para Él. ¿Y acaso nuestro Salvador pide demasiado, después de haber dado Su propia Sangre y Vida, muriendo por nosotros en una Cruz? ¿No merece que le amemos de todo corazón y sin reservas?

San Juan de la Cruz decía que todo apego a las criaturas nos impide pertenecer enteramente a Dios. ¿Quién me dará alas de paloma, para que huya y descanse? dice el Salmista-(Salmo liv. 7). Hay almas llamadas por Dios a ser santas, pero que, acercándose a Él con reserva y no entregándole todo su amor, sino conservando algún afecto por las cosas terrenas, nunca llegarán a ser santas. Quisieran volar, pero al estar sujetas por algún apego, no pueden sino permanecer fijas en la tierra. Debemos, pues, despojarnos de todo. Todo hilo, dice el mismo San Juan, sea grande o pequeño, impide al alma volar hacia Dios.

Santa Gertrudis rogó una vez al Señor que le enseñara lo que quería que hiciera. El Señor respondió: Nada deseo de ti, sino un corazón devoto. Y esto fue lo que David pidió a Dios: Crea en mí, oh Dios, un corazón limpio. -(Salmo. 1, 12). Oh Dios mío, dame un corazón puro; un corazón vaciado y despojado de todo afecto terrenal.

"Todo por todo", escribió Tomás de Kempis. Para ganarlo todo, debemos darlo todo. Para poseer a Dios debemos dejar todo lo que no es Dios. Entonces el alma puede decir al Señor: "Jesús mío, lo he dejado todo por Ti; ahora entrégate enteramente a mí". Para conseguirlo no debemos dejar de suplicar a Dios que nos llene de su santo amor. El amor es ese fuego poderoso que quema en nuestros corazones todo afecto que no sea para Dios.

¡Oh Jesús mío, mi Amor, mi Todo! ¿Cómo puedo verte morir en una cruz vergonzosa, despreciado por todos y consumido por la angustia, y luego buscar placeres y glorias terrenales? Seré enteramente Tuyo. Olvida las ofensas que te he hecho y recíbeme. Enséñame a saber de qué cosas debo separarme y qué debo hacer para agradarte. Dame fuerza para seguir tu voluntad y serte fiel.

II.

San Francisco de Sales dijo que cuando una casa está en llamas tiramos todos los muebles por las ventanas; con esto quiso decir que cuando un alma se inflama y el amor Divino toma posesión de ella, no tiene necesidad de sermones o directores espirituales para separarla del mundo; el amor de Dios limpiará por sí mismo el corazón y lo despojará de todo deseo terrenal.

En los Cánticos se habla del amor santo bajo el símbolo de una bodega de vino: Me llevó a la bodega del vino; puso en orden la caridad en mí (Cánticos ii. 4). En esta bodega bendita, las almas que son novias de Cristo, embriagadas con el vino del santo amor, pierden todo gusto por las cosas del mundo, admiran sólo a Dios, en todas las cosas buscan sólo a Dios, hablan sólo de Dios, y desean pensar sólo en Dios; y cuando oyen a otros hablar de riquezas, dignidades, placeres, se vuelven a Dios y le dicen, con ardiente suspiro: ¡Dios mío y Todo mío! ¿Qué hay del mundo, ni de los placeres, ni de los honores? ¡Sé Tú toda mi alegría, todo mi contento! Santa Teresa escribió, al hablar de la oración de unión con Dios, que esta unión consiste en morir a todas las cosas mundanas para no poseer nada más que a Dios.

Para que un alma pueda entregarse enteramente a Dios, tres cosas son especialmente necesarias: En primer lugar, evitar todos los defectos, incluso los más insignificantes, acompañados de conquistas sobre nuestros deseos desordenados, como abstenerse de observar tal o cual objeto de la vista o del oído, de ciertos pequeños placeres de los sentidos, de ciertas conversaciones ingeniosas o innecesarias, y cosas semejantes. En segundo lugar, entre las cosas que son buenas, la elección constante de las que son mejores y más agradables a Dios. En tercer lugar, el recibir con paz de espíritu y acción de gracias de las manos divinas, las cosas desagradables a nuestro amor propio. Oh, mi amado Redentor, Tú quieres que me entregue a Ti sin reservas, para unirme enteramente a Tu Corazón. He aquí que hoy me entrego enteramente y sin reserva a Ti, Jesús mío; de Ti espero la gracia de serte fiel hasta la muerte. Oh Madre de Dios y Madre mía, María, alcánzame la gracia de la santa perseverancia.

Lectura espiritual

¡VITA, DULCEDO! ¡SALVE, VIDA NUESTRA, DULZURA NUESTRA!
XXII.-MARIA ES NUESTRA VIDA, PORQUE NOS OBTIENE LA PERSEVERANCIA.

En las siguientes palabras del Libro de los Proverbios, que le son aplicadas por la Iglesia, dice María: Bienaventurado el hombre que me oye, y que vela cada día a mis puertas, y espera a los postes de mis puertas- (Proverbios viii. 34)-como si dijera: Bienaventurado el que oye mi voz y está constantemente atento para presentarse a la puerta de mi misericordia y busca en mí luz y ayuda. Para los clientes que hacen esto, María cumple su parte y les obtiene la luz y la fuerza que necesitan para abandonar el pecado y caminar por las sendas de la virtud. Por eso, Inocencio III la llama bellamente "la luna en la noche, la aurora al despuntar el día y el sol al mediodía". Ella es luna para iluminar a los que vagan ciegamente en la noche del pecado, y les hace ver y comprender el miserable estado de condenación en que se encuentran; es aurora, es decir, precursora del sol, para aquellos a quienes ya ha iluminado, y les hace abandonar el pecado y volver a Dios, verdadero Sol de Justicia; finalmente, es sol para los que están en estado de gracia, y les impide caer de nuevo en el abismo del pecado.

Los escritores eruditos aplican a María las siguientes palabras del Eclesiástico: Sus vendas son un vínculo saludable (Eclesiástico vi. 31). "¿Por qué bandas?", pregunta San Lorenzo Justiniano, "a no ser porque ata a sus siervos e impide así que se extravíen por los caminos del vicio". Y verdaderamente ésta es la razón por la que María ata a sus siervos. San Buenaventura también, en su comentario sobre las palabras del Eclesiástico, frecuentemente usadas en el Oficio de María, Mi morada está en la plena asamblea de los santos (Ecl. xxiv. 16), dice que María no sólo tiene su morada en la plena asamblea de los santos, sino que también los preserva de caer, mantiene una vigilancia constante sobre su virtud para que no decaiga, y refrena a los malos espíritus de dañarlos. No sólo tiene su morada en la plena asamblea de los santos, sino que también los guarda allí, preservando sus méritos para que no los pierdan, impidiendo que los demonios los dañen y reteniendo el brazo de su Hijo para que no golpee a los pecadores. En el Libro de los Proverbios se nos dice que todos los clientes de María están vestidos con doble túnica. Porque todos sus domésticos están vestidos con ropas dobles- (Proverbios xxxi. 21). Cornelius a Lapide explica en qué consiste esta doble vestimenta. Dice que "consiste en que ella adorna a sus fieles servidores con las virtudes de su Hijo y con las suyas propias"; y así, revestidos perseveran en la virtud.

Por eso San Felipe Neri, en sus exhortaciones a los penitentes, solía decir siempre: "Hijos míos, si queréis la perseverancia sed devotos de la Santísima Virgen". San Juan Berchmans, de la Compañía de Jesús, solía decir también: "Quien ama a María tendrá perseverancia". Verdaderamente bella es la reflexión del Abad Rupert sobre este tema en su comentario a la Parábola del Hijo Pródigo. Dice que, "si este joven disoluto hubiera tenido una madre viva, nunca habría abandonado el techo paterno, o al menos habría vuelto mucho antes de lo que lo hizo"; queriendo significar con ello que un hijo de María o no abandona nunca a Dios, o, si tiene esta desgracia, por su ayuda vuelve pronto.

Oh, si todos los hombres amaran a esta benignísima y amorosísima Señora, si recurrieran a ella siempre y sin demora en sus tentaciones, ¿quién caería? ¿Quién se perdería? Cae y se pierde quien no recurre a María. San Lorenzo Justiniano aplica a María las palabras del Eclesiástico: He caminado entre las olas del mar- (Eclesiástico xxiv. 8) y le hace decir: "Camino con mis siervos en medio de las tempestades a las que están constantemente expuestos, para asistirlos y preservarlos de caer en el pecado".

Meditación vespertina

LA PRÁCTICA DEL AMOR DE JESUCRISTO.

XXVIII-"LA CARIDAD ES BENIGNA"-EL QUE AMA A JESUCRISTO AMA LA MANSEDUMBRE

I.

El espíritu de mansedumbre es peculiar de Dios: Mi espíritu es más dulce que la miel- (Eclesiástico xxiv. 27}. De ahí que un alma que ama a Dios ama también a todos los que Dios ama, es decir, a sus prójimos; de modo que busca afanosamente toda ocasión de ayudar a todos, de consolar a todos y de hacer felices a todos en la medida de sus posibilidades. San Francisco de Sales, que fue maestro y modelo de la santa mansedumbre, dice: "La humilde mansedumbre es la virtud de las virtudes que Dios tanto nos ha recomendado; por tanto, debemos esforzarnos en practicarla siempre y en todas las cosas." De ahí que el Santo nos dé esta regla: Lo que veas que se puede hacer con amor, hazlo; y lo que veas que no se puede hacer sin ofensa, déjalo sin hacer". Quiere decir, cuando se puede omitir sin ofender a Dios; porque una ofensa a Dios debe ser evitada siempre, y lo más pronto posible, por aquel que está obligado a evitarla.

Esta mansedumbre debe observarse especialmente con los pobres, quienes, a causa de su pobreza, suelen ser tratados con dureza por los hombres. Asimismo, debe practicarse especialmente con los enfermos que padecen dolencias y, en su mayor parte, reciben poca ayuda de los demás. La mansedumbre debe observarse más especialmente en nuestro comportamiento hacia nuestros enemigos: Vence el mal con el bien (Rom. xii. 21). El odio debe ser vencido por el amor, y la persecución por la mansedumbre; así actuaron los Santos, y así conciliaron los afectos de sus enemigos más exasperados.

II.

"No hay nada," dice San Francisco de Sales, "que dé tanta edificación a nuestro prójimo como la mansedumbre de conducta." El Santo, por tanto, era visto generalmente sonriente y con un semblante resplandeciente de caridad, que daba tono a todas sus palabras y acciones. Esto dio ocasión a San Vicente de Paúl para declarar que no había conocido hombre más amable en su vida. Dijo, además, que le parecía que en esto su señorío de Sales era una verdadera semejanza de Jesucristo. Incluso al negar lo que en conciencia no podía dar, lo hacía con tal dulzura que todos, aunque no tuvieran éxito en sus peticiones, se iban satisfechos y bien dispuestos hacia él. Era gentil con todos, con los superiores, con los iguales y con los inferiores, en casa y fuera de ella; a diferencia de algunos que, como decía el Santo, parecían ángeles fuera, pero eran demonios en casa. Además, el Santo, en su conducta hacia los sirvientes, nunca se quejaba de su negligencia; a lo sumo les daba una admonición, pero siempre en los términos más amables. Y esto es algo muy loable en los superiores. El superior debe emplear toda la amabilidad para con sus subordinados. Cuando les diga lo que tienen que hacer, debe pedir más que mandar. San Vicente de Paúl decía: "Un superior nunca encontrará mejor medio de ser obedecido que la mansedumbre". Y en el mismo sentido decía Santa Juana Francisca de Chantal: "He probado varios métodos para gobernar, pero no he encontrado ninguno mejor que el de la mansedumbre y la paciencia."

MIÉRCOLES - QUINTA SEMANA DESPUÉS DE PASCUA

Meditación de la mañana
"BIENAVENTURADOS LOS POBRES DE ESPÍRITU".

Las máximas del mundo son totalmente opuestas a las del Evangelio. Así, los mundanos ponen su confianza en las riquezas, mientras que los Santos de Dios consideran la pobreza como su mayor tesoro. No es cierto que los ricos se pierdan, sino que el mismo Redentor lo ha declarado: Es más fácil que un camello pase por el ojo de una aguja que un rico entre en el reino de los cielos- (Mateo xix. 24).

I.

Al joven que preguntó qué debía hacer para alcanzar la perfección, Jesús le dijo: Si quieres ser perfecto, anda, vende lo que tienes y dalo a los pobres -(Mateo xix. 21). El Salvador le dijo que debía renunciar a todos sus bienes sin excepción. Porque cuando, como dice San Buenaventura, el espíritu está cargado con el peso de cualquier posesión temporal, el alma no puede elevarse a la unión con Dios: "Cargado con el peso de las cosas temporales, el espíritu no puede ascender a Dios". "El amor a los objetos terrenales", según San Agustín, "es la brea de las alas espirituales", que impide el vuelo del alma hacia Dios. Y de nuevo, el santo Doctor dice: "Por la gran ala de la pobreza el cristiano vuela rápidamente al Cielo." De ahí que San Lorenzo Justiniano exclamara: "Oh bendita pobreza voluntaria, sin poseer nada, sin temer nada, siempre alegre, siempre abundante, porque convierte en ventaja todo inconveniente."

Fue para nuestra edificación e instrucción que Jesucristo quiso vivir en continua pobreza en la tierra. De ahí que Santa María Magdalena de Pazzi llamara a la pobreza la esposa de Jesús. "La pobreza -dice San Bernardo- no se encontraba en el Cielo: abundaba en la tierra; pero el hombre no conocía su valor: por eso, el Hijo de Dios, anhelándola, bajó del Cielo para elegirla para Sí y hacerla preciosa para nosotros." Siendo rico, dice San Pablo, se hizo pobre por vosotros, para que por su pobreza fueseis enriquecidos (2 Corintios viii. 9). Nuestro Redentor era el Señor de todas las riquezas del cielo y de la tierra, pero quiso ser miserablemente pobre en esta vida para enriquecernos y excitarnos con su ejemplo al amor de la pobreza que, apartando nuestros afectos de los bienes temporales, nos procura las riquezas eternas. Quiso ser pobre durante toda su vida. Pobre en su nacimiento: no nació en un palacio, sino en un frío establo, con un pesebre como cuna y paja como lecho. Pobre en Su vida y pobre en todas las cosas, habitó en una miserable cabaña que contenía una sola habitación que servía para todos los propósitos de la vida. Pobre en sus vestidos y en su comida. San Juan Crisóstomo dice que el Redentor y sus discípulos no comían más que pan de cebada; y esto puede inferirse del Evangelio (Juan vi. 9). Pobre, en fin, en Su muerte: sin dejar nada tras de Sí excepto Sus miserables vestiduras; y éstas, incluso antes de Su muerte, fueron divididas entre los soldados. Así, para su mortaja y sepulcro dependió de la generosidad de los caritativos.

Oh Jesús mío, en Ti lo encuentro todo; fuera de Ti nada deseo. Ah, atráeme enteramente a Ti; enciende en mi corazón sólo tu santo amor, por el cual deseo ser enteramente consumido. Líbrame, Señor, de todos los afectos que me separan de Ti.

II.

Jesús dijo una vez a la Beata Ángela de Foligno: "Si la pobreza no fuera una gran bendición, no la habría elegido para Mí, ni la habría dejado en herencia a mis elegidos." Fue porque vieron a Jesús pobre por lo que los Santos amaron tanto la pobreza. El Padre Luis de Granada y el Beato Juan de Ávila discutieron un día sobre la razón por la que San Francisco de Asís tenía tanto afecto a la pobreza. El padre Luis sostenía que era "porque el Santo deseaba liberarse de todo impedimento para una perfecta unión con Dios". Pero el Beato Juan de Ávila afirmaba con más verdad que el ardiente amor de San Francisco por la santa pobreza surgía de su ardiente amor a Jesucristo. Y ciertamente un alma que ama intensamente a Jesucristo no puede menos de exclamar con el Apóstol: Considero todas las cosas como estiércol, con tal de ganar a Cristo- (Filipenses iii. 8). Considero todos los bienes de la tierra como estiércol, y por eso los desprecio todos, para ganar a Jesucristo. De ahí que San Francisco de Sales solía decir que cuando una casa se incendia los muebles son arrojados por las ventanas; y, mucho antes, el Espíritu Santo dijo: Si un hombre diera toda la sustancia de su casa por amor, la despreciaría como nada- (Cánticos viii. 7). El amante ardiente desprecia alegremente todas las cosas por el amor que siente hacia Dios.

Mi querido Redentor, sé que me has estado llamando durante tantos años porque deseas que te pertenezca por entero. Ya que deseas tan ardientemente mi bien, concédeme que en adelante busque sólo tu amor y el cumplimiento de tu voluntad. Amén.

Lectura espiritual

¡VITA, DULCEDO! ¡SALVE, VIDA NUESTRA, DULZURA NUESTRA!

XXIII.-MARIA ES NUESTRA VIDA PORQUE NOS OBTIENE LA PERSEVERANCIA.

Nosotros, dice Santo Tomás de Villanueva, cuando somos tentados por el demonio, no tenemos más que imitar a los pollitos que, en cuanto perciben que se acerca un ave de rapiña, corren a protegerse bajo las alas de su madre. Esto es exactamente lo que debemos hacer cada vez que nos asalte la tentación: no quedarnos a razonar con ella, sino volar inmediatamente y ponernos bajo el manto de María. Citaré, sin embargo, las propias palabras del Santo dirigidas a María: "Como los pollos, cuando ven volar una cometa, corren y se refugian bajo las alas de la gallina, así nosotros nos preservamos bajo la sombra de tus alas". "Y tú -continúa-, que eres nuestra Señora y Madre, tienes que defendernos; pues, después de Dios, no tenemos otro refugio que tú, que eres nuestra única esperanza y nuestra protectora; hacia ti dirigimos todos nuestros ojos con confianza."

Concluyamos, pues, con las palabras de San Bernardo: "Oh hombre, quienquiera que seas, comprende que en este mundo eres zarandeado por un mar tempestuoso y tempestuoso, en lugar de caminar sobre tierra firme; recuerda que si quieres evitar ahogarte no debes apartar nunca los ojos del brillo de esta estrella, sino mantenerlos fijos en ella e invocar a María. En los peligros, en las estrecheces, en las dudas, piensa en María, invoca a María". Sí, en los peligros de pecar, cuando te acosen las tentaciones, cuando dudes de cómo debes actuar, recuerda que María puede ayudarte e invócala, y ella te socorrerá al instante. "Que su nombre no se aparte de tus labios, que esté siempre en tu corazón". Vuestros corazones no deben perder nunca la confianza en su santo nombre, ni vuestros labios dejar de invocarlo. "Siguiéndola no te extraviarás". Oh, no; si seguimos a María nunca nos desviaremos de los caminos de la salvación. "Implorándola, no desesperarás". Cada vez que invoquemos su ayuda nos inspirará una confianza perfecta. "Si ella te sostiene, no puedes caer; si ella te protege, no tienes nada que temer, pues no puedes perderte; con ella por guía no te cansarás, pues tu salvación se realizará con facilidad. Si ella es propicia, llegarás a puerto". Si María asume nuestra defensa, estamos seguros de ganar el reino de los cielos. Haz esto y vivirás (Lucas x. 28).

Meditación vespertina

LA PRÁCTICA DEL AMOR DE JESUCRISTO
XXIX-"LA CARIDAD ES BENIGNA"-EL QUE AMA A JESUCRISTO AMA LA MANSEDUMBRE

I.

Y más que esto, el superior debe ser bondadoso incluso en la corrección de las faltas. Una cosa es corregir con firmeza y otra con dureza. A veces es necesario corregir con firmeza, cuando la falta es grave, y especialmente si se repite después de que el sujeto ya ha sido amonestado por ella; pero estemos siempre en guardia contra la corrección áspera y airada; el que corrige con ira hace más mal que bien. Este es el celo amargo reprobado por Santiago. Algunos se jactan de mantener en orden a su familia por medio de la severidad, y dicen que es el único método exitoso de tratamiento; pero Santiago no habla así: Pero si tenéis celo amargo... no os gloriéis- (Santiago iii. 1.4). Si en alguna rara ocasión es necesario decir una palabra dura para que el ofensor se dé cuenta de su falta, al final debemos dejarle invariablemente con un semblante amable y una palabra de bondad. Las heridas deben ser curadas a la manera del buen samaritano en el Evangelio, con vino y aceite. "Pero como el aceite", dijo San Francisco de Sales, "siempre nada en la superficie de todos los demás líquidos, así la mansedumbre debe prevalecer sobre todas nuestras acciones." Y cuando ocurre que la persona bajo corrección está agitada, entonces la represión debe ser diferida hasta que su ira se haya calmado, o de lo contrario sólo aumentaremos su indignación. El canónigo regular San Juan dijo: "Cuando la casa está ardiendo, no hay que echar leña a las llamas".

II.

No sabéis de qué espíritu sois- (Lucas ix. 55). Tales fueron las palabras de Jesucristo a sus discípulos Santiago y Juan cuando querían hacer caer castigos sobre los samaritanos por haberlos expulsado de su país. Ah, les dijo el Señor, ¿y qué espíritu es éste? No es éste mi espíritu, que es dulce y suave; porque no he venido a destruir, sino a salvar almas: El Hijo del hombre no ha venido a destruir almas, sino a salvar-(Lucas ix. 56). ¿Y tú quieres inducirme a destruirlas? Oh, calla, y nunca me hagas una petición semejante, porque no es conforme a mi espíritu. Y, de hecho, ¡con qué mansedumbre trató Jesucristo a la adúltera! Mujer, dijo Él, ¿nadie te ha condenado? Yo tampoco te condenaré. Vete, y no peques más- (Juan viii. 10, 11.). Se contentó con amonestarla para que no volviera a pecar y la despidió en paz. Con qué mansedumbre, de nuevo, buscó la conversión de la mujer samaritana, y así, de hecho, la convirtió. Primero le pidió que le diera de beber; luego le dijo: Si supieras quién es el que te dice: "Dame de beber" y entonces le reveló que Él era el Mesías esperado. Y además, con qué mansedumbre se esforzó por convertir al impío Judas, admitiéndole a comer del mismo plato con Él, lavándole los pies y amonestándole en el mismo acto de su traición: Judas, ¿con un beso traicionas al Hijo del Hombre? (Lucas xxii. 48). Y ved cómo convirtió a Pedro después de haberle negado. Y volviéndose el Señor, miró a Pedro- (Lucas xxii. 61). Al salir de la casa del sumo sacerdote, sin hacerle un solo reproche, le dirigió una mirada de ternura, y así lo convirtió; y tan eficazmente lo convirtió que, durante toda su vida, Pedro no cesó de lamentar la injuria que había hecho a su Maestro.

JUEVES - QUINTA SEMANA DESPUÉS DE PASCUA

Meditación de la mañana

"BIENAVENTURADOS LOS POBRES DE ESPÍRITU".

Bienaventurados los pobres de espíritu, porque de ellos es el reino de los cielos. Oh comercio feliz! Renunciamos a los bienes de esta tierra, que no son más que fango, y recibimos a cambio las gracias de Dios y recompensas eternas más preciosas que el oro más puro.

I.

De la Sagrada Escritura aprendemos que la recompensa de la pobreza es ciertísima y grandísima. Es muy cierta, porque Jesucristo ha dicho: Bienaventurados los pobres de espíritu, porque de ellos es el reino de los cielos (Mateo, v. 3). A las otras Bienaventuranzas, el Cielo se les promete sólo como una recompensa futura. Bienaventurados los mansos porque ellos poseerán la tierra-(Mateo v. 4) Bienaventurados los limpios de corazón, porque ellos verán a Dios-(Mateo v. 8). Pero a los pobres de espíritu se les promete el reino de Dios como recompensa presente: porque de ellos es el reino de los cielos. Porque, a los que son verdaderamente pobres de espíritu, el Señor les da ayudas muy grandes, incluso en esta vida. De ahí que Cornelio a Lápide diga que, puesto que, por decreto de Dios, el reino de los cielos pertenece a los pobres, éstos tienen pleno derecho a él. La recompensa de la pobreza es muy segura, y grande más allá de toda concepción. "Cuanto menos tengamos aquí", dice Santa Teresa, "tanto más gozaremos en el reino de Dios, en el cual la mansión

de cada uno es proporcionada al amor con que habremos imitado la vida de Jesucristo."
"¡Oh feliz comercio!", exclama San Pedro Damián, "en el que se regala barro y se recibe
oro." ¡Oh feliz comercio! Renunciamos a los bienes de la tierra, que no son más que fango,
y recibimos a cambio las gracias de Dios y recompensas eternas más preciosas que el oro
más puro.

Oh Jesús mío, si hasta ahora mi corazón ha estado apegado a los bienes de este mundo,
Tú serás en adelante mi único Tesoro. Oh Dios de mi alma, Tú eres un Bien infinitamente
mayor que cualquier otro bien, y mereces un amor infinito. Te estimo y te amo, por tanto,
sobre todas las cosas, e incluso más que a mí mismo. Tú eres el único objeto de mi afecto.
No deseo nada en este mundo. Si tuviera mi deseo, sería poseer todos los tesoros y reinos
de este mundo con el fin de renunciar a todos ellos y privarme de ellos por amor a Ti. Ven,
oh Amor mío, ven y consume en mí todo afecto que no sea por Ti.

II.

Los pobres de espíritu tendrán también el honor de sentarse con Jesucristo como jueces
del mundo. He aquí, dice San Pedro a Jesús, lo hemos dejado todo y te hemos seguido:
¿qué, pues, tendremos? Y Jesús les dijo Os aseguro que vosotros que me habéis seguido
en la regeneración, cuando el Hijo del hombre se siente en la cátedra de su majestad, os
sentaréis también vosotros en doce cátedras, para juzgar a las doce tribus de Israel- (Mt. xix.
27, 28). Dios ha prometido la gloria eterna en el más allá, y el ciento por uno en esta vida,
a todos los que abandonen los bienes terrenales por amor a Él. Y todo el que haya dejado
casa... o tierras por mi nombre, recibirá cien veces más, y poseerá la vida eterna- (Mateo xix.
29). Esta promesa se cumple en todos los pobres de espíritu que, por no desear nada en la
tierra, poseen todas las riquezas: Como no tener nada y poseerlo todo-(2 Corintios vi. 10).
El Redentor ha comparado justamente las riquezas con las espinas (Mateo xiii. 22), porque
en proporción a su abundancia las riquezas atormentan el alma por las preocupaciones,
por los temores y por el deseo de mayores posesiones. De ahí que San Bernardo diga que
mientras los avaros, porque su deseo de riquezas nunca se sacia, como los mendicantes,
están sedientos de los bienes de este mundo; los pobres de espíritu, porque no desean nada
en la tierra, desprecian a Mammón. "El avaro, como un mendicante, tiene hambre de las
cosas terrenas; el pobre, como un príncipe, las desprecia". ¡Oh, cuán grande es la felicidad
de quien no desea ni posee nada en la tierra! Goza de la verdadera paz, una bendición más
valiosa que todos los bienes terrenales, que nunca pueden contentar a un alma destinada
a ser feliz sólo por la posesión de Dios.

Oh Dios mío, concédeme que en el futuro sólo pueda mirarte a Ti, pensar sólo en Ti y suspirar sólo por Ti. El amor que te hizo morir en la cruz por mí, me hace morir a todas mis inclinaciones y desear sólo tu santa gracia y tu amor. Mi querido Redentor, ¿cuándo seré enteramente tuyo como Tú eres mío? Oh, tómame y hazme vivir sólo para Tu gloria. Confiando en los méritos de tu Sangre, oh Jesús mío, y en tu intercesión, oh Madre mía María, todo lo espero.

Lectura espiritual

¡VITA, DULCEDO! ¡SALVE, VIDA NUESTRA, DULZURA NUESTRA!

XXIV.-MARIA ES NUESTRA DULZURA; HACE DULCE LA MUERTE A SUS CLIENTES

El que es amigo ama en todo tiempo; y un hermano es probado en la angustia-(Proverbios xvii. 17), dice el Libro de los Proverbios. Nunca podemos conocer a nuestros amigos en tiempo de prosperidad; sólo en tiempo de adversidad los vemos en sus verdaderos colores. La gente del mundo, nunca abandona a un amigo mientras está en la prosperidad; pero si le sobrevienen desgracias, y más particularmente si está a punto de morir, lo abandonan inmediatamente. María no actúa así con sus clientes. En sus aflicciones, y más particularmente en los dolores de la muerte, los mayores que se pueden soportar en este mundo, esta buena Señora y Madre no sólo no abandona a sus fieles servidores, sino que, así como durante nuestro destierro es nuestra vida, también en nuestra última hora es nuestra dulzura, al procurarnos una muerte tranquila y feliz. Porque desde el día en que María tuvo el privilegio y el dolor de estar presente en la muerte de Jesús, su Hijo, que era la Cabeza de todos los predestinados, se convirtió también en su privilegio asistir a sus muertes. Y por esta razón, la santa Iglesia nos enseña a rogar a esta Santísima Virgen que nos asista, especialmente en el momento de la muerte: Ruega por nosotros, pecadores, ahora y en la hora de nuestra muerte.

Oh, ¡qué grandes son los sufrimientos de los moribundos! Sufren por los remordimientos de conciencia a causa de los pecados pasados, por el temor del juicio que se acerca y por la incertidumbre de su salvación eterna. Entonces es cuando el infierno se arma y no escatima esfuerzos para ganar el alma que está a punto de entrar en la eternidad; porque sabe que sólo le queda poco tiempo para ganarla, y que, si entonces la pierde, la pierde para siempre. El diablo ha descendido a vosotros con gran ira, sabiendo que le queda poco tiempo- (Apocalipsis xii. 12). Y por esta razón, el enemigo de nuestra salvación, cuyo cargo era tentar al alma durante la vida, no elige en la muerte estar solo, sino que llama a otros en su ayuda, según el profeta Isaías: Sus casas estarán llenas de serpientes-

(Isaías xiii. 21). Y, en efecto, así es; porque cuando una persona está a punto de morir, todo el lugar en el que se encuentra se llena de demonios que se unen para hacerle perder el alma.

Se cuenta de San Andrés Avellino que diez mil demonios vinieron a tentarlo a su muerte. El conflicto que tuvo en su agonía con los poderes del infierno fue tan terrible que todos los buenos religiosos que lo asistieron temblaron. Vieron el rostro del Santo tan hinchado por la agitación que se ennegreció por completo, todos sus miembros temblaban y se contorsionaban; sus ojos derramaban un torrente de lágrimas; su cabeza temblaba violentamente; todo daba testimonio del terrible asalto que estaba soportando por parte de sus enemigos infernales. Todos lloraron de compasión y redoblaron sus oraciones, a la vez que temblaban de miedo al ver morir así a un Santo. Sin embargo, se consolaron al ver que a menudo, como buscando ayuda, el Santo volvía los ojos hacia una devota imagen de María, pues recordaban que en vida había dicho a menudo que en la muerte María sería su refugio. Por fin, Dios quiso poner fin a la contienda concediéndole una gloriosa victoria, pues las contorsiones de su cuerpo cesaron, su rostro recobró su tamaño y color originales, y el Santo, con los ojos tranquilamente fijos en la imagen, hizo una devota inclinación hacia María (que, según se cree, se le apareció entonces) como dándole gracias, y con una sonrisa celestial en el semblante exhaló tranquilamente su bendita alma en los brazos de María. En el mismo momento, una monja capuchina, que estaba agonizando, dirigiéndose a las monjas que la rodeaban, dijo: "Rezad un 'Ave María', porque una Santa acaba de expirar".

¡Ah, qué pronto huyen los espíritus rebeldes de la presencia de esta Reina! Si en la hora de la muerte sólo contamos con la protección de María, ¿qué debemos temer de todos nuestros enemigos infernales? David, temiendo los horrores de la muerte, se animaba confiando en la muerte del Redentor venidero y en la intercesión de la Virgen Madre. Porque, aunque -dice- camine en medio de sombras de muerte, ... tu vara y tu cayado me han consolado- (Salmo xxii. 4). El Cardenal Hugo, explicando estas palabras del Profeta real, dice que el bastón significa la Cruz, y la vara es la intercesión de María; porque ella es la vara predicha por el Profeta Isaías: Y saldrá una vara de la raíz de Jesé, y una flor brotará de su raíz- (Isaías xi. 1). "Esta Divina Madre", dice San Pedro Damián, "es esa poderosa vara con la que se vence la violencia de los enemigos infernales". Y por eso nos anima San Antonino, diciendo: "Si María está por nosotros, ¿quién estará contra nosotros?".

Meditación vespertina
LA PRÁCTICA DEL AMOR A JESUCRISTO

XXX-"LA CARIDAD ES BENIGNA"-EL QUE AMA A JESUCRISTO AMA LA MANSEDUMBRE

I.

¡Oh, cuánto más se gana con la mansedumbre que con la dureza! San Francisco de Sales decía que no hay nada más amargo que la almendra amarga, pero que si se hace confitura se vuelve dulce y agradable: así las correcciones, aunque por su naturaleza son muy desagradables, se hacen agradables por el amor y la mansedumbre, y por eso van acompañadas de resultados más beneficiosos. San Vicente de Paúl dijo de sí mismo que en el gobierno de su propia Congregación nunca había corregido a nadie con severidad, excepto en tres ocasiones, cuando supuso que había razón para hacerlo; pero que lo lamentó siempre después porque encontró que resultó mal, mientras que siempre había tenido un éxito admirable con la corrección suave.

San Francisco de Sales obtuvo de otros lo que deseaba por su comportamiento manso; y por este medio logró ganar para Dios a los pecadores más endurecidos. Lo mismo sucedió con San Vicente de Paúl, quien enseñó a sus discípulos esta máxima: "La afabilidad, el amor y la humildad tienen una maravillosa eficacia para ganar los corazones de los hombres, y para prevalecer sobre ellos para que emprendan las cosas más repugnantes a la naturaleza." Una vez confió a un gran pecador al cuidado de uno de sus padres para que lo llevara a sentimientos de verdadero arrepentimiento; pero el padre, a pesar de todos sus esfuerzos, encontró infructuosa su labor, por lo que rogó al Santo que le dirigiera una palabra. El Santo habló con él y lo convirtió. Aquel pecador declaró después que la singular dulzura del padre Vicente había obrado en su corazón. Por eso, el Santo no soportaba que sus misioneros tratasen a los pecadores con severidad, y les decía que el espíritu infernal se aprovechaba de la severidad de algunos para obrar la mayor ruina de las almas.

La bondad debe observarse hacia todos en todas las ocasiones y en todo tiempo. San Bernardo observa que ciertas personas son amables mientras las cosas les caen bien; pero apenas experimentan alguna oposición o contradicción, instantáneamente se encienden, como el mismo monte Vesubio. A éstos se les puede llamar carbones encendidos, pero ocultos bajo las cenizas. Quien quiera llegar a ser santo debe, durante esta vida, parecerse al lirio entre espinas, que, por mucho que sea pinchado por ellas, nunca deja de ser lirio; es decir, siempre es igualmente dulce y sereno. El alma que ama a Dios mantiene una paz imperturbable en su corazón; y lo demuestra en su mismo semblante, siendo siempre dueña de sí misma, lo mismo en la prosperidad que en la adversidad, según los versos del

Cardenal Petrucci: "De las cosas exteriores ve la variada apariencia, mientras que en lo más íntimo de su alma yace imperturbable la imagen de Dios".

La adversidad saca a la luz el verdadero carácter de una persona. San Francisco de Sales amaba tiernamente a la Orden de la Visitación, que tanto trabajo le había costado. La vio varias veces en inminente peligro de disolución, a causa de las persecuciones que sufría; pero el Santo nunca perdió ni por un momento su paz, y estaba dispuesto, si tal era la voluntad de Dios, a verla enteramente destruida; y entonces fue cuando dijo: "Desde hace algún tiempo, las oposiciones y las contrariedades secretas que me han sobrevenido me proporcionan una paz tan dulce que nada puede igualarla; y me dan tal augurio de la unión inmediata de mi alma con Dios que, en verdad, forman el único deseo de mi corazón."

Oh Jesús mío, yo también me abandono a Ti. Te amo con todo mi corazón; Te amo más que a mí mismo. Te he ofendido en tiempos pasados; pero ahora me arrepiento amargamente de ello, y de buena gana moriría de pena. Llévame enteramente hacia Ti. Renuncio a todo consuelo sensible; sólo Te deseo a Ti, y nada más. Haz que te ame y haz de mí lo que quieras. Oh María, esperanza mía, átame a Jesús, y concédeme vivir y morir en unión con Él, para llegar un día al reino feliz, donde ya no tendré miedo de separarme jamás de su amor.

II.

Siempre que tengamos que responder a alguien que nos insulta, tengamos cuidado de responder con mansedumbre: La respuesta suave quebranta la ira (Proverbios xv. 1). Una respuesta suave basta para apagar toda chispa de ira. Y en caso de que nos sintamos irritados es mejor guardar silencio, porque entonces parece justo dar rienda suelta a todo lo que sube a nuestros labios; pero cuando nuestra pasión se haya calmado, veremos que todas nuestras palabras estaban llenas de faltas.

Y cuando sucede que nosotros mismos cometemos alguna falta, también debemos practicar la mansedumbre con respecto a nosotros mismos: exasperarnos contra nosotros mismos después de una falta "no es humildad, sino un sutil orgullo, como si fuéramos otra cosa que las cosas débiles y miserables que somos". Santa Teresa decía: "La humildad que molesta no viene de Dios, sino del demonio". Enfadarnos con nosotros mismos después de la comisión de una falta es una falta peor que la cometida, y será ocasión de otras muchas faltas: nos hará dejar nuestras devociones, oraciones y comuniones; o si las practicamos se harán muy mal. San Luis Gonzaga decía que en aguas turbulentas no se ve, y que en ellas pesca el demonio. Un alma turbada sabe poco de Dios y de lo que debe hacer. Por eso, siempre que caemos en alguna falta, debemos dirigirnos a Dios con humildad y confianza, y, implorando su perdón, decirle, con Santa Catalina de Génova: "¡Oh Señor, éste es el producto de mi huerto! Te amo con todo mi corazón y me arrepiento del disgusto que te he causado. No volveré a hacer lo mismo; concédeme tu ayuda".

¡Oh benditas cadenas que atan el alma a Dios, envuélveme aún más cerca, y en eslabones tan firmes que nunca pueda desprenderme del amor de mi Dios! ¡Jesús mío, te amo! ¡Oh Tesoro, oh Vida de mi alma, a Ti me aferro y a Ti me entrego por entero! No, en verdad, mi amado Señor, no deseo nunca más dejar de amarte. Tú que, para expiar mis pecados, permitiste ser atado como un criminal, y así atado ser conducido a la muerte por las calles de Jerusalén. Tú, que consentiste en ser clavado en la cruz y no la abandonaste hasta que la vida misma te abandonó, oh, no permitas que vuelva a separarme de Ti; lamento, por encima de cualquier otro mal, haberte dado la espalda alguna vez, y en adelante me propongo, por tu gracia, morir antes que causarte el menor disgusto.

VIERNES - QUINTA SEMANA DESPUÉS DE PASCUA

Meditación de la mañana
"EN TODO SOIS ENRIQUECIDOS EN ÉL".

Las Llagas de Jesús son ahora las benditas Fuentes de las que podemos sacar todas las gracias si le rezamos con Fe. Sacaréis aguas con gozo de las fuentes del Salvador, y diréis en aquel día: Alabad al Señor e invocad su nombre- (Isaías xii. 3, 4). En resumen, como dice San Pablo: En todo sois enriquecidos en él, de modo que nada os falta en ninguna gracia-(I Corintios i. 5, 7).

I.

Teniendo, pues, un gran Sumo Sacerdote que pasó a los cielos, Jesús el Hijo de Dios, mantengamos firme nuestra confesión. Porque no tenemos un Sumo Sacerdote que no pueda compadecerse de nuestras debilidades, sino uno que fue tentado en todo según nuestra semejanza, pero sin pecado (Hebreos iv. 14). Puesto que, dice el Apóstol, tenemos a este Salvador, que nos ha abierto el Paraíso que en otro tiempo nos estuvo cerrado por el pecado, tengamos siempre confianza en sus méritos; porque habiendo querido por su bondad sufrir en sí mismo todas nuestras miserias, bien sabe compadecernos: Acudamos, pues, confiadamente al trono de la gracia para alcanzar misericordia y hallar gracia en el momento oportuno (Hebreos iv. 16). Vayamos, pues, con confianza al trono de la divina misericordia, al que tenemos acceso por medio de Jesucristo, para que allí encontremos todas las gracias que necesitamos. Y cómo dudar, añade San Pablo, sino que

Dios, habiéndonos dado a su Hijo, nos ha dado juntamente con él todos sus bienes: Lo entregó por todos nosotros; ¿cómo no nos ha dado con Él todas las cosas? -(Romanos viii. 32). El cardenal Hugo comenta al respecto: "Dará lo menor, es decir, la vida eterna, Quien ha dado lo mayor, es decir, su propio Hijo". Ese Señor no nos negará lo menor, que es la vida eterna, Quien ha llegado a darnos lo mayor, que es su propio Hijo mismo.

Oh mi principal y único Bien, ¿qué te daré, miserable como soy, a cambio de un don tan grande como el que me has dado de tu Hijo? A Ti, con David, diré: El Señor pagará por mí-(Salmo cxxxvii. 8). Señor, no tengo con qué recompensarte. Ese mismo Hijo Tuyo es el único que puede darte las gracias dignamente; que te las dé en mi lugar. Padre misericordiosísimo, por las llagas de Jesús, te ruego que me salves. Te amo, oh Bondad infinita, y porque Te amo, me arrepiento de haberte ofendido. Dios mío, Dios mío, deseo ser todo Tuyo; acéptame por el amor de Jesucristo. Ah, mi dulce Creador, ¿es posible que Tú, después de haberme dado a Tu Hijo, me niegues los bienes que te pertenecen: Tu gracia, Tu amor, Tu Paraíso?

II.

San León declara que Jesucristo, con su muerte, nos ha traído más bien que el demonio nos trajo el mal en el pecado de Adán: "Hemos ganado mayores cosas por la gracia de Cristo que las que habíamos perdido por la envidia del demonio." Y esto lo dice claramente el Apóstol, cuando escribe a los Romanos: No como la ofensa así también el don. . . Donde abundó el pecado, sobreabundó la gracia-(Romanos v. 15, 20). El Cardenal Hugo lo explica: "La gracia de Cristo es de mayor eficacia que la ofensa". No hay comparación, dice el Apóstol, entre los pecados del hombre y el don que Dios nos ha hecho al darnos a Jesucristo; grande fue el pecado de Adán, mucho mayor con mucho fue la gracia que Jesucristo, con su Pasión, nos mereció: Yo he venido para que tengan vida, y para que la tengan en abundancia -(Juan x. 10). He venido al mundo, protesta el Salvador, para que los hombres que estaban muertos por el pecado reciban por Mí no sólo la vida de la gracia, sino una vida aún más abundante que la que habían perdido por el pecado. Por eso, la Santa Iglesia llama feliz al pecado que ha merecido tener tal Redentor: "¡Oh felix culpa, qure talem ac tantum meruit habere Redemptorem!".

He aquí que Dios es mi Salvador, yo trataré confiadamente, y no temeré- (Isaías xii. 2). Si, pues, oh Jesús mío, Tú, que eres un Dios Omnipotente, eres también mi Salvador, ¿qué temor tendré de ser condenado? Si en el pasado te ofendí, me arrepiento de todo corazón. De ahora en adelante deseo servirte, obedecerte y amarte. Espero firmemente que Tú, mi Redentor, que tanto has hecho y sufrido por mi salvación, no me negarás ninguna gracia que necesite para salvarme: "Actuaré con confianza, esperando firmemente que nada necesario para la salvación me será negado por Aquel que ha hecho y sufrido tanto por mi salvación."

Lectura espiritual
¡VITA, DULCEDO! ¡SALVE, VIDA NUESTRA, DULZURA NUESTRA!
XXV.-MARIA ES NUESTRA DULZURA; HACE DULCE LA MUERTE A SUS CLIENTES

Cuando el Padre Manuel Padial, de la Compañía de Jesús, estaba a punto de morir, se le apareció María, y para consolarlo le dijo: "Mira que ha llegado la hora en que los ángeles te felicitan, y exclaman: '¡Oh felices trabajos, oh mortificaciones bien pagadas! Y en el mismo instante se vio un ejército de demonios que huían y gritaban desesperados: No podemos hacer nada, porque lo defiende la que no tiene mancha". Del mismo modo el Padre Gaspar Haywood fue asaltado por los demonios a su muerte y muy tentado contra la Fe; se encomendó inmediatamente a la Santísima Virgen y se le oyó exclamar: "Te doy gracias, María, porque has venido en mi ayuda."

San Buenaventura nos dice que María envía sin demora al Príncipe de la corte celestial, San Miguel, con todos los Ángeles, para defender a sus siervos moribundos contra las tentaciones de los demonios, y para recibir las almas de todos los que, de manera especial y perseverante, se le han encomendado. El Santo, dirigiéndose a la Santísima Virgen, dice: "Miguel, jefe y Príncipe del ejército celestial, con todos los espíritus ministradores, obedece tus órdenes, oh Virgen, y defiende y recibe las almas de los fieles que día y noche se han encomendado particularmente a ti, oh Señora."

El Profeta Isaías nos dice que cuando un hombre está a punto de dejar el mundo, el infierno se abre y envía sus más terribles demonios, tanto para tentar al alma antes de que abandone el cuerpo como para acusarla cuando sea presentada ante el tribunal o Jesucristo para ser juzgada. El Profeta dice: El infierno de abajo se alborotó para recibirte en tu venida; agitó a los gigantes por ti- (Isaías xiv. 9). Pero Ricardo de San Lorenzo observa que cuando el alma es defendida por María, los demonios ni siquiera se atreven a acusarla, sabiendo que el Juez nunca condenó ni condenará a un alma protegida por su augusta Madre. Pregunta: "¿Quién se atrevería a acusar a quien es patrocinada por la Madre de Aquel que ha de juzgar?". María no sólo asiste a sus amados siervos en la muerte y los anima, sino que ella misma los acompaña al tribunal de Dios.

Meditación vespertina
LA PRÁCTICA DEL AMOR A JESUCRISTO

XXXI-"LA CARIDAD NO ENVIDIA"-EL QUE AMA A JESÚS NO ENVIDIA A LOS GRANDES DEL MUNDO, SINO SÓLO A LOS QUE SON MAYORES AMANTES DE JESUCRISTO.

I.

San Gregorio explica esta siguiente característica de la Caridad diciendo que, como la Caridad desprecia toda grandeza terrena, nada en el mundo puede provocar su envidia. "Ella no envidia, porque como nada desea en este mundo, no puede envidiar la prosperidad terrena". Debemos distinguir dos clases de envidia, una mala y otra santa. La mala es la que envidia y repugna los bienes terrenales que poseen los demás en esta tierra. Pero la envidia santa, lejos de desear ser semejante, más bien compadece a los grandes del mundo que viven en medio de honores y placeres terrenales. Ella sólo busca y desea a Dios, y no tiene otro fin que el de amarle cuanto puede; y, por tanto, tiene una envidia piadosa de los que le aman más que ella, pues, si fuera posible, superaría a los mismos serafines en amarle.

II.

Este es el único fin que las almas piadosas se proponen en la tierra, fin que tanto encanta y arrebata de amor al Corazón de Dios, que le hace decir: Has herido mi corazón, hermana mía, esposa mía, has herido mi corazón con uno de tus ojos- (Cánticos iv. 9). Por uno de tus ojos se entiende ese único fin que el alma desposada tiene en todas sus devociones y pensamientos, a saber, agradar a Dios Todopoderoso. Los hombres del mundo miran las cosas con muchos ojos, es decir, tienen varias miras desordenadas en sus acciones: como, por ejemplo, agradar a los demás, llegar a ser honrados, obtener riquezas y, si no otra cosa, al menos agradarse a sí mismos; pero los santos no tienen más que un solo ojo, con el que tienen en vista, en todo lo que hacen, la sola complacencia de Dios; y con David dicen: Qué tengo yo en los cielos, y además de ti qué deseo en la tierra-(Sal. lxxii. 25). ¿Qué deseo, oh Dios mío, en este mundo o en el otro, sino a Ti solo? Tú eres mi riqueza, Tú eres el único Señor de mi corazón. "Que los ricos -decía san Paulino- disfruten de sus riquezas, que los reyes disfruten de sus reinos, Tú, oh Cristo, eres mi tesoro y mi reino".

SÁBADO - QUINTA SEMANA DESPUÉS DE PASCUA

Meditación de la mañana
¡AVE, MARÍA, GRATIA PLENA!
¡SALVE, MARÍA, LLENA ERES DE GRACIA!

Esta salutación angélica agrada sobremanera a la siempre bendita Virgen, pues, cada vez que la escucha, parece como si se renovara en ella la alegría que experimentó cuando san Gabriel le anunció que era la Madre elegida de Dios. Por eso, debemos saludarla a menudo: Ave María, llena eres de gracia.

I.

Esta salutación angélica es muy grata a la siempre bienaventurada Virgen, porque, cada vez que la oye, parece como si se renovara en ella la alegría que experimentó cuando San Gabriel le anunció que era la Madre elegida de Dios; y con este objeto debemos saludarla a menudo con el "Ave María". "Saludadla frecuentemente", dice Tomás de Kempis, "con el saludo angélico; porque ella, en efecto, oye este sonido con agrado." La misma Divina Madre dijo a Santa Matilde que nadie podía saludarla de manera más agradable para ella que con el "Ave María".

Quien saluda a María, también será saludado por Ella. San Bernardo oyó una vez que la Santísima Virgen le saludaba diciendo: ¡Ave, Bernarde! -¡Ave, Bernardo! La salutación de María, dice San Buenaventura, será siempre alguna gracia correspondiente a las necesidades de quien la saluda: "Ella nos saluda de buena gana con la gracia si nosotros la saludamos de buena gana con un 'Ave María'". Ricardo de San Lorenzo añade que "si nos dirigimos a la Madre de nuestro Señor diciendo: 'Ave María', ella no puede rechazar la gracia que le pedimos". La misma María prometió a Santa Gertrudis tantas gracias al morir como "Avemarías" hubiera dicho. El Beato Alano dice que "así como todo el Cielo se alegra cuando se reza el 'Ave María", así también los demonios tiemblan y emprenden la huida." Esto lo afirma Tomás de Kempis por experiencia propia; pues dice que una vez se le apareció el demonio, y al instante huyó al oír el "Ave María".

Podemos todas las mañanas y todas las noches, al levantarnos y al acostarnos, rezar tres Avemarías postrados, o al menos arrodillados; y añadir a cada Avemaría esta breve oración: Oh María, por tu pura e inmaculada concepción, haz que mi cuerpo sea puro y mi alma santa. Luego, como hacía siempre San Estanislao, debemos pedir la bendición de María como Madre nuestra; ponernos bajo el manto de su protección, suplicándole que nos guarde durante el día o la noche venideros del pecado. Para ello, es aconsejable tener un hermoso cuadro o imagen de la Santísima Virgen. Podemos rezar el Ángelus con las tres Avemarías habituales por la mañana, al mediodía y por la noche. El Papa Juan XXII fue el primero en conceder una indulgencia para esta devoción; fue en la siguiente ocasión, como cuenta el Padre Crasset. Un criminal fue condenado a ser quemado vivo en la Vigilia de la Anunciación de la Madre de Dios; él la saludó con un "Ave María", y en medio de las llamas él, e incluso sus ropas, permanecieron ilesos. En 1724 Benedicto XIII concedió indulgencia de cien días a todos los que la rezan, e indulgencia plenaria una vez al mes a los que, durante ese tiempo, la han rezado diariamente como se ha dicho, con la condición de que se confiesen y comulguen, y recen por las intenciones acostumbradas. Antiguamente, al sonido de la campana, todos se arrodillaban para rezar el Ángelus, pero en la actualidad hay algunos que se avergüenzan de hacerlo. San Carlos Borromeo no se avergonzaba de bajar de su carruaje o de su caballo para rezar el Ángelus en la calle, e incluso a veces en el barro.

¡Oh Virgen Inmaculada y santa! ¡Oh criatura la más humilde y la más excelsa ante Dios! Eras tan humilde a tus propios ojos, pero tan grande a los ojos de tu Señor, que te exaltó hasta el punto de elegirte por Madre suya y hacerte Reina del cielo y de la tierra. Doy, pues, gracias a Dios, que tanto te ha exaltado, y me alegro de verte tan estrechamente unida a Él, que no se puede conceder mayor don a una criatura pura. Ante ti, que eres tan humilde, aunque dotada de dones tan preciosos, me avergüenzo de aparecer, yo que soy tan orgullosa en medio de tantos pecados. Pero, miserable como soy, también yo te saludaré: ¡Salve, María, llena eres de gracia! Tú ya estás llena de gracia; dame una porción de ella. El Señor está contigo. Aquel Señor que siempre estuvo contigo desde el primer momento de tu creación, ahora se ha unido más estrechamente a ti al convertirse en tu Hijo. Bendita tú eres entre todas las mujeres. Oh Señora, bendita entre todas las mujeres, obtén también para nosotros la bendición divina. Y bendito es el fruto de tu vientre. ¡Oh, bendita planta que has dado al mundo un fruto tan noble y santo!

II.

Podemos saludar a la Madre de Dios con un "Ave María" cada vez que oigamos sonar el reloj. San Alfonso Rodríguez la saludaba cada hora, y por la noche los ángeles lo despertaban para que no omitiera su devoción.

Al salir y al volver a casa podemos saludar a la Santísima Virgen con un "Ave María", para que tanto en casa como fuera de ella nos guarde de todo pecado; y debemos besar cada vez sus pies, como hacen siempre los Padres Cartujos. Deberíamos reverenciar cada imagen de María por la que pasamos con un "Ave María". Para ello, quienes puedan hacerlo, harán bien en colocar una bella imagen de la Santísima Virgen en la pared de sus casas, para que sea venerada por quienes pasen. En Nápoles, y más aún en Roma, hay bellísimas imágenes de la Santísima Virgen colocadas a lo largo de los caminos por sus devotos clientes.

Por mandato de la santa Iglesia, todas las horas canónicas van precedidas de un "Ave María" y concluyen con él; por tanto, hacemos bien en comenzar y terminar todas nuestras acciones con un "Ave María". Digo todas nuestras acciones, sean espirituales, como la Oración, la Confesión y la Comunión, la Lectura Espiritual, oír sermones y cosas semejantes; o temporales, como el estudio, dar consejos, trabajar, ir a la mesa, a la cama, etc. Felices son aquellas acciones que se encierran entre dos "Ave Marías". Así debemos hacer también al despertarnos por la mañana, al cerrar los ojos para dormir, en toda tentación, en todo peligro, en toda inclinación a la ira, y cosas semejantes; en estas ocasiones debemos rezar siempre un "Ave María". Hacedlo y veréis el inmenso provecho que sacaréis de ello. Recordad también que por cada Ave María hay una Indulgencia de treinta días. El Padre Auriemma cuenta que la Santísima Virgen prometió a Santa Matilde una muerte feliz si cada día recitaba tres "Avemarías" en honor de su poder, sabiduría y bondad, Además, ella misma dijo a Santa Juana Francisca de Chantal que el "Avemaría" le era muy aceptable, y especialmente cuando se recitaba diez veces en honor de sus diez virtudes.

Santa María, Madre de Dios. Oh María, reconozco que eres la verdadera Madre de Dios, y en defensa de esta verdad estoy dispuesto a dar mi vida mil veces. Ruega por nosotros pecadores. Pero si eres la Madre de Dios, eres también la Madre de nuestra salvación, y Madre de nosotros, pobres pecadores; pues Dios se hizo Hombre para salvar a los pecadores, y te hizo Madre suya para que tus oraciones tuvieran poder para salvar a cualquier pecador. Apresúrate, pues, oh María, y ruega por nosotros, ahora y en la hora de nuestra muerte. Ruega siempre: ruega ahora que vivimos en medio de tantas tentaciones y peligros de perder a Dios; pero más aún, ruega por nosotros a la hora de nuestra muerte, cuando estemos a punto de dejar este mundo y ser presentados ante el tribunal de Dios, para que, salvados por los méritos de Jesucristo y por tu intercesión, lleguemos un día, sin más peligro de perdernos, a saludarte y alabarte con tu Hijo en el Cielo por toda la eternidad, Amén.

Lectura espiritual

¡VITA., DULCEDO! ¡SALVE, VIDA NUESTRA, DULZURA NUESTRA!

XXVI.-MARIA ES NUESTRA DULZURA; ELLA HACE DULCE LA MUERTE A SUS CLIENTES.

Como dice San Jerónimo, escribiendo a la virgen Eustoquia: "¡Qué día de alegría será para ti cuando María, la Madre de nuestro Señor, acompañada de coros y vírgenes, vaya a tu encuentro!". La Santísima Virgen se lo aseguró a Santa Brígida; pues, hablando de sus devotos clientes a punto de morir, dijo: "Entonces yo, su querida Señora y Madre, volaré hacia ellos, para que tengan consuelo y refrigerio". San Vicente Ferrer dice que la Santísima Virgen no sólo los consuela y refresca, sino que recibe las almas de los moribundos. Esta Reina amorosa las toma bajo su manto y así las presenta al Juez, su Hijo, y con toda seguridad obtiene su salvación. Esto le sucedió realmente a Carlos, el hijo de Santa Brígida, que murió en el ejército lejos de su madre. Ella temió mucho por su salvación a causa de los peligros a que están expuestos los jóvenes en la carrera militar; pero la Santísima Virgen le reveló que se salvó a causa de su amor por ella y que, en consecuencia, ella misma le había asistido en la muerte y le había sugerido los actos que debían realizarse en aquel terrible momento. Al mismo tiempo, la Santa vio a Jesús en su trono y al demonio lanzando dos acusaciones contra la Santísima Virgen: la primera, que María le había impedido tentar a Carlos en el momento de la muerte; y la segunda, que esta Santísima Virgen había presentado ella misma su alma al Juez, y así lo había salvado sin darle siquiera la oportunidad de exponer los motivos por los que la reclamaba. Entonces vio cómo el Juez expulsaba al demonio y cómo el alma de Carlos era llevada al cielo.

El Eclesiástico dice que sus vendas son un lazo saludable (Eclesiástico vi. 31), y que al final encontrarás descanso en ella (Eclesiástico vi. 29). ¡Oh, en verdad eres afortunado si al morir estás atado con las dulces cadenas del amor de la Madre de Dios! Estas cadenas son cadenas de salvación; son cadenas que os asegurarán la salvación eterna y os harán gozar en la muerte de esa paz bendita que será el principio de vuestra paz y descanso eternos. El Padre Binetti, en su libro sobre la Perfección de Nuestro Santísimo Señor, dice que, habiendo asistido al lecho de muerte de un gran amante de María, le oyó, antes de expirar, pronunciar estas palabras: "Oh Padre mío; ojalá pudieras conocer la felicidad que ahora disfruto por haber servido a la santísima Madre de Dios; no puedo decirte el gozo que ahora experimento." El Padre Suárez (como consecuencia de su devoción a María, que era tal, que solía decir que de buena gana cambiaría todo su saber por el mérito de una sola "Ave María") murió con tanta paz y alegría, que en aquel momento dijo: "No podía pensar que la muerte fuera tan dulce"; es decir, que nunca hubiera podido imaginar que fuera posible, si no lo hubiera experimentado entonces, que pudiera encontrar tanta dulzura en la muerte. Experimentaréis, sin duda, la misma alegría y contento en la muerte, si recordáis entonces que habéis amado a esta buena Madre, que no puede ser otra cosa que fiel a sus hijos, los cuales han sido fieles en servirla y honrarla con sus Visitas, Rosarios y Ayunos, y más aún agradeciéndole y alabándola con frecuencia, y encomendándose a menudo a su poderosa protección. Este consuelo tampoco te será negado aunque hayas sido pecador durante algún tiempo, con tal de que, desde hoy, te esmeres en vivir bien y en servir a esta clementísima y benignísima Señora. En tus penas y en las tentaciones de desesperación que te enviará el demonio, Ella te consolará, e incluso vendrá ella misma a asistirte en tus últimos momentos. San Pedro Damián cuenta que un día su hermano Martín había ofendido gravemente a Dios. Martín se presentó ante un altar de María para consagrarse a ella como su esclavo; y para ello, y en señal de servidumbre, se puso el cinturón al cuello, y así se dirigió a ella: "Mi soberana Señora, espejo de esa pureza que yo, miserable pecador que soy, he violado, ultrajando así a mi Dios y a ti, no conozco mejor remedio para mi crimen que ofrecerme a ti como tu esclavo. Mírame, pues: a ti me consagro hoy, para ser tu siervo; acéptame, aunque rebelde, y no me rechaces." Entonces dejó una suma de dinero en el escalón del altar y prometió pagar una suma igual cada año como tributo que debía como esclavo de María. Al cabo de cierto tiempo, Martín cayó peligrosamente enfermo; pero una mañana, antes de expirar, se le oyó exclamar: "¡Levantaos, levantaos, rendid homenaje a mi Reina!" y luego añadió: "¿Y de dónde viene este favor, oh Reina del Cielo, para que te dignes visitar a tu pobre siervo? Bendíceme, oh Señora, y no permitas que me pierda después de haberme honrado con tu presencia". En este momento. entró su hermano Pedro y a él le relató la visita de María, y añadió que ella le había bendecido, pero al mismo tiempo se quejó de que los presentes hubieran permanecido sentados en presencia de esta gran Reina: y poco después expiró dulcemente en nuestro Señor.

Meditación vespertina

LA PRÁCTICA DEL AMOR DE JESUCRISTO.

XXXII. LA CARIDAD NO ENVIDIA"-EL QUE AMA A JESÚS NO ENVIDIA A LOS GRANDES DEL MUNDO, SINO SÓLO A LOS QUE SON MAYORES AMANTES DE JESUCRISTO.

I.

Y aquí debemos observar que no sólo debemos realizar buenas obras, sino que debemos realizarlas bien. Para que nuestras obras sean buenas y perfectas, deben hacerse con el único fin de agradar a Dios. Esta fue la admirable alabanza que se tributó a Jesucristo: Todo lo ha hecho bien (Mc vii. 37). Muchas acciones pueden ser en sí mismas dignas de alabanza, pero por haber sido realizadas con algún fin que no sea la gloria de Dios, tienen poco o ningún valor a sus ojos. Santa María Magdalena de Pazzi dijo: "Dios recompensa nuestras acciones por el peso de la pura intención". Tanto como decir que según sea pura nuestra intención, así acepta y recompensa el Señor nuestras acciones. Pero, oh Dios, ¡qué difícil es encontrar una acción hecha únicamente por Ti! Recuerdo a un santo anciano, religioso, que había trabajado mucho al servicio de Dios, y que murió con fama de santidad, cómo un día, al echar una mirada retrospectiva a su vida pasada, me dijo en tono de tristeza y temor: "¡Ay de mí! Cuando considero todas las acciones de mi vida pasada, no encuentro una sola hecha enteramente para Dios". ¡Oh, este maldito amor propio que nos hace perder la mayor parte del fruto de nuestras buenas acciones! ¡Cuántos en sus más santos empleos, como predicar, oír confesiones, dar misiones, trabajan y se esfuerzan mucho, y ganan poco o nada, porque no consideran sólo a Dios, sino el honor mundano, o el interés propio, o la vanidad de aparentar, o al menos su propia inclinación!

II.

Nuestro Señor ha dicho: Mirad que no hagáis vuestra justicia delante de los hombres, para ser vistos de ellos; de otra manera no tendréis recompensa de vuestro Padre que está en los cielos - (Mateo vi. I). El que trabaja para su propia gratificación ya recibe su paga: Os aseguro que ya han recibido su recompensa- (Mateo vi. 5). Pero una recompensa en verdad que se reduce a un poco de humo, o el placer de un día que rápidamente se desvanece, y no confiere ningún beneficio al alma. El profeta Aggeo dice que quienquiera que trabaje por otra cosa que no sea agradar a Dios, pone su recompensa en una bolsa llena de agujeros, que, cuando llega el momento de abrirla, encuentra completamente vacía: Y el que ha ganado salario, lo pone en una bolsa con agujeros- (Aggeus. i. 6). Y de ahí que tales personas, en el caso de que no consigan el objetivo por el que emprendieron alguna empresa, se vean abocadas a grandes problemas. El que emprende una cosa únicamente para la gloria de Dios no se turba en absoluto, aunque sus empresas no tengan éxito, porque, al trabajar con una intención pura, ya ha conseguido su objeto, que era agradar a Dios Todopoderoso.

QUINTO DOMINGO DESPUÉS DE PASCUA

Meditación de la mañana

"PEDID Y RECIBIRÉIS'. - (Evangelio del domingo. Juan xvi. 23-30).

Toda la vida de los Santos ha sido meditación y oración; y todas las gracias por medio de las cuales han llegado a ser Santos las han recibido en respuesta a la oración. Por tanto, si queremos salvarnos y llegar a ser santos, debemos estar siempre a las puertas de la misericordia divina y pedir y orar, como por una limosna, todo lo que necesitemos. Pide y recibirás.

I.

Pedid y recibiréis. Somos pobres en todas las cosas; pero si oramos, somos ricos en todas las cosas; porque Dios ha prometido conceder la oración del que le ora. Dice: Pedid y recibiréis. Qué mayor amor puede mostrar un amigo hacia otro que decirle: Pídeme lo que quieras y te lo daré. Esto es lo que el Señor nos dice a cada uno de nosotros. Dios es Señor de todas las cosas. Promete darnos cuanto le pidamos; si, pues, somos pobres, la culpa es nuestra, porque no le pedimos las gracias de que tenemos necesidad. Por eso la oración mental es moralmente necesaria para todos, ya que cuando la dejamos de lado, mientras estamos ocupados en las preocupaciones de este mundo, prestamos poca atención al alma; pero cuando la practicamos descubrimos las necesidades del alma, y entonces pedimos las gracias correspondientes y las obtenemos.

Toda la vida de los santos ha sido meditación y oración, y todas las gracias por las que han llegado a ser santos las han recibido en respuesta a la oración. Por tanto, si queremos salvarnos y llegar a ser santos, debemos estar siempre a las puertas de la Divina Misericordia para pedir y rogar, como una limosna, todo aquello de lo que tengamos necesidad. Necesitamos humildad: pidámosla y seremos humildes. Necesitamos paciencia en las tribulaciones: pidámosla y seremos pacientes. El amor divino es lo que deseamos: pidámoslo y lo obtendremos. Pedid y se os dará- (Mateo vii. 7} es la promesa de Dios, que no puede fallar. Y Jesucristo, para inspirarnos mayor confianza en nuestras oraciones, nos ha prometido que cualesquiera que sean las gracias que pidamos al Padre en su Nombre, por su amor o por sus méritos, el Padre nos las concederá todas: Os aseguro que si pedís algo al Padre en mi nombre, os lo dará (Jn xvi. 23). Y en otro lugar dice que si le pedimos algo en su propio Nombre y por sus méritos, Él nos lo concederá: Si algo me pedís en mi nombre, eso haré- (Juan xiv. 14}. Sí, porque es de Fe que todo lo que Dios puede hacer también lo puede hacer Jesucristo, que es Su Hijo.

II.

El Concilio de Trento enseña, con palabras de San Agustín, que, aunque el hombre no sea capaz, con la ayuda de la gracia ordinariamente concedida, de cumplir todos los Mandamientos, puede, sin embargo, obtener por la oración los auxilios adicionales necesarios para su observancia. "Dios no manda imposibilidades", dice San Agustín, "sino que por sus preceptos te amonesta a hacer lo que puedas, y a pedir lo que no puedas; y te asiste para que puedas hacerlo." A esto puede añadirse otro célebre pasaje de San Agustín: "Por nuestra Fe, que enseña que Dios no manda imposibilidades, se nos amonesta qué hacer en las cosas fáciles, y qué pedir en las difíciles."

Pero ¿por qué Dios, que conoce nuestra debilidad, permite que nos asalten enemigos a los que no somos capaces de resistir? El Señor, responde el santo Doctor, viendo las grandes ventajas que se derivan del hecho mismo de que tenemos necesidad de rezarle, permite que seamos atacados por enemigos más poderosos que nosotros, para que le pidamos ayuda. De ahí que los vencidos no puedan excusarse diciendo que no tenían fuerzas para resistir el asalto del enemigo; porque si hubieran pedido ayuda a Dios, Él se la habría concedido; y si hubieran orado, habrían salido victoriosos. Por tanto, si son derrotados, Dios los castigará. San Buenaventura dice que si un general pierde una fortaleza como consecuencia de no haber pedido oportunamente socorro a su soberano, será tachado de traidor. Así, Dios considera traidor al cristiano que, cuando se encuentra asaltado por las tentaciones, descuida buscar el auxilio divino. Pedid, dice Jesucristo, y recibiréis. Luego, concluye Santa Teresa, el que no pide no recibe. Esto es conforme a la doctrina de Santiago: No tenéis, porque no pedís - (Santiago iv. 2). San Juan Crisóstomo dice que la oración es una poderosa arma de defensa contra todos los enemigos. "Verdaderamente la oración es una gran armadura". San Efrén escribe que quien se fortifica de antemano con la oración impide la entrada del pecado en el alma. "Si rezas antes de trabajar, el paso hacia el alma no estará abierto al pecado". David dijo lo mismo: Alabando invocaré al Señor, y seré salvo de mis enemigos. - (Salmo xvii. 4). Si queremos llevar una vida buena, y salvar nuestras almas, debemos aprender a orar. 'Sabe vivir bien quien sabe rezar bien", dice San Agustín.

Lectura espiritual

¡VITA, DULCEDO! ¡SALVE, VIDA NUESTRA, DULZURA NUESTRA!
XXVII.-MARIA ES NUESTRA DULZURA; HACE DULCE LA MUERTE A SUS CLIENTES

Así será también tu muerte si eres fiel a María. Aunque hasta ahora hayas ofendido a Dios, ella te procurará una muerte dulce y feliz. Y si por casualidad en ese momento estás muy alarmado y pierdes la confianza a la vista de tus pecados, ella vendrá y te animará, como hizo con Adolfo, conde de Alsacia, que abandonó el mundo y entró en la Orden de San Francisco. En las Crónicas de la Orden se nos dice que tenía una tierna devoción a la Madre de Dios, y que cuando estaba a punto de morir su vida anterior y los rigores de la justicia divina se presentaron ante su mente, y le hicieron temblar ante el pensamiento de la muerte, y temer por su salvación eterna. Apenas habían entrado estos pensamientos en su mente, cuando María, que siempre está activa cuando sus siervos sufren, acompañada de muchos Santos, se presentó ante el moribundo, y le animó con palabras de la mayor ternura, diciendo: "Mi amado Adolfo, tú eres mío, tú te has entregado a mí, y ahora ¿por qué temes tanto a la muerte?". Al oír estas palabras, el siervo de María se sintió aliviado al instante, el miedo se desvaneció de su alma y expiró en medio de la mayor paz y alegría.

Tengamos, pues, buen corazón, aunque seamos pecadores, y sintámonos seguros de que María vendrá a asistirnos en la muerte, y nos confortará y consolará con su presencia, con tal sólo que la sirvamos con amor durante el tiempo que nos quede por estar en este mundo. Nuestra Reina, dirigiéndose un día a Santa Matilde, prometió que asistiría en la muerte a todos sus clientes que, durante su vida, la habían servido fielmente. "Yo, como Madre ternísima, estaré fielmente presente en la muerte de todos los que piadosamente me sirvan, y los consolaré y protegeré". Oh Dios, qué consuelo será en ese último momento de nuestras vidas, cuando nuestra suerte eterna está tan pronto por decidirse, ver a la Reina del Cielo asistiéndonos y consolándonos con la seguridad de su protección.

Además de los casos ya citados en que hemos visto a María asistiendo a sus siervos moribundos, hay innumerables otros registrados en diferentes obras. Este favor fue concedido a Santa Clara; a San Félix, de la Orden de los Capuchinos; a Santa Clara de Montefalco; a Santa Teresa; a San Pedro de Alcántara. Pero, para nuestro consuelo común, relataré lo siguiente: Cuenta el padre Crasset que María de Oignies vio a la Santísima Virgen junto a la almohada de una devota viuda de Willembroc, enferma de violentas fiebres. María estaba a su lado, consolándola y refrescándola con un abanico. De San Juan de Dios, que era devoto de María, se cuenta que esperaba que ella lo visitara en su lecho de muerte, pero al no verla llegar se afligió y tal vez incluso se quejó. Pero cuando llegó su última hora, se le apareció la divina Madre y, reprendiéndole suavemente por su poca confianza, le dirigió las siguientes tiernas palabras, que bien pueden animar a todos los siervos de María: "Juan, no está en mí abandonar a mis clientes en semejante momento". Como si hubiera dicho: "Juan, ¿en qué estabas pensando? ¿Pensabas que te había abandonado? ¿Y no sabes que nunca abandono a mis clientes a la hora de la muerte? Si no vine antes, fue porque no había llegado tu hora; pero ahora que ha llegado, he aquí que te llevo; vayamos al Cielo". Poco después expiró el Santo y huyó a aquel bendito reino, para dar allí gracias por toda la eternidad a su amantísima Reina.

Meditación vespertina

LA PRÁCTICA DEL AMOR DE JESUCRISTO

XXXIII-"LA CARIDAD NO ENVIDIA"-EL QUE AMA A JESÚS NO ENVIDIA A LOS GRANDES DEL MUNDO, SINO SÓLO A LOS QUE SON MAYORES AMANTES DE JESUCRISTO.

I.

Las siguientes son las señales que indican si trabajamos únicamente para Dios en cualquier empresa espiritual.

1.-Si no nos perturba el fracaso de nuestros planes, porque cuando vemos que no es la voluntad de Dios, tampoco lo es ya la nuestra.

2.-Si nos alegramos del bien hecho por los demás tan de corazón como si lo hubiéramos hecho nosotros.

3.-Si no tenemos preferencia por un cargo más que por otro, sino que aceptamos de buen grado el que nos impone la obediencia a los superiores.

4.-Si después de nuestras acciones no buscamos el agradecimiento o la aprobación de los demás, ni nos sentimos afectados en modo alguno, si se nos encuentra alguna falta o se nos regaña, estando satisfechos de haber agradado a Dios.

Y si cuando el mundo nos aplaude no nos envanecemos, sino que salimos al encuentro de la vanagloria, que podría hacerse sentir, con la respuesta del bienaventurado Juan de

Ávila: "¡Vete! Llegas demasiado tarde, pues todo ha sido ya dado a Dios". Esto es entrar en el gozo del Señor; es decir, gozar del gozo de Dios, como está prometido a sus siervos fieles: Bien, buen siervo y fiel; porque sobre poco has sido fiel... entra en el gozo de tu Señor- (Mateo xxv. 23).

Y si nos toca en suerte hacer algo agradable a Dios, ¿qué más, se pregunta San Juan Crisóstomo, podemos desear? "Si eres hallado digno de realizar algo que agrada a Dios, ¿buscas otra recompensa que ésta?". La mayor recompensa, la más brillante fortuna que puede acontecer a una criatura es dar gusto a su Creador.

II.

Y esto es lo que Jesucristo busca de un alma que le ama: Ponme, dice, como un sello en tu corazón, como un sello en tu brazo- (Cánticos viii. 6). Desea que lo pongamos como sello en nuestro corazón y en nuestro brazo: en nuestro corazón, para que todo lo que intentemos hacer lo hagamos únicamente por amor a Dios; en nuestro brazo, para que, hagamos lo que hagamos, todo lo hagamos para agradar a Dios; para que Dios sea siempre el único fin de todos nuestros pensamientos y de todas nuestras acciones. Santa Teresa decía que el que quisiera ser santo debía vivir libre de todo otro deseo que el de agradar a Dios; y su primera hija, la Venerable Beatriz de la Encarnación, decía: "Nada en absoluto podría recompensar la menor cosa hecha por Dios". Y con razón; pues todo lo que se hace para agradar a Dios son actos de Caridad que nos unen a Dios y nos obtienen recompensas eternas.

LOS DÍAS DE LA ROGACIÓN - LUNES

CONDICIONES DE LA ORACIÓN

Todo lo que pidiereis orando, creed que lo recibiréis, y os vendrá" (Marcos xi. 24). Muchos oran, pero no obtienen lo que piden, porque no oran como deben. Pedís, dice Santiago, y no recibís, porque pedís mal- (Santiago iv. 3). Para ser escuchados por Dios debemos pedir con humildad, confianza y perseverancia. ¿Y qué oraciones, oh Dios mío, oirás jamás, si no escuchas las que se hacen como Tú quieres que se hagan?

I.

Consideremos las condiciones de la oración. Muchos oran, pero no obtienen el objeto de sus oraciones, porque no oran como deben. Pedís, dice Santiago, y no recibís, porque pedís mal (Santiago iv. 3). Para orar bien es necesario, en primer lugar, orar con humildad. Dios resiste a los soberbios y da gracia a los humildes (Sant. iv. 6). Dios rechaza las peticiones de los soberbios, pero no permite que los humildes se vayan sin escuchar todas sus oraciones. La oración del que se humilla traspasará las nubes... y no se irá hasta que el Altísimo lo vea- (Eclesiástico xxxv. 21). Esto es válido aunque hasta ahora hayan sido pecadores. Un corazón contrito y humillado, oh Dios, no despreciarás-(Salmo 1, 19). En segundo lugar, es necesario orar con confianza. Nadie esperó en el Señor, y fue confundido- (Eclesiástico ii. 11). Jesucristo nos ha enseñado a no llamar a Dios, en nuestras peticiones de sus gracias, por otro nombre que el de Padre, para hacernos orar con la misma confianza con que un niño recurre a sus padres. Quien ora con confianza, obtiene toda gracia. Todo lo que pidiereis orando, creed que lo recibiréis, y os vendrá" (Mc Xi.-24). Y quién, dice San Agustín, puede temer que se incumplan las promesas de Dios, que es la Verdad misma. Dios, dice la Escritura, no es como los hombres, que prometen, pero no cumplen, bien porque pretenden engañar, bien porque cambian de opinión. Dios no es como el hombre para que mienta, ni como el hijo del hombre para que cambie de parecer. ¿Ha dicho, pues, y no hará? (Números xxiii. 19). ¿Y por qué, añade el mismo San Agustín, nos exhortaría el Señor tan encarecidamente a pedir sus gracias, si no quisiera concedérnoslas? Por sus promesas se ha obligado a concedernos las gracias que le pidamos. "Al prometer", dice San Agustín, "se ha hecho deudor".

Pero algunos dirán: Soy un pecador y, por tanto, no merezco ser escuchado. Santo Tomás responde que la eficacia de la oración para obtener la gracia no depende de nuestros méritos, sino de la misericordia divina. Todo el que pide, dice Jesucristo, recibe - (Mateo vii. 8); es decir, todo el que sea justo o pecador. Pero el mismo Redentor quita todo temor cuando dice: Amén, amén os digo: Si algo pedís al Padre en mi nombre, os lo dará- (Juan xvi. 23). Como si dijera: Pecadores, si vosotros estáis sin méritos, Yo tengo méritos ante Mi Padre. Pedid, pues, en Mi Nombre, y Yo os prometo que recibiréis cuanto pidáis. Pero es necesario saber que esta promesa no se extiende a los favores temporales, como la salud, los bienes de fortuna y otros semejantes; pues Dios rechaza a menudo con justicia estas gracias, porque ve que serían perjudiciales para nuestra salvación. "El médico", dice San Agustín, "sabe mejor que el paciente lo que es útil". El santo Doctor añade que Dios niega a unos por misericordia lo que da a otros porque está enojado. De ahí que debamos pedir las bendiciones temporales sólo a condición de que sean provechosas para el alma. Pero las gracias espirituales, como el perdón de los pecados, la perseverancia, el amor divino y otras semejantes, deben pedirse absolutamente y con la firme confianza de obtenerlas. Si vosotros, dice Jesucristo, siendo malos, sabéis dar buenas dádivas a vuestros hijos, ¡cuánto más vuestro Padre del cielo dará el buen Espíritu a los que se lo pidan! - (Lucas xi. 13).

Sin Tu ayuda, oh mi amado Redentor, nada puedo. Pero Tú has prometido conceder todo lo que te pidamos. Confiando, pues, en tus promesas, mi querido Jesús, te pido el perdón de todos mis pecados: Te pido la santa perseverancia; pero, sobre todo, te pido el don de tu santo amor.

II.

Ante todo es necesaria la perseverancia en la oración. En su comentario al capítulo XI del Evangelio de San Lucas, Cornelio a Lápide dice que el Señor "quiere que perseveremos en la oración hasta la importunidad". Esto puede inferirse de los siguientes pasajes de la Escritura: Debemos orar siempre-(Lucas xviii. 1). Velad, pues, orando en todo tiempo-(Lucas xxi. 36). Orad sin cesar-(I Tesalonicenses v. 17). También puede inferirse de las repetidas exhortaciones de nuestro Señor a la oración. Pedid, y se os dará; buscad, y hallaréis; llamad, y se os abrirá- (Lucas xi. 9). Podría haber bastado con decir: Pedid; pero no; el Señor quiere que entendamos que debemos imitar a los mendigos, que no cesan de pedir, de rogar y de llamar a la puerta, hasta que reciben una limosna. Pero la perseverancia final es una gracia que no se obtiene sin la oración continua. No podemos merecer esta gracia de la perseverancia; pero, según San Agustín, puede merecerse de cierta manera. "Este don", dice el santo Doctor, "puede merecerse suplicantemente; es decir, puede obtenerse por súplica". Por tanto, si queremos salvarnos, oremos siempre y no dejemos nunca de orar. Y que todos los confesores y maestros, si desean la salvación de las almas, nunca dejen de exhortar a sus penitentes u oyentes a la oración. Y, conforme al consejo de San Bernardo, recurramos siempre a la intercesión de María. "Pidamos la gracia y pidámosla por medio de María: porque lo que ella pide lo obtiene, y su oración no puede ser infructuosa".

Oh Dios mío, espero que ya me hayas perdonado; pero mis enemigos no cesarán de luchar contra mí hasta la muerte. Si no me ayudas, volveré a perderte. Por los méritos de Jesucristo, te pido santa perseverancia. No permitas que me separe de Ti. Y pido la misma gracia para todos los que actualmente están en gracia. Pongo toda mi confianza en tu promesa de que me darás la perseverancia si continúo pidiéndotela. Pero temo que en mis tentaciones me olvide de recurrir a Ti y recaiga en el pecado. Te pido, pues, la gracia de no descuidar nunca más la oración. Concédeme que en las ocasiones en que esté en peligro de recaer, pueda encomendarme a Ti e invocar la ayuda de los santísimos Nombres de Jesús y de María. Oh Dios mío, esto me propongo y espero conseguirlo con la ayuda de tu gracia. Escúchame por Jesucristo. Oh María, Madre mía, alcánzame la gracia de que en todos los peligros de perder a Dios, recurra a ti y a tu Hijo.

Lectura espiritual

SPES NOSTRA, SALVE, ESPERANZA NUESTRA

XXVIII.-MARY ES LA ESPERANZA DE TODOS.

Los herejes modernos no soportan que saludemos y llamemos a María nuestra esperanza: "¡Salve, esperanza nuestra!". Dicen que sólo Dios es nuestra esperanza, y que Él maldice a los que ponen su confianza en las criaturas con estas palabras del profeta Jeremías: Maldito el hombre que confía en el hombre-(Jeremías xvii. 5). María, exclaman, es una criatura; ¿y cómo puede una criatura ser nuestra esperanza? Esto es lo que dicen los herejes; pero, a pesar de ello, la santa Iglesia obliga cada día a todos los Eclesiásticos y Religiosos a levantar la voz; y en nombre de todos los fieles a invocar y llamar a María con el dulce nombre de "nuestra Esperanza", la esperanza de todos.

El Doctor angélico Santo Tomás dice que podemos poner nuestra esperanza en una persona de dos maneras: como causa principal, y como mediata. Quien espera un favor de un rey, lo espera de él como señor; lo espera de su ministro o favorito como intercesor. Si el favor es concedido, viene primariamente del rey, pero viene a través de la instrumentalidad del favorito; y en este caso el que busca el favor está en lo correcto al llamar a su intercesor su esperanza. El Rey del Cielo, siendo Bondad Infinita, desea en grado sumo enriquecernos con sus gracias; pero porque se requiere confianza de nuestra parte, y para aumentarla en nosotros, nos ha dado a su propia Madre para que sea nuestra Madre y Abogada, y a ella le ha dado todo poder para ayudarnos; y por eso quiere que en ella depositemos nuestra esperanza de salvación y de toda bendición. Los que ponen sus esperanzas en las criaturas solas, independientemente de Dios, como hacen los pecadores, y para obtener la amistad y el favor de un hombre, no temen ultrajar a Su Divina Majestad, son ciertamente maldecidos por Dios, como dice el Profeta Jeremías. Pero los que esperan en María, como Madre de Dios, que es capaz de obtenerles las gracias y la vida eterna, son verdaderamente bienaventurados y agradables al Corazón de Dios, que desea ver honrada a la más grande de sus criaturas; pues ella le amó y honró en este mundo más que todos los hombres y ángeles juntos. Y por eso, justa y razonablemente, llamamos a la Santísima Virgen "nuestra Esperanza", confiando, como dice el Cardenal Belarmino," que obtendremos por su intercesión, lo que no obtendríamos por nuestras propias oraciones sin ayuda.' "Le rezamos", dice el docto Suárez, "para que la dignidad de la intercesora supla nuestra propia indignidad; de modo que", continúa, "implorar a la Santísima Virgen con tal espíritu no es desconfianza en la misericordia de Dios, sino temor de nuestra propia indignidad."

No es, pues, sin razón que la santa Iglesia, en palabras del Eclesiástico, llama a María la madre de la santa esperanza (Eclesiástico xxiv. 24). Ella es la Madre que hace nacer en nuestros corazones la santa esperanza; no la esperanza de los bienes vanos y transitorios de esta vida, sino la de los bienes inmensos y eternos del Cielo.

"¡Salve, pues, oh esperanza de mi alma!", exclama San Efrén, dirigiéndose a esta Divina Madre; "¡salve, oh salvación cierta de los cristianos; salve, oh auxiliadora de los pecadores; salve, fortaleza de los fieles y salvación del mundo!". Otros Santos nos recuerdan que, después de Dios, nuestra única esperanza es María; y por eso, la llaman, "después de Dios, su única Esperanza."

Meditación vespertina

LA PRÁCTICA DEL AMOR A JESUCRISTO

XXXIV.- "LA CARIDAD NO ENVIDIA"-EL QUE AMA A JESÚS NO ENVIDIA A LOS GRANDES DEL MUNDO, SINO SÓLO A LOS QUE SON MÁS GRANDES AMANTES DE JESUCRISTO.

I.

La pureza de intención se llama la alquimia celestial por la que el hierro se convierte en oro; es decir, las acciones más triviales, como trabajar, tomar las comidas, recrearse o descansar, cuando se hacen por Dios, se convierten en el oro del santo amor. Por eso, Santa María Magdalena de Pazzi cree con certeza que aquellos que hacen todo con una intención pura van directamente al Paraíso, sin pasar por el Purgatorio. Se cuenta en el Tesoro Espiritual que era costumbre de un piadoso ermitaño, antes de emprender cualquier trabajo, detenerse un poco y levantar los ojos al Cielo; al preguntársele por qué lo hacía, respondía: "Estoy apuntando": "Estoy apuntando". Con esto quería decir que, así como el arquero, antes de disparar su flecha, apunta para no errar el blanco, así él, antes de cada acción, apuntaba a Dios, para estar seguro de agradarle. Nosotros debemos hacer lo mismo; e incluso durante la realización de nuestras acciones es muy bueno que de vez en cuando renovemos nuestra buena intención.

II.

Los que en sus empresas no tienen en vista otra cosa que la voluntad divina, gozan de aquella santa libertad de espíritu que pertenece a los hijos de Dios; y esto les permite abrazar todo lo que agrada a Jesucristo, por repugnante que sea a su propio amor propio o al respeto humano. El amor de Jesucristo establece a sus amantes en un estado de total indiferencia; de modo que todo es lo mismo para ellos, sea dulce o amargo; no desean nada para su propio placer, sino todo para el placer de Dios. Con los mismos sentimientos de paz, se dedican a las pequeñas y a las grandes obras; a lo agradable y a lo desagradable: les basta con que agraden a Dios.

LOS DÍAS DE LA ROGACIÓN - MARTES

Meditación de la mañana

DIOS SE HA COMPROMETIDO A CONCEDERNOS BIENES ESPIRITUALES, NO TEMPORALES

Sólo podemos esperar obtener aquellas gracias que pedimos en el Nombre y por los méritos de Jesucristo. "Pero", dice San Agustín, "si pedimos algo perjudicial para nuestra salvación no puede decirse que se pida en el Nombre del Salvador". Cuando veamos que Dios no nos concede dones temporales, estemos seguros de que sólo nos los niega porque nos ama, y porque ve que las cosas que pedimos sólo perjudicarían nuestro bienestar espiritual.

I.

Considera que la promesa de nuestro Señor de escuchar nuestras oraciones no se aplica a nuestras peticiones de bienes temporales, sino sólo a las de gracias espirituales necesarias, o en todo caso útiles, para la salvación del alma. Sólo podemos esperar obtener las gracias que pedimos en el Nombre y por los méritos de Jesucristo. "Pero", como dice San Agustín, "si pedimos algo perjudicial para nuestra salvación, no puede decirse que se pida en el Nombre del Salvador". Lo que es perjudicial para la salvación no puede esperarse del Salvador; Dios no lo concede ni puede concederlo; ¿y por qué? Porque nos ama. Un médico que tiene consideración por un enfermo no le permitirá tomar alimentos que sabe que le harán daño, y ¡cuántas personas se verían impedidas de cometer los pecados que cometen si fueran pobres o estuvieran enfermas! Mucha gente pide salud o riquezas, pero Dios no se las da, porque ve que serían ocasión de pecar, o al menos de volverse tibio en su servicio. Por eso, cuando pedimos estos dones temporales, debemos añadir siempre esta condición: si son provechosos para nuestras almas. Y cuando veamos que Dios no nos los concede, estemos seguros de que nos los niega sólo porque nos ama, y porque ve que las cosas que pedimos sólo perjudicarían nuestro bienestar espiritual.

Y a menudo rogamos a Dios que nos libre de alguna tentación molesta que trata de inducirnos a renunciar a su gracia; pero Dios no nos libra, para que nuestra alma esté más estrechamente unida en amor con Él. No son las tentaciones ni los malos pensamientos los que nos dañan y nos separan de Dios, sino el consentimiento al mal. Cuando el alma, por la asistencia de la gracia de Dios, resiste a una tentación, hace un gran avance en el camino de la perfección. San Pablo nos dice que estuvo muy turbado por tentaciones de impureza, y que rogó a Dios tres veces que le librase de ellas: Me fue dado un aguijón de mi carne, un ángel de Satanás para que me abofetease; por lo cual rogué tres veces al Señor que se apartase de mí. ¿Y qué respondió el Señor? Le dijo Te basta con mi gracia: Te basta con mi gracia" (2 Corintios xii. 7-9). Así, en las tentaciones que nos asaltan, debemos rogar a Dios que nos libre de ellas, o al menos que nos ayude a resistirlas. Y cuando oramos así, debemos estar muy seguros de que Dios ya nos está ayudando a resistirlas: Me invocaste en la aflicción, y yo te libré. Te oí en lo secreto de la tempestad- (Salmo lxxx. 8). Dios nos deja a menudo en la tempestad para nuestro mayor bien; pero aun así nos oye en secreto y nos da su gracia para fortalecernos a resistir y a resignarnos.

II.

Todos los dones temporales que no son necesarios para la salvación deben pedirse condicionalmente; y si vemos que Dios no los concede, debemos sentirnos seguros de que los rechaza para nuestro mayor bien. Pero en cuanto a las gracias espirituales, debemos estar seguros de que Dios nos las da cuando se las pedimos. Santa Teresa dice que Dios nos ama más que nosotros mismos. Y San Agustín ha declarado que Dios tiene más deseo de darnos su gracia que nosotros de recibirla: "Está más deseoso de concederos sus favores que vosotros de recibirlos". Y después de él, Santa María Magdalena de Pazzi ha dicho que Dios siente una especie de obligación hacia el alma que reza, y, por así decirlo, le dice: "Alma, te agradezco que me pidas la gracia". Porque entonces el alma da a Dios la oportunidad de hacerle bien, y de satisfacer así Su deseo de dar Su gracia a todos. ¿Y cómo puede suceder que Dios no escuche a un alma que pide las cosas que Él más se complace en dar? Cuando el alma dice: "Señor, no te pido riquezas, honores, los bienes de este mundo, sino que sólo suplico Tu gracia. Líbrame del pecado; dame una buena muerte; dame el Paraíso; dame Tu amor", que es la gracia que, como dice San Francisco de Sales, debemos pedir por encima de todas las demás, "dame resignación a Tu voluntad", cuando el alma reza así, ¿cómo es posible que Dios se niegue a escucharla? Y qué oraciones, oh Dios mío, oirás jamás, pregunta San Agustín, si no oyes las que se hacen como Tú quieres que se hagan: "Si no oyes éstas, ¿qué oyes?". Y San Bernardo dice que cuando pedimos gracias espirituales de esta clase, el deseo de obtenerlas sólo puede venirnos del mismo Dios; por lo que el Santo se dirige a Dios, y le dice: "¿Por qué has dado el deseo si no estás dispuesto a satisfacerlo?". Pero, sobre todo, las palabras de Jesucristo deben reavivar nuestra confianza, cuando rogamos por las gracias espirituales: Si vosotros, siendo malos, sabéis dar cosas buenas a vuestros hijos, ¿cuánto más vuestro Padre del cielo dará el Espíritu bueno a los que se lo pidan? - (Lucas xi. 13). Si vosotros, que estáis llenos de maldad y de amor propio, sois incapaces de negar a vuestros hijos las cosas buenas que os piden, ¿cuánto más vuestro Padre celestial, que os ama más de lo que cualquier padre terrenal puede amar a su familia, os concederá sus dones espirituales, cuando se los pidáis?

Oremos, pues, y estemos siempre orando, si queremos salvarnos. Que la oración sea nuestra ocupación más agradable; que la oración sea el ejercicio de toda nuestra vida. Y cuando pidamos gracias particulares, no olvidemos nunca pedir la gracia de continuar orando; porque si dejamos de orar, estaremos perdidos. No hay nada más fácil que rezar. Nos cuesta poco decir: Señor, ¡apóyame! ¡Señor, ayúdame! Señor, dame tu amor! y cosas semejantes. ¿Qué puede haber más fácil que esto? Pero si no lo hacemos así, no podremos salvarnos. Oremos, pues, y cobijémonos siempre bajo la intercesión de María: "Busquemos la gracia, y busquémosla por medio de María", dice San Bernardo. Y cuando nos encomendemos a María, estemos seguros de que Ella nos escucha y nos obtiene cuanto deseamos. El mismo Santo dice: "Ni los medios ni la voluntad pueden faltarle". Y San Agustín se dirige así a ella: "Acuérdate, piadosísima Señora, de que nunca se ha oído decir que se haya desamparado a nadie que haya huido a tu protección". Ah, no, dice San Buenaventura, quien invoca a María, encuentra la salvación; y por eso, la llama "la salvación de los que la invocan." Invoquemos, pues, siempre en nuestras oraciones a Jesús y a María; y no dejemos nunca de rezar.

Padre eterno, te adoro humildemente y te doy gracias por haberme creado y por haberme redimido por Jesucristo. Te doy gracias de todo corazón por haberme hecho cristiano, dándome la verdadera fe y adoptándome como hijo tuyo en el sacramento del Bautismo. Te doy gracias por haber esperado mi arrepentimiento, después de los innumerables pecados que había cometido, y por haber perdonado, como humildemente espero, todas las ofensas que Te he ofrecido, y de las que ahora estoy sinceramente arrepentido, porque han sido desagradables a Ti, que eres bondad infinita. Te doy gracias por haberme preservado de tantas recaídas, de las que habría sido culpable si Tú no me hubieras protegido. Pero mis enemigos continúan, y continuarán hasta la muerte, combatiéndome y tratando de hacerme su esclavo. Si Tú no me proteges constantemente y me socorres con tu ayuda, yo, miserable criatura, volveré al pecado, y ciertamente perderé tu gracia. Te suplico, pues, por amor de Jesucristo, que me concedas la santa perseverancia hasta la muerte. Jesús, Tu Hijo ha prometido que concederás todo lo que pidamos en Su Nombre. Por los méritos, pues, de Jesucristo, te pido, para mí y para todos los justos, la gracia de no separarme nunca más de Tu amor, sino de amarte para siempre, en el tiempo y en la eternidad. María, Madre de Dios, ruega a Jesús por mí.

Lectura espiritual

SPES NOSTRA, SALVE-HAIL, ¡NUESTRA ESPERANZA!

XXIX.-MARIA ES LA ESPERANZA DE TODOS

San Efrén, reflexionando sobre el orden actual de la Providencia, por el que Dios quiere que todos los que se salven lo sean por medio de María, se dirige así a Ella: "Oh Señora, no dejes de velar por nosotros; presérvanos y guárdanos bajo las alas de tu compasión y misericordia, pues, después de Dios, no tenemos otra esperanza que en ti." Santo Tomás de Villanueva repite lo mismo, llamándola: "nuestro único refugio, ayuda y asilo". San Bernardo parece dar la razón de ello cuando dice: "Mira, oh hombre, los designios de Dios, designios por los que puede dispensarnos más abundantemente su misericordia; pues, deseando redimir a todo el género humano, ha puesto todo el precio de la redención en manos de María, para que ella lo dispense a voluntad."

En el libro del Éxodo leemos que Dios mandó a Moisés hacer un propiciatorio de oro purísimo, porque desde allí le hablaría: Harás también un propiciatorio de oro purísimo... Desde allí te daré órdenes y hablaré contigo - (Éxodo xxv. 17, 22). San Andrés de Creta dice que "el mundo entero abraza a María por ser este propiciatorio". Y, comentando sus palabras, un autor piadoso exclama: "Tú, oh María, eres la propiciatoria del mundo entero. De ti habla a nuestros corazones nuestro compasivísimo Señor; de ti pronuncia palabras de perdón y misericordia; de ti concede sus dones; de ti nos fluye todo bien."

Por eso, antes de que el Verbo Divino se encarnara en el seno de María, Dios envió a un Arcángel para pedirle su consentimiento: porque quería que el mundo recibiera al Verbo Encarnado por medio de ella, y que ella fuera la fuente de todo bien. De ahí que San Ireneo señale que así como Eva fue seducida por un ángel caído para huir de Dios, así María fue llevada a recibir a Dios en su seno, obedeciendo a un Ángel bueno; y así, con su obediencia reparó la desobediencia de Eva, y se convirtió en su abogada, y en la de todo el género humano. "Si Eva desobedeció a Dios, sin embargo María fue persuadida a obedecer a Dios, para que la Virgen María se convirtiera en la abogada de la virgen Eva. Y así como el género humano fue destinado a la muerte por medio de una virgen, es salvado por medio de una Virgen." Y el Beato Raimundo Jordano dice también que "todo bien, toda ayuda, toda gracia que los hombres han recibido y recibirán de Dios hasta el fin de los tiempos les vino y les vendrá por la intercesión y por las manos de María."

El devoto Blosius, entonces, bien podría exclamar: "Oh María, tú que eres tan amorosa y bondadosa con todos los que te aman, dime, ¿quién puede ser tan infatuado y desdichado como para no amarte? Tú, en medio de sus dudas y dificultades, iluminas las mentes de todos los que, en sus aflicciones, recurren a ti. Tú alientas a los que acuden a ti en tiempo de peligro; tú socorres a los que te invocan; tú, después de tu divino Hijo, eres la salvación segura de tus fieles siervos. Salve, pues, oh esperanza de los desesperados; oh socorro de los abandonados. Oh María, tú eres todopoderosa, pues tu Divino Hijo, para honrarte, cumple al instante todos tus deseos".

Meditación vespertina

LA PRÁCTICA DEL AMOR DE JESUCRISTO

XXXV.-"LA CARIDAD NO ENVIDIA"-EL QUE AMA A JESUCRISTO NO ENVIDIA A LOS GRANDES DEL MUNDO, SINO SÓLO A LOS QUE SON MAYORES AMANTES DE JESUCRISTO.

I.

Muchos, por otra parte, están dispuestos a servir a Dios, pero debe ser en tal empleo, en tal lugar, con tales compañeros, o bajo tales circunstancias, o bien abandonan el trabajo o lo hacen con mala gracia. Tales personas no tienen libertad de espíritu, sino que son esclavas del amor propio: y por eso ganan muy poco mérito con lo que hacen: llevan una vida atribulada, porque el yugo de Jesucristo les resulta una carga. Los verdaderos amantes de Jesucristo sólo se preocupan de hacer lo que a Él le agrada; y por la razón de que le agrada, cuando Él quiere, y donde Él quiere, y de la manera que Él quiere, y si Él quiere emplearlos en un estado de vida honrado por el mundo o en una vida de oscuridad e insignificancia. Esto es lo que significa amar a Jesús con un amor puro; y en esto debemos ejercitarnos, luchando contra el ansia de nuestro amor propio, que nos impulsaría a buscar funciones importantes y honorables, y que se adapten a nuestras inclinaciones.

Te amo, Jesús mío; Te amo con toda mi alma; Te amo más que a mí mismo, oh verdadero y único Amante de mi alma; pues ¿qué amigo sino Tú ha sacrificado jamás su vida por mí? Lloro al pensar que he sido tan ingrato contigo. ¡Infeliz de mí! Ya estaba perdido, pero confío en que, por tu gracia, me has devuelto la vida. Y ésta será mi vida, amarte siempre, mi Bien Soberano. Hazme amarte, oh amor infinito, y no te pido nada más. Oh María, Madre mía, acógeme por siervo tuyo y consígueme la aceptación de Jesús, tu Hijo.

II.

Debemos, además, desprendernos de todos los ejercicios, aun espirituales, cuando el Señor quiera que nos ocupemos en otras obras de su beneplácito. Un día, el Padre Álvarez, hallándose rodeado de negocios, ansiaba librarse de ellos para ir a orar, porque le parecía que durante aquel tiempo no estaba con Dios, pero nuestro Señor le dijo entonces: "Aunque no te retenga conmigo, basta que me sirva de ti". Esta es una provechosa lección para los que a veces se turban al verse obligados, por obediencia o por caridad, a dejar sus acostumbradas devociones; estén seguros de que tales turbaciones en estas y semejantes ocasiones no proceden de Dios, sino o del demonio o del amor propio. "Da gusto a Dios y muere". Esta es la gran máxima de los Santos.

Oh mi Eterno Dios, te ofrezco todo mi corazón; pero ¿qué clase de corazón, oh Dios, es el que te ofrezco? Un corazón creado, en verdad, para amarte; pero que, en vez de amarte, se ha rebelado tantas veces contra Ti. Pero he aquí, Jesús mío, que si hubo un tiempo en que mi corazón se rebeló contra Ti, ahora está profundamente afligido y arrepentido por el disgusto que Te ha dado. Sí, mi querido Redentor, me arrepiento de haberte despreciado, y estoy decidido a hacer todo lo posible por obedecerte y amarte a toda costa. Oh, atráeme enteramente a tu amor; hazlo por el amor que te hizo morir por mí en la Cruz.

DÍAS DE ROGACIÓN - MIÉRCOLES

(25 DE MAYO)

Meditación de la mañana
LA VIDA DE POBREZA DE JESÚS EN LA TIERRA

El mundo enseña a sus seguidores que la felicidad consiste en la posesión de riquezas, placeres y honores; pero este mundo engañoso fue condenado por el Hijo de Dios cuando se hizo Hombre. Ahora es el juicio del mundo- (Juan xii. 31). Esta condenación comenzó en el Establo de Belén. Jesucristo quiso nacer allí en pobreza, para que a través de su pobreza pudiéramos enriquecernos, y a partir de su divino ejemplo arrancar de nuestros corazones todo afecto por las posesiones terrenales.

I.

Fue ordenado por Dios que en el momento en que su Hijo naciera en esta tierra se promulgara el decreto del Emperador obligando a todos a ir a inscribirse en el lugar de su nacimiento. Y así sucedió que José tuvo que ir con su esposa a Belén para inscribirse según el decreto del César. Llegado el momento del parto, María, expulsada de las demás casas e incluso del asilo común de los pobres, se vio obligada a permanecer aquella noche en una cueva, y allí dio a luz al Rey del Cielo. Es cierto que, si Jesús hubiera nacido en Nazaret, habría nacido igualmente en estado de pobreza; pero entonces habría tenido al menos una habitación seca, un pequeño fuego, ropa de abrigo y una cuna más cómoda. Pero no, Él eligió nacer en esta fría caverna sin un fuego que lo calentara; Él eligió tener un pesebre por cuna, y un poco de paja espinosa por cama, para poder sufrir más.

Entremos, pues, en la cueva de Belén; pero entremos allí con Fe. Si entramos sin fe, no veremos más que un pobre niño, que nos mueve a compasión al contemplar a alguien tan hermoso, temblando y llorando de frío y por el pinchazo de la paja sobre la que yace. Pero si entramos en él con Fe, y consideramos que este Niño es el Hijo de Dios, que por amor a nosotros ha bajado a esta tierra y ha sufrido tanto para pagar la pena de nuestros pecados, ¿cómo es posible no darle gracias y amarle?

Oh mi dulce Infante, ¿cómo es posible que, sabiendo cuánto has sufrido por mí, haya sido tan ingrato contigo y te haya ofendido tantas veces? Pero estas lágrimas que derramas, esta pobreza que has elegido por amor a mí, me hacen esperar el perdón de todas las ofensas que te he hecho. Me arrepiento, Jesús mío, de haberte dado tantas veces la espalda, y te amo sobre todas las cosas, Dios mío y Todo mío. Dios mío, desde hoy Tú serás mi único Tesoro y mi único Bien. Te diré, con San Ignacio de Loyola: "Dame Tu amor, dame Tu gracia, y soy suficientemente rico". No quiero ni deseo otra cosa. Sólo Tú me bastas, mi Jesús, mi Vida, mi Amor.

II.

Siguiendo el ejemplo de nuestro Salvador, los santos procuraron despojarse de todo y seguir en la pobreza a Jesucristo, que fue pobre. San Bernardo dice: "La pobreza de Cristo es más rica que todos los tesoros del mundo". Nos anima a adquirir las riquezas del Cielo y a despreciar las del mundo. San Pablo escribió: Todo lo tengo por estiércol, para ganar a Cristo (Filipenses iii. 8). Comparado con la gracia de Jesucristo, el Apóstol consideraba todo lo demás como mero estiércol e inmundicia. San Francisco de Borja abandona todas sus riquezas por una vida de pobreza en la Compañía de Jesús. San Francisco de Asís devolvió hasta su camisa a su padre para vivir toda su vida como un pobre mendigo. Quien codicia las posesiones, decía San Felipe Neri, nunca llegará a ser santo. Y así es; porque el corazón que está lleno de este mundo no tiene espacio para el amor divino. ¿Traes un corazón vacío? era una pregunta que los monjes de antaño hacían a quienes venían a reunirse con ellos. Querían decir: Si no traes un corazón vacío, nunca podrás pertenecer enteramente a Dios. Porque donde está tu tesoro, allí está también tu corazón- (Mateo vi. 21). El tesoro de cada uno es lo que ama y aprecia. Una vez, cuando murió cierto hombre rico, San Antonio de Padua publicó su condenación desde el púlpito; y como señal de la verdad de lo que decía, dijo a la gente que fueran al lugar donde había guardado su dinero, y que allí encontrarían el corazón del desdichado. Fueron, y encontraron su corazón, aún caliente, en medio de su dinero.

Dichoso el hombre que puede decir con San Paulino: "Que los ricos disfruten de sus riquezas y los reyes de sus reinos; Cristo es mi posesión, mi reino y mi gloria." "Dame tu amor junto con tu gracia y seré suficientemente rico", decía San Ignacio. No dejemos nunca de recurrir a María, la Divina Madre, y de amarla después de Dios sobre todas las cosas. Ella enriquece con gracias a todos los que la aman. Conmigo están las riquezas... para enriquecer a los que me aman- (Proverbios viii. 18, 21).

Oh, mi niño Dios, te veo temblando de frío sobre la paja, llorando y llorando por mi causa - oh, ¿cómo puedo vivir sin amarte? Oh Dios mío, cómo he podido ofenderte tanto, sabiendo, como lo sabía por la fe, cuánto has sufrido por mí. Pero esta paja que Te atormenta, este vil pesebre en que yaces, esas lágrimas de amor que derramas, esos tiernos gritos que profieres, todo me hace esperar firmemente el perdón y la gracia de amarte por el resto de mi vida. Te amo, oh Divino Niño. Me entrego todo a Ti. Oh María, gran Madre de este gran Hijo, y amadísima por Él, ruégale por mí.

Lectura espiritual

SPES NOSTRA, SALVE-HAIL, ¡NUESTRA ESPERANZA!

XXX.-MARIA ES LA ESPERANZA DE TODOS

San Germán, reconociendo en María la fuente de todo nuestro bien, y que nos libra de todo mal, la invoca así: "¡Oh, soberana Señora mía, tú eres la única que Dios ha designado para ser mi consuelo aquí abajo; tú eres la guía de mi peregrinación, la fuerza de mi debilidad, la riqueza de mi pobreza, el remedio para la curación de mis heridas, el alivio de mis dolores, el fin de mi cautiverio, la esperanza de mi salvación! Escucha mis plegarias ten piedad de mis lágrimas, te conjuro, oh tú que eres mi Reina, mi refugio, mi amor, mi ayuda, mi esperanza y mi fuerza".

No debe extrañarnos, pues, que San Antonino aplique a María el siguiente versículo del Libro de la Sabiduría: Todas las cosas buenas me vinieron juntamente con ella- (Sabiduría vii. 11). Porque siendo esta Santísima Virgen la Madre y dispensadora de todos los bienes, el mundo entero, y más particularmente cada individuo que vive en él como devoto cliente de esta gran Reina, puede decir con verdad que, con la devoción a María, tanto él como el mundo han obtenido todo lo bueno y perfecto. El Santo expresa así su pensamiento: "Ella es la Madre de todos los bienes; y el mundo puede decir con verdad que, con Ella, ha recibido todos los bienes" Y de ahí que el Beato Abad de Celles declare expresamente que "cuando encontramos a María, encontramos todos los bienes". Quien encuentra a María, encuentra todo bien, obtiene todas las gracias y todas las virtudes; pues por su poderosa intercesión, obtiene todo lo necesario para enriquecerse con la gracia divina. En el Libro de los Proverbios, María misma nos dice que posee todas las riquezas de Dios, es decir, sus misericordias, para dispensarlas en favor de sus amantes: Conmigo hay riquezas, y riquezas gloriosas, para enriquecer a los que me aman- (Proverbios viii. 18,21). Y por eso dice San

Buenaventura que "Todos debemos tener los ojos constantemente fijos en las manos de María, para que por ellas recibamos las gracias que deseamos."

¡Oh, cuántos que antes eran orgullosos se han vuelto humildes por la devoción a María! ¡Cuántos que eran apasionados se han vuelto mansos! ¡Cuántos, en medio de las tinieblas, han encontrado la luz! ¡Cuántos que estaban desesperados han encontrado la confianza! ¡Cuántos que estaban perdidos han encontrado la salvación por los mismos medios poderosos! Y esto lo predijo claramente en la casa de Isabel, en su propio cántico sublime: He aquí que desde ahora me llamarán bienaventurada todas las generaciones" (Lucas i. 4-8). Y San Bernardo, interpretando sus palabras, dice: "Todas las generaciones te llaman bienaventurada, porque has dado vida y gloria a todas las naciones; porque en ti los pecadores encuentran perdón, y los justos perseverancia en la gracia de Dios."

Meditación vespertina

LA MUERTE FELIZ DE LOS SIERVOS DE DIOS

I.

Preciosa es a los ojos del Señor la muerte de sus santos - (Salmo cxv. 15). San Bernardo dice que la muerte de los justos se llama preciosa, porque es el fin del trabajo y la puerta de la vida. Para los santos la muerte es una recompensa porque es el fin de los sufrimientos, de los dolores, de las luchas y del temor de perder a Dios.

Esa palabra Partir, que tanto espanta a los mundanos, no alarma a los justos; porque para ellos no es doloroso dejar todos los bienes terrenales, pues Dios ha sido su única riqueza; ni los honores, pues los han despreciado; ni los parientes, pues sólo los han amado en Dios. Por eso, como repetían con frecuencia en vida, así ahora con redoblada alegría exclaman en la muerte: ¡Dios mío y todo mío!

Ni los dolores de la muerte los afligen; se regocijan ofreciendo a Dios los últimos momentos de la vida en testimonio de su amor a Él, uniendo el sacrificio de sus vidas al sacrificio de Jesucristo ofrecido en la Cruz, por amor a ellos.

¡Oh, qué consuelo para los santos es pensar que ahora ha pasado el tiempo en que podían haber ofendido a Dios y estaban en constante peligro de perderlo! Oh, qué alegría poder entonces abrazar el Crucifijo, y decir: ¡En paz, en el mismo, dormiré y descansaré! -(Salmo iv. 9). El demonio se esforzará en ese momento por inquietarnos con la visión de nuestros pecados; pero si nos hemos lamentado de ellos y hemos amado a Jesucristo con todo nuestro corazón, Jesús nos consolará. Dios desea más nuestra salvación que el diablo nuestra perdición.

Además, la muerte es la puerta de la vida. Dios es fiel y, en efecto, en ese momento consolará a los que le han amado. Sus actos de confianza, de amor a Dios, de deseo de contemplarle pronto, serán para ellos el comienzo de aquella paz de la que gozarán por toda la eternidad. Qué alegría proporcionará el santo Viático a quienes puedan decir, con San Felipe Neri: ¡He aquí mi Amor! ¡He aquí mi Amor!

II.

Por tanto, no debemos temer a la muerte, sino al pecado, que es el único que hace tan terrible a la muerte. Un gran siervo de Dios, el padre Colombiere, decía: "Es moralmente imposible que quien en vida ha sido fiel a Dios tenga una muerte infeliz".

Quien ama a Dios desea la muerte, que le unirá eternamente a Dios. Es señal de poco amor a Dios no desear verle pronto.

Resignémonos a la hora de la muerte y a la pérdida de todos los bienes terrenales. Podemos hacer esto ahora meritoriamente, pero entonces debe hacerse forzosamente y con peligro de perderse. Vivamos como si cada día fuera a ser el último de nuestra vida. ¡Oh, qué bien vive quien vive siempre con el recuerdo de la muerte presente en su mente!

Oh Dios mío, ¿cuándo llegará el día en que te vea y te ame cara a cara? No lo merezco; pero Tus Llagas, oh Redentor mío, son mi esperanza. Te diré con San Bernardo: Tus Llagas son mis méritos. Y por eso tomaré confianza y te diré también con San Agustín: ¡Que muera, Señor, para poder contemplarte! Oh María, Madre mía, en la Sangre de Jesucristo y en tu santa intercesión espero salvarme y llegar a alabarte, darte gracias y amarte eternamente en el Cielo.

FIESTA DE LA ASCENSIÓN

Meditación de la mañana

"LEVÁNTATE, SEÑOR, A TU LUGAR DE DESCANSO".

En la Ascensión de nuestro Santísimo Señor contemplamos cómo, cuarenta días después de su Resurrección, ascendió triunfante al Cielo, rodeado de gran gloria, a la vista de su santa Madre y de sus discípulos. Levantad vuestras puertas, oh príncipes, y alzaos, oh puertas eternas, y entrará el Rey de la gloria (Salmo xxiii. 7). ¡Oh Paraíso! ¡Oh Paraíso! ¿Cuándo, Señor, te veré cara a cara y te abrazaré sin temor a perderte?

El hogar legítimo del Salvador resucitado era el Cielo, el hogar de los Bienaventurados, pero Jesús deseaba permanecer todavía en la tierra durante cuarenta días, apareciéndose una y otra vez a Sus discípulos antes de ascender al Cielo, para fortalecer su Fe en Su Resurrección y darles consuelo y esperanza. Mientras tanto, los ángeles deseaban ardientemente tener a su Rey en su patria celestial, y por eso le suplicaban continuamente con las palabras de David: Levántate, Señor, a tu lugar de reposo (Salmo cxxxi. 8). Ven, Señor, ven pronto, ahora que has redimido a los hombres: ven a tu reino y habita con nosotros.

He aquí que ha llegado la hora solemne, y nuestro Santísimo Salvador sube al Monte Olivete con sus Apóstoles y discípulos, que son unos ciento veinte. Luego, levantando las manos al cielo, Jesús los bendice y asciende triunfante a los cielos, rodeado de gran gloria. Cuando un monarca hace su entrada solemne en su reino, no atraviesa las puertas de su capital, pues son retiradas para abrirle paso en la ocasión. Por eso, cuando Jesucristo entra ahora en el Paraíso, los Ángeles gritan: Alzad vuestras puertas, oh príncipes, y levantaos, oh puertas eternas, y entrará el Rey de la Gloria- (Salmo xxiii. 7).

¡Oh Paraíso! ¡Oh Paraíso! ¿Cuándo, Señor, te veré cara a cara y te abrazaré sin temor a perderte?

II.

Antes de que Jesucristo muriera por nosotros, el Paraíso estaba cerrado; pero hoy Tú subes a los cielos, oh Señor, conduciendo a un glorioso número de cautivos, a toda la multitud de almas benditas que han salido del Limbo, y ascienden al Cielo contigo. Has subido a lo alto; has llevado cautiva la cautividad- (Salmo lxvii. 19), Por Su muerte y gloriosa ascensión hoy al Cielo nuestro Salvador ha abierto el Paraíso para todos los que Le aman.

¡Ah, qué lamentable, que después de todo lo que Jesús ha sufrido para ganar el Reino de los Cielos para los hombres, tantos pecadores insensatos renuncien a él por placeres sin valor, por una mera nada, y cambien la dicha del Cielo por los tormentos del infierno!

Por los méritos de Jesucristo, nuestro Mediador, hemos recibido en el Bautismo la gracia de llegar a ser hijos de Dios, y si hijos, también herederos, herederos verdaderamente de Dios y coherederos con Cristo: pero San Pablo añade todavía si padecemos con Él, para que también seamos glorificados con Él (Romanos viii. 17). El Apóstol nos exhorta a todos a sufrir con valor, fortalecidos por la esperanza del Paraíso: Porque considero que los sufrimientos de este tiempo no son comparables con la gloria venidera que en nosotros se manifestará - (Romanos viii. 18). Ningún mendigo es tan insensato como para no cambiar gustosamente sus harapos por un gran reino.

Oh Jesús mío, cuando miro mis pecados me avergüenzo de buscar el Paraíso, pero cuando Te miro en la Cruz no puedo dejar de esperar el Cielo, sabiendo, como sé, que Tú moriste para expiar mis pecados y obtener el Paraíso para mí. Ah, Jesús mío, ¿cuándo llegará el día que me libre de todo peligro de perderte? Oh María, Reina del Cielo, tu intercesión es todopoderosa ante Dios. En Ti confío.

Lectura espiritual

SPES NOSTRA, SALVE - ¡SALVE, ESPERANZA NUESTRA!

XXXI.-MARIA ES LA ESPERANZA DE TODOS

El devoto Lanspergio hace que Nuestro Señor se dirija así al mundo: "Hombres, pobres hijos de Adán, que vivís rodeados de tantos enemigos y en medio de tantas pruebas, procurad honrar de modo especial a Mi Madre y a la vuestra: pues he dado a María al mundo para que sea vuestro modelo, y para que de ella aprendáis a llevar una vida buena; y también para que sea un refugio al que podáis acudir en todas vuestras aflicciones y pruebas. La he hecho, Hija Mía, tal que nadie debe temer ni tener la menor repugnancia a recurrir a ella; y para ello la he creado de tal disposición benigna y compasiva que no sabe despreciar a quien se refugia en ella, ni puede negar su favor a quien lo busca. El manto de su misericordia está abierto a todos, y no permite que nadie salga de sus pies sin consolarlo." Sea siempre alabada y bendecida la inmensa bondad de nuestro Dios por habernos dado esta Madre y Abogada tan grande, tan tierna, tan amorosa.

Oh Dios, ¡cuán tiernos son los sentimientos de confianza expresados por el enamorado San Buenaventura hacia Jesús, nuestro amantísimo Redentor, y María, nuestra amantísima Abogada! Dice: "Sea cual fuere la suerte que Dios me depare, sé que no puede negarse a sí mismo a nadie que le ame y le busque de todo corazón. Le abrazaré con mi amor; y si no me bendice, me aferraré a Él tan estrechamente que no podrá prescindir de mí. Si no puedo hacer otra cosa, al menos me esconderé en Sus Llagas, y, tomando allí mi morada, será sólo en Él donde me encontrará". Y el Santo concluye: "Si mi Redentor me rechaza a causa de mis pecados, y me aleja de sus sagrados pies, me arrojaré a los de su amada Madre María, y allí permaneceré postrado hasta que haya obtenido mi perdón; porque esta Madre de misericordia no sabe, ni ha sabido nunca, hacer otra cosa que compadecer a los miserables, y satisfacer los deseos de los más desvalidos que acuden a ella en busca de socorro; y por eso, si no por deber, al menos por compasión, comprometerá a su Hijo a que me perdone."

"Míranos, pues", exclamemos, con palabras de Eutimio, "míranos, oh Madre compasivísima; pon en nosotros tus ojos de misericordia, porque somos tus siervos, y en ti hemos puesto toda nuestra confianza."

Meditación vespertina

EL GOZO DE LOS BIENAVENTURADOS EN EL CIELO ES VER Y AMAR A DIOS

I.

Consideremos qué es lo que en el Cielo hace completamente felices a sus santos ciudadanos. El alma en el Cielo ve a Dios cara a cara, y conociendo su infinita belleza y todas las perfecciones que le hacen digno de infinito amor, no puede sino amarle con todas sus fuerzas, y amarle mucho más que a sí misma. Es más, como olvidándose de sí misma, el alma no piensa en otra cosa que en ver feliz a Aquel que es su Amado y su Dios; y viendo que Dios, único objeto de sus afectos, goza de infinita felicidad, esta felicidad de Dios constituye todo su Paraíso. Si un alma fuese capaz de algo infinito, su propio gozo sería también infinito al ver que su Amado es infinitamente feliz, pero como una criatura no es capaz de gozo infinito, al menos está tan saciada de gozo que no desea nada más. Y ésta es aquella satisfacción por la que suspiraba David cuando decía: Me saciaré cuando aparezca tu gloria- (Salmo xvi. 15).

Así también se cumple lo que Dios dice al alma cuando la admite en el Paraíso: Entra en el gozo de tu Señor- (Mateo xxv. 21). No ordena que el gozo entre en el alma, porque éste, Su gozo, siendo infinito, no puede ser contenido en la criatura; sino que ordena al alma que entre en Su gozo, para que pueda recibir una porción de él, y tal porción que la satisfaga y la llene de deleite.

Por lo tanto, en nuestra oración, entre todos los actos de amor hacia Dios, no hay ninguno más perfecto que el deleitarse en la felicidad infinita que Dios disfruta. Este es ciertamente el ejercicio continuo de los Bienaventurados en el Cielo; de modo que el que a menudo se regocija en la alegría de Dios comienza en esta vida a hacer lo que espera hacer en el Cielo por toda la eternidad.

El amor de Dios con que arden los Santos en el Paraíso es tal, que si alguna vez entrara en sus pensamientos el temor de perderlo, o pensaran que no han de amarle con todas sus fuerzas, como ahora le aman, este temor les haría experimentar las angustias del infierno. Pero no; porque están tan seguros, como están seguros de Dios, de que siempre le amarán con todas sus fuerzas, y de que siempre serán amados por Dios, y este amor mutuo nunca cambiará por toda la eternidad. Oh Dios mío, hazme digno de esto, por los méritos de Jesucristo.

II.

Esta felicidad, que constituye el Paraíso, se verá acrecentada por el esplendor de esa deliciosa ciudad de Dios, por la belleza de sus habitantes y por su compañía, especialmente por la de la Reina de todos, María, que aparecerá más hermosa que todas, y por la de Jesucristo, cuya belleza superará de nuevo infinitamente a la de María.

La alegría de los Bienaventurados se verá aumentada por el conocimiento de los muchos peligros para la salvación que todos ellos atravesaron en esta vida. Cuántas gracias darán a Dios los que por sus pecados merecieron el infierno, y ahora se encuentran allí en lo alto, al ver a tantos pecadores condenados al infierno por pecados menores que los suyos, mientras que ellos están salvados y seguros de no perder a Dios, y destinados a gozar eternamente de aquellas delicias sin límites del Cielo, de las que nunca se cansarán. En esta vida, por grandes y continuas que sean nuestras alegrías, con el tiempo siempre nos cansan; pero en cuanto a las delicias del Paraíso, cuanto más se disfrutan más se desean; y así los bienaventurados están siempre satisfechos y colmados de estas delicias, y siempre las desean; siempre las desean, y siempre las obtienen. Por eso se llama cántico nuevo aquel dulce canto con que los santos alaban a Dios y le dan gracias por la felicidad que les ha dado: Cantad al Señor un cántico nuevo - (Salmo xcvii. I). Se llama nuevo, porque las alegrías del cielo parecen siempre nuevas, como si fueran experimentadas por primera vez; y así siempre se regocijan en ellas, y siempre las anhelan; y, mientras siempre las anhelan, siempre las disfrutan. Así, como los condenados son llamados "vasos de ira" -vasa irae-, los bienaventurados son llamados "vasos de amor divino" -vasa charitatis.

Con razón, pues, dice San Agustín que para obtener esta bienaventuranza eterna debe haber trabajo eterno. Por eso fue poco lo que hicieron los anacoretas con todas sus obras penitenciales y oraciones para ganar el Cielo; fue poco lo que los Santos dejaron sus riquezas y reinos para ganar el Paraíso; poco lo que sufrieron tantos Mártires, soportando horcas, y hierros candentes y muertes crueles para ganar el Paraíso.

Suframos al menos con alegría las cruces que Dios nos envía, porque nos procurarán la bienaventuranza eterna. Cuando nos aflijan dolores, enfermedades u otras adversidades, levantemos los ojos al Cielo y digamos: Un día acabarán todas estas penas, y espero después gozar de Dios para siempre. Soportemos todo; despreciemos todas las cosas creadas. Jesús nos espera y está con la corona en las manos para hacernos reyes en el Cielo.

Pero, oh Jesús mío, ¿cómo puedo aspirar a un bien tan grande, yo que tantas veces, por los miserables placeres de la tierra, he renunciado al Paraíso y he pisoteado Tu gracia? Sin embargo, Tu Sangre me da valor para esperar el Paraíso, aunque tantas veces he merecido el infierno. Lo espero porque Tú has muerto en la Cruz para dar el Paraíso a los que no lo han merecido.

Oh Redentor mío y Dios mío, me propongo no perderte nunca más. Venga a nosotros tu Reino. Por los méritos de Tu Sangre concédeme entrar un día en Tu Reino, y mientras tanto haz que cumpla perfectamente Tu voluntad, que es el mayor bien y un Paraíso en la tierra para todos los que Te aman.

Oh vosotros que amáis a Dios, mientras vivimos en este valle de lágrimas, suspiremos por el Paraíso.

Contemplar y amar allí a nuestro Dios.

¿Cuándo amanecerá la aurora deseada?

Mientras ahora lloro, entre sonrisas y lágrimas,

Ah, ¿cuándo? ah, ¿cuándo acabarán mis temores?

¡Oh Paraíso! ¡Oh Paraíso!

En honor de Nuestra Señora

Santísima Virgen Inmaculada y Madre mía María, a ti, que eres la Madre de mi Señor y Reina del mundo, abogada, esperanza y refugio de los pecadores, recurro hoy yo, que soy el más miserable de todos. Te rindo mi más humilde homenaje, oh gran Reina, y te doy gracias por todas las gracias que me has conferido hasta ahora, particularmente por haberme librado del infierno, que tantas veces he merecido. Te amo, oh amabilísima Señora; y por el amor que te profeso, prometo servirte siempre, y hacer todo lo que esté en mi mano para que los demás también te amen. En ti pongo todas mis esperanzas; a tus cuidados confío mi salvación. Acéptame como siervo tuyo y acógeme bajo tu manto, oh Madre de misericordia. Y ya que eres tan poderosa con Dios, líbrame de todas las tentaciones, o más bien consígueme la fuerza para triunfar de ellas hasta la muerte De ti pido un amor perfecto a Jesucristo. De ti espero una buena muerte. Oh Madre mía, por el amor que tienes a Dios, te suplico que me ayudes siempre, pero especialmente en el último momento de mi vida. No me abandones, te lo suplico, hasta que me veas a salvo en el Cielo, bendiciéndote y cantando tus misericordias por toda la eternidad. Amén. Así lo espero. Que así sea.

VIERNES DESPUÉS DE LA ASCENSIÓN

Meditación de la mañana

EL AMOR DIVINO ES UN FUEGO QUE INFLAMA EL CORAZÓN

"Tui amoris in eis ignem accende".

Sabemos por nuestra Fe que el Espíritu Santo procede del Padre y del Hijo por el mutuo amor que se tienen, y por tanto que el don del amor que el Señor infunde en nuestras almas, y que es el mayor de todos los dones, se atribuye particularmente al Espíritu Santo. La caridad de Dios es derramada en nuestros corazones por el Espíritu Santo que nos es dado- (Romanos v. 5). De ahí que en esta Novena debamos considerar especialmente la gran excelencia y valor del amor divino, para que lo deseemos y nos esforcemos por obtenerlo mediante ejercicios devotos, pero particularmente mediante la oración ferviente, pues Jesús ha dicho: Vuestro Padre del cielo dará el buen Espíritu a los que se lo pidan- (Lucas xi. 13).

I.

Dios ordenó en la Antigua Ley que el fuego se mantuviera continuamente encendido sobre su altar: El fuego del altar arderá siempre- (Levítico vi. 12). San Gregorio dice que nuestros corazones son los altares de Dios en los que Él desea que arda siempre el fuego de su amor. Y por eso el Padre Eterno, no contento con habernos dado a su Hijo Jesucristo, para salvarnos con su muerte, quiso darnos también el Espíritu Santo, para que habitase en nuestros corazones y los mantuviese continuamente inflamados de su amor. Y el mismo Jesús declaró que vino al mundo para influir en nuestros corazones con este santo amor, y que nada deseaba más que verlo encendido: He venido para enviar fuego a la tierra; ¿y qué quiero sino que se encienda? - (Lucas xii. 49), Por eso, olvidando las injurias e ingratitudes que recibió de los hombres en este mundo, cuando hubo ascendido al Cielo, envio sobre nosotros el Espíritu Santo. Oh amantísimo Redentor, ¿nos amas, pues, no sólo en tus sufrimientos e ignominias, sino también en tu gloria celestial?

Hasta ahora, oh Dios mío, no he hecho nada por Ti, que has hecho cosas tan grandes por mí. ¡Ay, mi tibieza puede merecer que me vomites de Tu boca! Oh Espíritu Santo, calienta lo que está frío, líbrame de mi tibieza y enciende en mí un gran deseo de agradarte.

II.

Por eso el Espíritu Santo quiso aparecerse en forma de lenguas ardientes. Y se les aparecieron lenguas repartidas, como si fueran de fuego- (Hechos ii. 3). Por eso la Iglesia nos instruye a orar: "Que el Espíritu Santo, te suplicamos, Señor, nos inflame con ese fuego que nuestro Señor Jesús vino a arrojar sobre la tierra, y que Él deseaba ardientemente que se encendiera". Este fue el Fuego santo que ha inspirado a los Santos a hacer cosas tan grandes por Dios, a amar a sus enemigos, a desear el desprecio, a renunciar a todos los bienes mundanos, y a abrazar con alegría, incluso los tormentos y la muerte. El amor no puede permanecer ocioso, y nunca dice: Basta. El alma que ama a Dios, cuanto más hace por su Amado, tanto más desea hacer por Él, para agradarle y atraer más su amor. Este santo amor se enciende en la oración mental: En mi meditación arderá un fuego- (Salmo xxxviii. 4). Por lo tanto, si deseamos arder en el amor de Dios, debemos deleitarnos en la oración; éste es el bendito horno en el que se enciende este ardor divino.

Oh Señor, ahora renuncio a toda gratificación propia, y prefiero morir antes que desagradarte. Te apareciste en forma de lenguas ardientes: Te consagro mi lengua, para que nunca la use para ofenderte. Me diste mi lengua, oh Dios, para alabarte, y he hecho uso de ella para ofenderte, y para arrastrar a otros a ofensas contra Ti. Lo lamento con toda mi alma. ¡Oh, por amor de Jesucristo, que en su vida mortal te honró tanto con su lengua, concédeme que yo también te honre desde hoy, proclamando siempre tus alabanzas, invocando con frecuencia tu asistencia y hablando de tu bondad y del infinito amor que mereces! Te amo, soberano Bien mío; ¡Te amo, oh Dios de amor! Oh María, queridísima esposa del Espíritu Santo, alcánzame este fuego santo.

Lectura espiritual

EL SACRIFICIO DE LA MISA

Porque todo sumo sacerdote, tomado de entre los hombres, es ordenado para los hombres en las cosas que pertenecen a Dios, a fin de que ofrezca ofrendas y sacrificios por los pecados - (Hebreos v. 1). El sacerdote, pues, es puesto por Dios en la Iglesia para ofrecer sacrificios. Este oficio es peculiar de los sacerdotes de la Ley de la gracia, a quienes se ha dado el poder de ofrecer el gran Sacrificio del Cuerpo y la Sangre del Hijo de Dios, un Sacrificio sublime y perfecto en comparación con los sacrificios antiguos, cuya perfección entera consistía en ser la sombra y figura de nuestro Sacrificio. Eran sacrificios de terneros y bueyes, pero el Sacrificio de la Misa es el Sacrificio del Verbo eterno hecho Hombre. Por sí mismos no tenían eficacia y por eso fueron llamados por San Pablo elementos débiles y necesitados (Gálatas iv. 9). Pero la Misa tiene poder para obtener la remisión de las penas temporales debidas a los pecados, y para procurar un aumento de la gracia y ayudas más abundantes a aquellos en cuyo favor se ofrece.

Jesucristo no realizó ninguna acción en la tierra mayor que la celebración de la Misa. En una palabra, de todas las acciones que pueden realizarse, la Misa es la más santa y querida por Dios, tanto por la oblación presentada a Dios, es decir, Jesucristo, Víctima de dignidad infinita, como por el primer Ofrendador, Jesucristo, que se ofrece a sí mismo en el altar por manos del sacerdote. "El mismo que ahora hace la ofrenda", dice el Concilio de Trento, "por el ministerio de los sacerdotes, que entonces se ofreció a Sí mismo en la Cruz". San Juan Crisóstomo dijo: "Cuando veáis a un sacerdote ofrendar, no creáis que esto se hace por la mano de un sacerdote; la ofrenda se hace más bien por la mano de Dios invisiblemente extendida."

Todos los honores que los ángeles con sus homenajes, y los hombres con sus virtudes, penitencias y martirios, y otras obras santas, han dado jamás a Dios, no podrían darle tanta gloria como una sola Misa. Porque todos los honores de las criaturas son honores finitos, pero el honor dado a Dios en el Sacrificio del altar, porque procede de una Persona Divina, es un honor infinito. Por lo tanto, debemos confesar que de todas las acciones la Misa, como dice el Concilio de Trento, es la más santa y divina: "Debemos confesar necesariamente que ninguna otra obra puede ser realizada por los fieles tan santa y divina como este tremendo Misterio mismo." Es, pues, como hemos visto, una acción santísima y muy querida por Dios, una acción que aplaca con la mayor eficacia la cólera de Dios contra los pecadores, que abate con la mayor eficacia los poderes del infierno, que trae a los hombres, en la tierra, los mayores beneficios, y que proporciona a las almas del purgatorio el mayor alivio. Es, en fin, una acción en la que, como ha escrito San Udo, Abad de Cluny, consiste toda la salvación del mundo: "De todos los favores que me han sido concedidos, éste es el más grande: es verdaderamente por el más generoso ardor de su amor que Dios instituyó este misterio, sin el cual no habría salvación en este mundo." Y, hablando de la Misa, Timoteo de Jerusalén dijo que por ella se conserva el mundo. Si no fuera por la Misa, la tierra habría perecido hace mucho tiempo a causa de los pecados de los hombres".

Meditación vespertina
LA PRÁCTICA DEL AMOR A JESUCRISTO
"La caridad no actúa perversamente".
I.-EL QUE AMA A JESUCRISTO EVITA LA TIBIEZA Y BUSCA LA PERFECCIÓN".

I.

San Gregorio, en su explicación de estas palabras "no hace perversidades", dice que la Caridad, entregándose cada vez más al amor de Dios, ignora todo lo que no es recto y santo. Ya el Apóstol había escrito en el mismo sentido, cuando llamó a la Caridad vínculo que une en el alma las virtudes más perfectas. Tened caridad, que es el vínculo de la perfección- (Colosenses iii. 14). Y como la caridad se complace en la perfección, aborrece la tibieza con que algunos sirven a Dios, con gran riesgo de perder la caridad, la gracia divina, el alma misma y todo.

Al mismo tiempo, debe observarse que hay dos clases de tibieza: la una es inevitable y la otra evitable. De la que es inevitable no están exentos los mismos santos; y ésta comprende todas las faltas que cometemos sin pleno consentimiento, sino meramente por nuestra natural fragilidad. Tales son, por ejemplo, las distracciones en las oraciones, las inquietudes interiores, las palabras inútiles, la vana curiosidad, el deseo de aparentar, los gustos en el comer y beber, los movimientos de concupiscencia no reprimidos instantáneamente, y otros semejantes. Debemos evitar estos defectos tanto como nos sea posible; pero, debido a la debilidad de nuestra naturaleza, causada por la infección del pecado, es imposible evitarlos por completo. Debemos, en efecto, detestarlos después de haberlos cometido, porque son desagradables a Dios; pero, como ya hemos observado, debemos guardarnos de hacer de ellos motivo de alarma o inquietud. San Francisco de Sales escribió lo siguiente: "Todos los pensamientos que crean inquietud no proceden de Dios, que es el Príncipe de la Paz; sino que proceden siempre del demonio, o del amor propio, o de la buena opinión que tenemos de nosotros mismos."

II.

Tales pensamientos, por tanto, que nos perturban, deben ser inmediatamente rechazados y no tenidos en cuenta. Decía también el mismo San Francisco acerca de las faltas indeliberadas, que, así como fueron cometidas involuntariamente, así son canceladas involuntariamente. Basta un acto de dolor, un acto de amor, para cancelarlas. La venerable hermana María Crucificada, monja benedictina, vio una vez un globo de fuego, sobre el que se arrojaron varias pajas, y todas quedaron inmediatamente reducidas a cenizas. Esta figura le dio a entender que un acto de amor divino, hecho con fervor, destruye todos los defectos que podamos tener en nuestra alma. El mismo efecto produce la Sagrada Comunión, según lo que encontramos en el Concilio de Trento, donde se llama a la Eucaristía "antídoto por el cual nos libramos de las faltas cotidianas." Así pues, las faltas semejantes, aunque en verdad son faltas, no impiden la perfección; es decir, logran que avancemos a la perfección; porque nadie de la perfección antes de que llegue al reino Bienaventurado.

SÁBADO DESPUÉS DE LA ASCENSIÓN

Meditación de la mañana

EL AMOR DIVINO ES UNA LUZ QUE ILUMINA EL ALMA

'O Lux Beatissima"

¡O lux beatissima! El Espíritu Santo, que es llamado Luz beatísima, es Quien no sólo inflama nuestros corazones para amarle, sino que también disipa todas las tinieblas y nos revela la vanidad de las cosas terrenas. Oh Espíritu Santo, visítame con tu gracia, y concédeme el don del entendimiento, para que por la contemplación de las cosas celestiales desprenda mis pensamientos y afectos de todas las vanidades de este miserable mundo.

I.

Uno de los peores efectos del pecado de Adán en nosotros, fue cegar nuestra razón por medio de las pasiones que oscurecieron la mente. ¡Oh, cuán miserable es el alma que se deja dominar por cualquiera de las pasiones! La pasión es un vapor, un velo, que no nos deja ver la verdad. ¿Cómo puede huir del mal quien no sabe lo que es malo? Esta oscuridad aumenta en la medida en que aumentan nuestros pecados. Pero el Espíritu Santo, que es llamado Luz benditísima, con sus divinos rayos, no sólo inflama nuestros corazones para amarle, sino que disipa nuestras tinieblas y nos revela la vanidad de todas las cosas mundanas, el valor de los bienes eternos, la importancia de la salvación, el valor de la gracia, la bondad de Dios, el infinito amor que merece de nosotros y el inmenso amor que nos ha demostrado.

Oh Espíritu Santo, Divino Consolador, Te adoro como a mi verdadero Dios, como adoro a Dios Padre y a Dios Hijo. Te suplico que me visites con tu gracia y tu amor, y me concedas el don del entendimiento para que pueda comprender los divinos misterios y, por la contemplación de las cosas celestiales, desprenda mis pensamientos y afectos de todas las vanidades de este miserable mundo.

II.

El hombre sensual no percibe las cosas que son del espíritu de Dios- (I Corintios ii. 14}. El hombre, absorto en los placeres de la tierra, sabe muy poco de estas verdades, y por eso ama infelizmente lo que debería odiar, y odia lo que debería amar. Santa María Magdalena de Pazzi exclamó: "¡Oh amor no conocido; oh amor no amado!" Y de ahí que Santa Teresa dijera que a Dios no se le ama porque no se le conoce. Por eso los santos siempre buscaron la luz de Dios: Envía tu luz; ilumina mis tinieblas; abre mis ojos. Sí, porque sin luz no se pueden evitar los precipicios, ni encontrar a Dios.

Oh Espíritu Santo y Divino, creo que Tú eres verdaderamente Dios, y un solo Dios con el Padre y con el Hijo. Te adoro y reconozco como el Dador de esas luces por las que me has descubierto el mal que he hecho al ofenderte, y la obligación que tengo de amarte. Te doy gracias por ellas y estoy sumamente arrepentido de haberte ofendido. He merecido ser abandonado por Ti en mis tinieblas, pero soy consciente de que Tú todavía no me has abandonado. Continúa, oh Espíritu Eterno, iluminándome, y hazme conocer aún más y más Tu infinita bondad y dame fuerza para amarte en el futuro con todo mi corazón. Añade gracia sobre gracia, para que así pueda ser dulcemente vencido y obligado a no amar a nadie más que a Ti. Te doy gracias por los méritos de Jesucristo. Te amo, mi soberano Bien; Te amo más que a mí mismo. Deseo ser todo Tuyo; acéptame y no permitas que me aparte más de Ti. Oh María, Madre mía, asísteme siempre por tu santa intercesión.

Lectura espiritual

EL SACRIFICIO DE LA MISA

San Buenaventura dice que en cada Misa Dios concede al mundo un beneficio no inferior al que confirió con su Encarnación. Esto es conforme a las célebres palabras de San Agustín: "¡Oh venerable dignidad de los sacerdotes, en cuyas manos, como en el seno de la Virgen, se encarna el Hijo de Dios!". Además, Santo Tomás enseña que, puesto que el Sacrificio del altar no es otra cosa que la aplicación y renovación del Sacrificio de la Cruz, una sola Misa trae a los hombres los mismos beneficios y salvación que produjo el Sacrificio de la Cruz. San Juan Crisóstomo dice: "La celebración de una Misa tiene el mismo valor que la muerte de Cristo en la Cruz". Y de esto nos asegura aún más la santa Iglesia en la Colecta para el domingo después de Pentecostés: "Cuantas veces se celebra este Sacrificio conmemorativo, tantas veces se realiza la obra de nuestra Redención." El mismo Redentor que una vez se ofreció a Sí mismo en la Cruz es inmolado en el altar por el ministerio de sus sacerdotes. "Porque la Víctima es una y la misma," dice el Concilio de Trento: "la misma que ahora se ofrece por el ministerio de los sacerdotes, Quien entonces se ofreció a Sí mismo en la Cruz, siendo diferente sólo el modo de ofrecerse."

En una palabra, la Misa es, según la predicción del Profeta," lo bueno y lo bello" de la Iglesia: Porque ¿qué es lo bueno de él, y qué es lo bello, sino el grano de los elegidos y el vino que brota de las vírgenes - (Zacarías ix. 17). En la Misa, Jesucristo se nos da por medio del Santísimo Sacramento del altar, que es el fin y objeto de todos los demás Sacramentos, dice el angélico Doctor. Con razón, pues, ha llamado San Buenaventura a la Misa compendio de todo el amor de Dios y de todos sus beneficios a los hombres. De ahí que el demonio haya tratado siempre de privar al mundo de la Misa por medio de los herejes, constituyéndolos precursores del Anticristo, cuyos primeros esfuerzos serán abolir el santo Sacrificio del altar, y, según el Profeta Daniel, en castigo de los pecados de los hombres, sus esfuerzos tendrán éxito: Y se le dio fuerza contra el continuo sacrificio a causa de los pecados-(Daniel viii. 12).

Muy justamente, pues, exige el santo Concilio de Trento a los sacerdotes que tengan sumo cuidado en celebrar la Misa con la mayor devoción y pureza de conciencia posibles: "Es suficientemente claro que toda la industria y diligencia debe ser aplicada a este fin, que (el Misterio) sea realizado con la mayor limpieza interior posible y pureza de corazón". Y en el mismo lugar el Concilio justamente observa, que sobre, los sacerdotes que celebran este gran Sacrificio negligentemente, y sin devoción, caerá la maldición, amenazada por el Profeta Jeremías: Maldito el que hace negligentemente la obra del Señor - (Jeremías xlvii. 10). Un siervo de Dios solía decir que la vida de un sacerdote no debe ser otra cosa que la preparación y la acción de gracias por la Misa.

Meditación vespertina

LA PRÁCTICA DEL AMOR A JESUCRISTO
II.-EL QUE AMA A JESUCRISTO EVITA LA TIBIEZA Y BUSCA LA PERFECCIÓN

I.

La tibieza, pues, que impide la perfección, es la que se puede evitar cuando se cometen deliberadamente faltas veniales; porque todas estas faltas cometidas con los ojos abiertos se pueden evitar eficazmente por la gracia divina si se tiene el deseo. Por eso decía Santa Teresa: "Dios te libre del pecado deliberado, por pequeño que sea". Tales son, por ejemplo, las falsedades voluntarias, las pequeñas detracciones, las imprecaciones, las expresiones de ira, las burlas al prójimo, las palabras cortantes, las palabras de amor propio, las animosidades alimentadas en el corazón, los apegos desmedidos a personas de distinto sexo. "Son una especie de gusanos", escribió la misma Santa, "que no se detectan antes de que hayan devorado las virtudes". De ahí que, en otro lugar, diera esta admonición: "Por medio de las cosas pequeñas anda el demonio haciendo agujeros para que entren las grandes". Debemos, pues, temblar ante tales faltas deliberadas; ya que hacen que Dios cierre sus manos para no concedernos sus luces más claras y sus auxilios más fuertes, y nos privan de la dulzura espiritual; y el resultado de las mismas es hacer que el alma realice todos los ejercicios espirituales con gran cansancio y dolor; y así, con el tiempo, empieza a dejar la Oración, las Comuniones, las Visitas al Santísimo Sacramento y las Novenas; y, al final, probablemente dejará toda piedad, como no pocas veces ha sucedido a muchas almas infelices.

II.

Este es el sentido de la amenaza que el Señor hace a los tibios: No eres frío ni caliente; ojalá fueras frío o caliente; pero como eres tibio, comenzaré a vomitarte de mi boca- (Apocalipsis iii. 15, 16). ¡Qué maravilla! Dice: "¡Ojalá fueras frío! ¿Y es mejor estar frío, es decir, privado de la gracia, que estar tibio? Sí, en cierto sentido es mejor ser frío, porque el que es frío puede cambiar de vida más fácilmente, al ser aguijoneado por los reproches de la conciencia; mientras que el tibio contrae el hábito de adormecerse en sus faltas, sin dedicarles un pensamiento, ni tomarse la molestia de corregirse; y así hace que su curación sea, por decirlo así, desesperada: San Gregorio dice: "La tibieza, que se ha enfriado del fervor, es un estado sin remedio". El Venerable Padre Lewis da Ponte decía que había cometido muchos defectos en el curso de su vida; pero que nunca había hecho tregua con sus faltas. Hay quien se hace amigo de sus faltas, y de ahí nace su ruina; especialmente cuando la falta va acompañada de algún apego apasionado, de amor propio, de ambición, de gusto por ser visto, de amontonamiento de dinero, de resentimiento contra el prójimo, o de afecto desmedido por una persona de distinto sexo. En tales casos hay gran peligro de que esos hilos, por así decirlo, se conviertan en cadenas, como decía San Francisco de Asís, que arrastrarán el alma al infierno. En todo caso, tal alma nunca llegará a ser santa, y perderá esa hermosa corona, que Dios había preparado para ella, si hubiera correspondido fielmente a la gracia. Tan pronto como el pájaro se siente libre del lazo, vuela inmediatamente; el alma, tan pronto como se libera de las ataduras terrenas, vuela inmediatamente hacia Dios; pero mientras está atada, aunque sólo sea por el más mínimo hilo, es suficiente para impedirle volar hacia Dios. Oh, cuántas personas espirituales hay que no llegan a ser santas, porque no se hacen la violencia de desprenderse de ciertos pequeños apegos.

DOMINGO DE LA OCTAVA DE LA ASCENSIÓN

Meditación de la mañana
EL AMOR DIVINO FUENTE QUE SACIA
"Riga quod est aridum".

Dios, que nos ama y desea vernos felices, grita y da a conocer a todos: Si alguno tiene sed, que venga a mí. Yo le daré el Espíritu Santo, que le hará dichoso en esta vida y en la otra. ¡Riga quod est aridum! Oh Jesús mío, te lo suplico, dame el agua de tu amor, que me hará olvidar la tierra y vivir sólo para Ti, que eres infinitamente amable.

I.

Al amor se le llama fuente viva, fuego, Caridad. Fons vivus, ignis, Charitas. Nuestro Santísimo Redentor dijo a la Samaritana: Pero el que beba del agua que yo le daré, no tendrá sed para siempre (Juan iv. 13). El amor es el agua que sacia nuestra sed; porque el que verdaderamente ama a Dios con todo su corazón, no busca ni desea otra cosa: porque en Dios encuentra todo bien. Por eso, feliz de poseer a Dios, exclama frecuentemente con alegría: ¡Mi Dios y mi Todo! Dios Todopoderoso se queja de muchos que buscan en las criaturas placeres fugaces y miserables, y lo abandonan a Él, que es la Bondad Infinita y la Fuente de toda alegría: Me han abandonado a mí, fuente de agua viva, y han cavado para sí cisternas, cisternas rotas, que no pueden contener agua- (Jeremías ii. 13) Mientras tanto Dios, que nos ama y desea vernos felices, grita y hace saber a todos: Si alguno tiene sed, que venga a mí- (Juan vii. 37). El que quiera ser feliz, que venga a Mí, y Yo le concederé el Espíritu Santo, que lo hará bienaventurado, tanto en esta vida como en la otra.

¡Domine, da mihi hanc aquam! ¡Señor, dame de esta agua! -(Juan iv. 15). Oh Jesús, con la Samaritana te suplico, dame de esta agua de tu amor, que me hará olvidar la tierra, y vivir sólo para Ti, que eres el infinitamente amable. ¡Riga quod est aridum! Mi alma es una tierra estéril, que no produce más que la cizaña y las espinas del pecado. Riégala con tu santa gracia, para que dé algún fruto para tu gloria antes de dejar este mundo con la muerte.

II.

El que cree en Jesucristo y le ama, será enriquecido con tantas gracias, que de su corazón brotarán fuentes de santas virtudes, que no sólo conservarán su vida, sino que también darán vida a los demás. Y, en efecto, esta agua es el Espíritu Santo, el amor sustentador que Jesucristo prometió enviar desde el Cielo, después de su Ascensión: Y esto dijo del Espíritu que habían de recibir los que creyesen en él; porque aún no se había dado el Espíritu, por cuanto Jesús no había sido glorificado- (Juan vii. 39).

La llave que abre los canales de esta agua bendita es la santa oración, que obtiene todos los bienes en virtud de la promesa: Pedid y recibiréis. Somos débiles, ciegos, pobres y miserables, pero la oración nos obtendrá fuerza, luz, riqueza y felicidad. Teodoreto dice: "La oración, aunque no es más que una, puede afectar a todas las cosas". El que reza recibe todo lo que pide. Dios desea darnos sus gracias, pero desea que oremos por ellas.

Oh Fuente de agua viva, oh Bien soberano, ¡cuántas veces Te he abandonado por las aguas contaminadas de la tierra, que me han privado de Tu amor! Preferiría morir antes que ofenderte. Pero en el futuro no buscaré otra cosa que a Ti, mi Dios. Socórreme y hazme siempre fiel a Ti. María, esperanza mía, guárdame siempre bajo tu santa protección.

Lectura espiritual

LA SUBLIME DIGNIDAD DEL SACERDOCIO

San Ignacio Mártir, en su Epístola a los cristianos de Esmirna, dice que el sacerdocio es la más sublime de todas las dignidades creadas: "La cúspide de las dignidades es el sacerdocio". San Efrén lo llama una dignidad infinita: "El sacerdocio es un milagro asombroso, grande, inmenso e infinito". San Juan Crisóstomo dice, que aunque sus funciones se realizan en la tierra, el sacerdocio debe contarse entre las cosas del Cielo. Según Casiano, el sacerdote de Dios es exaltado por encima de todas las soberanías terrenales, y por encima de todas las alturas celestiales -sólo es inferior a Dios. Inocencio III dice que el sacerdote está colocado entre Dios y el hombre, inferior a Dios, pero superior al hombre.

San Dionisio llama al sacerdote "hombre divino". De ahí que haya llamado al sacerdocio "una dignidad divina". En fin, San Efrén dice que el don de la dignidad sacerdotal sobrepasa todo entendimiento. Para nosotros es suficiente saber, que Jesucristo ha dicho que debemos tratar a sus sacerdotes como a su propia persona: El que a vosotros oye, a mí me oye; el que a vosotros desprecia, a mí me desprecia-(Lucas x. 16). De ahí que San Juan Crisóstomo diga que "quien honra a un sacerdote, honra a Cristo, y quien insulta a un sacerdote, insulta a Cristo". Por respeto a la dignidad sacerdotal, Santa María de Oignies solía besar el suelo que pisaba un sacerdote.

La dignidad del sacerdote se estima por la naturaleza exaltada de su oficio. Los sacerdotes son elegidos por Dios para administrar en la tierra todas sus preocupaciones e intereses. "Divinos", dice San Cirilo de Alejandría; "son los oficios confiados a los sacerdotes". San Ambrosio ha llamado al oficio sacerdotal "una profesión divina". Un sacerdote es un ministro destinado por Dios a ser un, embajador público de toda la Iglesia, para honrarle y obtener sus gracias para todos los fieles. Toda la Iglesia no puede dar a Dios tanto honor, ni obtener tantas gracias, como un solo sacerdote celebrando una sola Misa; porque el mayor honor que toda la Iglesia sin sacerdotes podría dar a Dios consistiría en ofrecerle en sacrificio la vida de todos los hombres. Pero ¿qué valor tienen las vidas de todos los hombres comparadas con el Sacrificio de Jesucristo, que es un Sacrificio de valor infinito? ¿Qué son todos los hombres ante Dios sino un poco de polvo? Como una gota de un balde como un poco de polvo- (Isaías xl. 15, 17). No son más que una mera nada a Sus ojos. Todas las naciones son ante Él como si no tuvieran existencia alguna. Así, por la celebración de una sola Misa, en la que ofrece a Jesucristo en Sacrificio, un sacerdote da mayor honor al Señor, que si todos los hombres al morir por Dios le ofrecieran el sacrificio de sus vidas. Con una sola Misa da mayor honor a Dios que el que le han dado, le dan o le darán todos los Ángeles y los Santos, junto con la Santísima Virgen María; porque su culto no puede ser de valor infinito, como el que ofrece a Dios el sacerdote que celebra sobre el altar.

Además, en la santa Misa el sacerdote ofrece a Dios una adecuada acción de gracias por todas las gracias concedidas incluso a los Bienaventurados en el Paraíso; pero tal acción de gracias son incapaces de ofrecerla a Dios todos los Santos juntos. Por eso también la dignidad sacerdotal es superior a todas las dignidades celestiales. Además, el sacerdote, dice San Juan Crisóstomo, es embajador de todo el mundo, para interceder ante Dios y obtener gracias para todas las criaturas. El sacerdote, según San Efrén, "trata familiarmente con Dios". A los sacerdotes se les abren todas las puertas.

Jesús ha muerto para instituir el sacerdocio. No era necesario que el Redentor muriera para salvar al mundo; bastaba una gota de su Sangre, una sola lágrima, o una oración, para procurar la salvación de todos; pues tal oración, siendo de valor infinito, bastaría para salvar no uno, sino mil mundos. Pero para instituir el sacerdocio ha sido necesaria la Muerte de Jesucristo. Si Él no hubiera muerto, ¿dónde encontraríamos la Víctima que ahora ofrecen los sacerdotes de la Nueva Ley? ¿Dónde encontrar una víctima totalmente santa e inmaculada, capaz de dar a Dios un honor digno de Dios? Como ya se ha dicho, toda la vida de los hombres y de los ángeles no es capaz de dar a Dios un honor infinito como el que le ofrece un sacerdote con una sola Misa.

Meditación vespertina

LA PRÁCTICA DEL AMOR A JESUCRISTO
III.-EL QUE AMA A JESUCRISTO EVITA LA TIBIEZA Y BUSCA LA PERFECCIÓN

I.

El mal de la tibieza nace del poco amor que los hombres tienen a Jesucristo. Los que están hinchados de amor propio; los que con frecuencia se toman a pecho los sucesos que resultan contrarios a sus deseos; los que practican una gran indulgencia consigo mismos a causa de su salud; los que tienen el corazón abierto a los objetos exteriores, y la mente siempre distraída, con un afán de escuchar y de saber tantas cosas que nada tienen que ver con el servicio de Dios, sino que sólo sirven para gratificar la curiosidad privada; que están dispuestos a resentirse de cualquier falta de atención por parte de los demás, y por consiguiente se turban a menudo, y se vuelven negligentes en la oración y el recogimiento que en un momento son todo devoción y alegría, y al siguiente todo impaciencia y melancolía, según sucedan las cosas de acuerdo con su humor o en contra de él; todas estas personas no aman a Jesucristo, o lo aman muy poco, y desacreditan la verdadera devoción.

Pero supongamos que alguien se encuentre hundido en este infeliz estado de tibieza, ¿qué tiene que hacer? Ciertamente, es una cosa difícil para un alma que se ha vuelto tibia reanudar su antiguo fervor; pero nuestro Señor ha dicho que lo que el hombre no puede hacer, Dios puede hacerlo muy bien. Las cosas que son imposibles para el hombre, son posibles para Dios- (Lucas xviii. 27). Quien ora y emplea los medios, está seguro de realizar su deseo.

Ahora bien, el primer medio es el deseo de perfección. Los deseos piadosos son las alas que nos elevan de la tierra; porque, como dice san Lorenzo Justiniano, el deseo "suministra fuerza y aligera el dolor". Da fuerza para caminar hacia la perfección y aligera la fatiga del camino. Quien tiene un verdadero deseo de perfección no deja de avanzar continuamente hacia ella; y avanzando así, ha de llegar finalmente a ella. Por el contrario, quien no tiene el deseo de la perfección retrocederá siempre, y se encontrará siempre más imperfecto que antes. San Agustín dice que "no avanzar en el camino de Dios es retroceder". El que no se esfuerza por avanzar se encontrará arrastrado hacia atrás por la corriente de su naturaleza corrompida.

II.

Cometen, pues, un gran error los que dicen: "Dios no quiere que todos seamos santos". Sí; porque San Pablo dice: Esta es la voluntad de Dios, vuestra santificación- {1 Tesalonicenses iv. 3). Dios quiere que todos seamos santos, y cada uno según su estado de vida: el religioso como religioso; el seglar como seglar; el sacerdote como sacerdote; el casado como casado; el hombre de negocios como hombre de negocios; el soldado como soldado; y así todos los demás estados de vida. Muy hermosas son, en efecto, las instrucciones que mi gran patrona, Santa Teresa, da sobre este tema. Ella dice, en un lugar: "Ampliemos nuestros pensamientos; porque de aquí sacaremos inmenso bien". En otra parte: "Guardémonos de tener pobres deseos, sino más bien pongamos nuestra confianza en Dios, para que, forzándonos continuamente a seguir adelante, lleguemos poco a poco adonde, por la gracia divina, han llegado tantos santos". Y en confirmación de esto citó su propia experiencia, habiendo conocido cómo las almas valientes hacen progresos considerables en un corto período de tiempo. "Porque", dijo ella, "El Señor se complace tanto en nuestros deseos, como si se pusieran en ejecución". En otro lugar ella dice: "Dios Todopoderoso no confiere favores extraordinarios, excepto cuando Su amor ha sido buscado fervientemente." De nuevo, en otro pasaje, comenta: "Dios no deja de recompensar todo buen deseo incluso en esta vida, porque Él es el Amigo de las almas generosas, con tal de que no confíen en sí mismas." Esta misma Santa estaba dotada de tal espíritu o generosidad, que incluso una vez le dijo a nuestro Señor que si viera a otros en el Paraíso disfrutando de Él más que ella misma, no le importaría; pero si viera a alguien amándolo más de lo que ella debería amarlo, declaró que no sabía cómo podría soportarlo.

Debemos, pues, tener mucho valor: El Señor es bueno con el alma que lo busca-(Lamentaciones iii. 25). Dios es extraordinariamente bueno y generoso con el alma que lo busca de corazón. Tampoco los pecados pasados pueden ser un obstáculo para que lleguemos a ser santos, si tan sólo tenemos el sincero deseo de serlo. Santa Teresa comenta: "El demonio se esfuerza en hacernos creer que es orgullo tener deseos elevados, y querer imitar a los Santos; pero es de gran utilidad animarnos con el deseo de grandes cosas, porque, aunque el alma no tiene toda de una vez la fuerza necesaria, sin embargo ella hace un vuelo audaz, y rápidamente avanza". El Apóstol escribe: A los que aman a Dios, todas las cosas les ayudan a bien (Romanos viii. 28). Y la Glosa añade "incluso los pecados"; incluso los pecados pasados pueden contribuir a nuestra santificación, en la medida en que el recuerdo de ellos nos mantiene más humildes, y más agradecidos, cuando, somos testigos de los favores que Dios nos prodiga, después de todos nuestros ultrajes contra Él. No soy capaz de nada, debería decir el pecador, ni merezco nada; no merezco otra cosa que el infierno; pero tengo que tratar con un Dios de infinita bondad, que ha prometido escuchar a todos los que le rezan. Ahora bien, como me ha rescatado de un estado de condenación, y desea que me santifique, y ahora me ofrece su ayuda, ciertamente puedo llegar a ser santo, no por mis propias fuerzas, sino por la gracia de mi Dios, que me fortalece: todo lo puedo en aquel que me fortalece- (Filipenses iv. 13). Así, pues, una vez que tenemos buenos deseos, debemos animarnos y, confiando en Dios, esforzarnos por ponerlos en ejecución; pero si después encontramos algún obstáculo en nuestras empresas espirituales, descansemos tranquilamente en la voluntad de Dios. La voluntad de Dios debe ser preferida a todo buen deseo propio. Santa María Magdalena de Pazzi hubiera preferido quedarse sin la perfección antes que poseerla sin la voluntad de Dios.

Oh Espíritu Santo y Divino, ya no viviré para mí mismo. Pasaré todos los días que me quedan de vida en amarte y agradarte.

LUNES DE LA OCTAVA DE LA ASCENSIÓN

Meditación matutina

EL AMOR DIVINO ES UN ROCÍO QUE FECUNDA

"In aestu temperies: dulce refrigerium".

El amor divino fecunda los buenos deseos, los santos propósitos y las buenas obras de nuestras almas, y éstas son las flores y los frutos que produce la gracia del Espíritu Santo. Oh Espíritu Santo y Divino, ya no viviré para mí mismo. Pasaré todos estos días que me quedan de vida en amarte y agradarte.

I.

El amor divino es un rocío que fecunda el alma. Así nos enseña a orar la Santa Iglesia: Que la infusión del Espíritu Santo limpie nuestros corazones y los fecunde con la aspersión interior de su rocío. El amor fecunda nuestros buenos deseos, nuestros santos propósitos y las buenas obras de nuestras almas; éstas son las flores y los frutos que produce la gracia del Espíritu Santo. El amor se llama también rocío porque enfría el calor de los malos deseos y de las tentaciones. De ahí que al Espíritu Santo se le llame también refresco en el exceso de calor, y consuelo en nuestras penas. In aestu temperies; dulce refrigerium.

Oh Espíritu Santo y Divino, no viviré más para mí mismo; los días que me queden de vida, los emplearé enteramente en amarte y agradarte. Por eso te suplico que me concedas el don de la oración. Ven, Tú, a mi corazón, y enséñame a orar como debo. Dame fuerza para no descuidar la oración en el tiempo de la sequedad y del cansancio; y dame el espíritu de oración; es decir, la gracia de rezarte de tal manera, y de ofrecerte las oraciones que puedan serte más aceptables.

II.

Este rocío desciende a nuestros corazones durante la oración. Un cuarto de hora de oración basta para aplacar cualquier pasión de odio o de amor desmedido, por ardiente que sea: Me llevó a la bodega del vino, puso en orden la caridad en mí- (Cántico ii. 4). La santa meditación es esta bodega de vino, donde se ordena el amor, para amar a Dios sobre todas las cosas y al prójimo como a nosotros mismos. Quien ama a Dios ama la oración; y quien no ama la oración encontrará moralmente imposible vencer sus pasiones.

Estaba perdido por mis pecados, oh Dios mío, pero ahora veo, por el favor que me has mostrado, que deseas mi santificación y salvación; y ciertamente deseo llegar a ser santo, para agradarte y amar más ardientemente tu infinita Bondad. Te amo, mi soberano Bien, mi Amor y mi Todo; y porque te amo, te entrego todo mi ser. Oh Santísima Virgen María, protégeme.

Lectura espiritual

GRANDEZA DEL PODER SACERDOTAL.

La dignidad del sacerdote se estima también por el poder que tiene sobre el cuerpo real y místico de Jesucristo.

En cuanto al poder de los sacerdotes sobre el Cuerpo real de Jesucristo, es de Fe que, cuando pronuncian las palabras de la Consagración, el Verbo Encarnado se ha obligado a obedecer y a venir a sus manos bajo las especies sacramentales. Nos maravilla oír que Dios obedeció a la voz de Josué -el Señor obedeciendo a la voz del hombre- e hizo que el sol se parara cuando dijo: No te muevas, oh sol, hacia Gabaón, y el sol se detuvo- (Josué x. 12-13). Pero nuestro asombro debería ser mucho mayor cuando descubrimos que, en obediencia a las palabras de sus sacerdotes -HOC EST CORPUS MEUM-, Dios mismo desciende sobre el altar, que viene dondequiera que lo llamen, y tantas veces como lo llamen, y se pone en sus manos, aunque sean sus enemigos. Y después de haber venido, queda enteramente a su disposición; lo mueven a su antojo, de un lugar a otro; pueden, si lo desean, encerrarlo en el Tabernáculo, o exponerlo sobre el altar, o llevarlo fuera de la iglesia. Pueden, si lo desean, comer Su carne y darla como alimento a otros. "¡Oh, cuán grande es su poder", dice San Lorenzo Justiniano, hablando de los sacerdotes; "una palabra cae de sus labios y el Cuerpo de Cristo está allí sustancialmente formado de la materia del pan, y el Verbo Encarnado bajado del Cielo, se encuentra realmente presente sobre la mesa del altar! Nunca la bondad divina dio tal poder a los Ángeles. Los Ángeles acatan la orden de Dios, pero los sacerdotes lo toman en sus manos, lo distribuyen a los fieles y participan de Él como alimento para sí mismos."

Con respecto al cuerpo místico de Cristo, es decir, todos los fieles, el "sacerdote tiene el poder de las llaves, o el poder de liberar a los pecadores del infierno, de hacerlos dignos del Paraíso, y de cambiarlos de esclavos de Satanás en hijos de Dios. Y Dios mismo está obligado a acatar el juicio de sus sacerdotes, y a no perdonar o a perdonar, según denieguen o den la absolución, siempre que el penitente sea capaz de ello. "Tal", dice San Máximo de Turín, "es este poder judicial atribuido a Pedro, que su decisión lleva consigo la decisión de Dios". La sentencia del sacerdote precede, y Dios la suscribe, escribe San Pedro Damián. De ahí que San Juan Crisóstomo concluya así: "El Soberano Dueño del universo sólo sigue al siervo confirmando en el Cielo todo lo que éste decide en la tierra".

Los sacerdotes son los dispensadores de las gracias divinas, y los compañeros de Dios. "Considera a los sacerdotes", dice San Ignacio Mártir, "como los dispensadores de las gracias divinas y los asociados de Dios." "Son", dice San Próspero, "la gloria y las columnas inamovibles de la Iglesia; son las puertas de la ciudad eterna; a través de ellos todos llegan a Cristo; son los guardianes vigilantes a quienes el Señor ha confiado las llaves del reino de los cielos; son los administradores de la casa del rey, para asignar a cada uno según su beneplácito su lugar en la jerarquía." Si el Redentor descendiera a una iglesia y se sentara en un confesionario para administrar el Sacramento de la Penitencia, y un sacerdote se sentara en otro confesionario, Jesús diría sobre cada penitente: Ego te absolvo. El sacerdote diría igualmente sobre cada uno de sus penitentes: Ego te absolvo, y los penitentes de cada uno serían igualmente absueltos. ¡Cuán grande es el honor que un rey conferiría a un súbdito al que facultaría para rescatar enfermos de la cárcel a cuantos quisiera! Pero mucho mayor es el poder que el Padre Eterno ha dado a Jesucristo, y que Jesucristo ha dado a sus sacerdotes, para rescatar del infierno no sólo los cuerpos, sino también las almas de los fieles: "El Hijo", dice San Juan Crisóstomo, "ha puesto en manos de los sacerdotes todo juicio; pues habiendo sido como transportados al Cielo, han recibido esta divina prerrogativa. Si un rey diera a un mortal el poder de liberar de la cárcel a todos los prisioneros, todos lo declararían feliz; pero los sacerdotes han recibido de Dios un poder mucho mayor, puesto que el alma es más noble que el cuerpo."

Meditación vespertina

LA PRÁCTICA DEL AMOR A JESUCRISTO
IV. MEDIOS PARA EVITAR LA TIBIEZA Y ALCANZAR LA PERFECCIÓN
I.

El segundo medio de perfección es la resolución de pertenecer enteramente a Dios. Muchos son llamados a la perfección; son impulsados hacia ella por la gracia, conciben el deseo de alcanzarla; pero como nunca se resuelven realmente a adquirirla, viven y mueren en el mal olor de su vida tibia e imperfecta. El deseo de la perfección no basta si no va seguido de la firme resolución de alcanzarla. ¡Cuántas almas se alimentan sólo de deseos, pero nunca dan un paso en el camino de Dios! De tales deseos habla el Sabio cuando dice: Los deseos matan al perezoso - (Proverbios xxi. 25}. El hombre perezoso siempre está deseando, pero nunca se resuelve a tomar los medios adecuados a su estado de vida para llegar a ser santo. Dice: "¡Oh, si estuviera en la soledad, y no en esta casa! Si pudiera ir a vivir a otro monasterio, me entregaría enteramente a Dios". Y entretanto no puede sostener a cierto compañero; no puede soportar una palabra de contradicción; se disipa en muchas preocupaciones inútiles; comete mil faltas de glotonería, de curiosidad y de soberbia; y, sin embargo, suspira al viento: "¡Oh, si tuviera...!" o "¡Oh, si pudiera...!". Tales deseos hacen más mal que bien; porque algunos se regodean en ellos, y mientras tanto siguen llevando una vida de imperfección. Era un dicho de San Francisco de Sales: "No apruebo a la persona que, estando ocupada en algún deber o vocación, suspira por otro género de vida que no sea compatible con su posición actual, o por otros ejercicios impropios de su estado presente; porque sólo sirve para disipar su corazón y le hace languidecer en sus deberes necesarios."

II.

Debemos, pues, desear la perfección, y tomar resueltamente los medios para alcanzarla. Santa Teresa dice: "Dios sólo espera una resolución de nuestra parte y hará después Él mismo todo lo demás: el demonio no teme a las almas irresolutas." Por eso hay que usar la oración mental, para tomar los medios que conducen a la perfección. Algunos hacen mucha oración, pero nunca llegan a una conclusión práctica. La Santa vuelve a decir: "Prefiero una oración corta, que produce grandes frutos, que una oración de muchos años, en la que un alma nunca llega más lejos que a resolverse a hacer algo digno de Dios Todopoderoso." Y en otra parte dice: "He aprendido por experiencia que quien al principio se propone hacer alguna gran obra, por difícil que sea, si lo hace para agradar a Dios, no tiene por qué temer."

MARTES DENTRO DE LA OCTAVA DE LA ASCENSIÓN

Meditación de la mañana
EL AMOR DIVINO ES UN REPOSO QUE REFRESCA
"In Labore Requies: in Fletu Solatium".
El amor divino se llama reposo en el parto, en el luto consuelo. Un alma que ama a Dios encuentra paz y contento en todas las tribulaciones y adversidades, con sólo decir: Esta es la voluntad de mi Dios.

I.

El amor divino se llama también descanso en el trabajo, consuelo en el luto. In labore requies, in fletu solatium. El amor es un reposo que refresca, porque el principal efecto del amor es unir la voluntad del amante con la del amado. Para un alma que ama a Dios, en cada afrenta que recibe, en cada pena que soporta, en cada pérdida que sufre, basta para que se resigne saber que tales cosas le son permitidas por la voluntad de su Amado. Encuentra paz y contentamiento en todas las tribulaciones y adversidades, diciendo: Tal es la voluntad de mi Dios. Esta es la paz que supera todos los placeres del sentido: La paz de Dios que sobrepasa todo entendimiento- (Filipenses iv. 7). Santa María Magdalena de Pazzi, con sólo repetir: "es la voluntad de Dios", se llenó inmediatamente de alegría.

Oh Dios mío, cuántas veces, por seguir mi propia voluntad, me he opuesto a tu santa voluntad y la he despreciado. Me aflijo por este mal más que por cualquier otro. Oh Señor, deseo desde hoy amarte con todo mi corazón.

II.

Cada uno en este mundo debe llevar su cruz; pero Santa Teresa dice que la cruz es dura para los que la arrastran, pero no para los que la abrazan. Así, el Señor sabe bien cómo herir y cómo curar. Hiere, dice el santo Job, y cura; golpea, y sus manos sanarán. El Espíritu Santo, por su dulce unción, hace dulces y amables incluso las ignominias y los tormentos. Sí, Padre, porque así te ha parecido bien (Mateo xi. 26). Así debemos decir en todas las adversidades que nos sobrevengan: Así se haga, Señor, porque así te agradó. Y cuando el temor de cualquier calamidad temporal nos alarme, digamos siempre: "Haz de mí, Señor, lo que te plazca; todo lo aceptaré como venido de Ti". Conviene, como aconseja Santa Teresa, ofrecernos así a Dios con frecuencia a lo largo del día.

Habla, Señor, que tu siervo oye. ¿Qué quieres que haga? Haré todo lo que Tú me pidas. Tu voluntad será mi único deseo, mi único amor. Espíritu Santo, fortalece mi debilidad. Tú eres la bondad misma: ¿cómo puedo amar a otro que no seas Tú? Oh, atrae hacia Ti todos los afectos de mi corazón, por las dulces atracciones de tu santo amor. Renuncio a todo, para entregarme enteramente a Ti. Acéptame y socorreme. Oh María, Madre mía, ruega por mí.

Lectura espiritual

EL SACERDOCIO SUPERA A TODAS LAS DEMÁS DIGNIDADES CREADAS

La dignidad sacerdotal es la más noble de todas las dignidades de este mundo. "Nada", dice San Ambrosio, "es más excelente en este mundo". Trasciende, dice San Bernardo, "todas las dignidades de los reyes, de los emperadores y de los Ángeles." Según San Ambrosio, la dignidad del sacerdote supera tanto a la de los reyes, como el valor del oro supera al del plomo. La razón, es, porque el poder de los reyes se extiende sólo a los bienes temporales y a los cuerpos de los hombres, pero el poder del sacerdote se extiende a los bienes espirituales y al alma humana. "De ahí que", dice San Clemente, "así como el alma es más noble que el cuerpo, así también el sacerdocio es más excelente que la realeza." "Los príncipes", dice San Juan Crisóstomo, "tienen el poder de atar, pero sólo atan los cuerpos, mientras que el sacerdote ata el alma."

Los reyes de la tierra se glorían de honrar a los sacerdotes: "Es una marca de un buen príncipe", dice el Papa San Marcelino, "honrar a los sacerdotes de Dios." "De buena gana", dice Pedro de Blois, "doblan la rodilla ante el sacerdote de Dios; besan sus manos, y con, la cabeza inclinada reciben su bendición." "La dignidad sacerdotal", dice San Crisóstomo, "borra la dignidad real; por eso el rey inclina la cabeza bajo la mano del sacerdote para recibir su bendición." En el Concilio de Niza, el emperador Constantino quiso sentarse en el último lugar, después de todos los sacerdotes, y en un asiento más bajo que el que ellos ocupaban; ni siquiera quiso sentarse sin su permiso. El santo rey San Boleslao tenía tanta veneración por los sacerdotes, que no se atrevía a sentarse en su presencia.

La dignidad sacerdotal supera también la dignidad de los Ángeles. Los Ángeles del Cielo no pueden absolver de un solo pecado. Los Ángeles Custodios procuran a las almas encomendadas a su cuidado la gracia de recurrir a un sacerdote para que las absuelva: "Aunque", dice San Pedro Damián, "los Ángeles puedan estar presentes, esperan sin embargo a que el sacerdote ejerza su poder, pero ninguno de ellos tiene el poder de las llaves, es decir, de atar y desatar." Cuando San Miguel se acerca a un cristiano moribundo que invoca su ayuda, el santo Arcángel puede ahuyentar a los demonios, pero no puede liberar a su cliente de sus cadenas hasta que un sacerdote venga a absolverlo. Después de haber dado la orden del sacerdocio a un santo eclesiástico, San Francisco de Sales percibió, que al salir se detenía en la puerta como para dar precedencia a otro. Cuando el Santo le preguntó por qué se había detenido, él respondió que Dios lo había favorecido con la presencia visible de su Ángel guardián, quien antes de que él recibiera el sacerdocio siempre permanecía a su derecha y lo precedía, pero después caminaba a su izquierda y se rehusaba a ir delante de él. Fue en una santa contienda con el Ángel que se detuvo en la puerta. San Francisco de Asís solía decir: "Si viera a un Ángel y a un sacerdote, doblaría la rodilla primero ante el sacerdote y luego ante el Ángel".

Además, el poder del sacerdote supera al de la Santísima Virgen María; pues, aunque esta Divina Madre puede orar por nosotros, y con sus oraciones obtener lo que desee, sin embargo, no puede absolver a un cristiano ni del más pequeño pecado. "La Santísima Virgen fue eminentemente más perfecta que los Apóstoles", dice Inocencio III: "Sin embargo, no fue a ella, sino sólo a los Apóstoles, a quienes el Señor confió las llaves del reino de los cielos." San Bernardino de Siena ha escrito: "Virgen Santa, discúlpame, pues no hablo contra ti: el Señor ha elevado el sacerdocio por encima de ti". El Santo asigna la razón de la superioridad del sacerdocio sobre María; ella concibió a Jesucristo una sola vez; pero al consagrar la Eucaristía, el sacerdote, por así decirlo, lo concibe cuantas veces quiera, de modo que si la Persona del Redentor no hubiera estado todavía en el mundo, el sacerdote, pronunciando las palabras de la Consagración, produciría esta gran Persona de un Hombre-Dios. "Oh maravillosa dignidad de los sacerdotes", exclama San Agustín, "en cuyas manos, como en el seno de la Santísima Virgen, se encarna el Hijo de Dios". De ahí que a los sacerdotes se les llame padres de Jesucristo: tal es el título que les da San Bernardo, pues son la causa activa por la que Él se hace existir realmente en la Hostia consagrada.

Así, el sacerdote puede, en cierta manera, ser llamado el creador de su Creador, ya que al decir las palabras de la Consagración, crea, por así decirlo, a Jesús en el Sacramento, dándole una existencia sacramental, y lo produce como Víctima para ser ofrecida al Padre Eterno. Como al crear el mundo bastó que Dios dijera: Hágase, y fue creado Habló, y fueron hechos - (Salmo xxxii. 9) - así basta que el sacerdote diga: "Hoc est corpus meum", y he aquí que el pan ya no es pan, sino el Cuerpo de Jesucristo. "El poder del sacerdote", dice San Bernardino de Siena, "es el poder de la Persona Divina; porque la Transubstanciación del pan requiere tanto poder como la creación del mundo." Y San Agustín ha escrito: "¡Oh venerable santidad de las manos! ¡Oh feliz función del sacerdote! El que me creó (si puedo decirlo así) me dio el poder de crearlo a Él; y el que me creó sin mí, ¡él mismo es creado por mí!". Como el Verbo de Dios creó el Cielo y la tierra, así, dice San Jerónimo, las palabras del sacerdote crean a Jesucristo. "A una señal de Dios surgieron de la nada tanto la sublime bóveda de los cielos como la vasta extensión de la tierra; pero no es menos grande el poder que se manifiesta en las misteriosas palabras del sacerdote." La dignidad del sacerdote es tan grande, que incluso bendice a Jesucristo en el altar como Víctima para ser ofrecida al Padre Eterno. En el sacrificio de la Misa, escribe el Padre Mansi, Jesucristo es el Ofrendador y la Víctima principal; como Ministro, bendice al sacerdote, pero como Víctima, el sacerdote lo bendice a Él.

Meditación vespertina

LA PRÁCTICA DEL AMOR A JESUCRISTO

V.-LOS MEDIOS PARA EVITAR LA TIBIEZA Y ALCANZAR LA PERFECCIÓN

I.

La primera resolución debe ser hacer todos los esfuerzos posibles, y morir antes que cometer cualquier pecado deliberado, por pequeño que sea. Es verdad que todos nuestros esfuerzos, sin el auxilio divino, no pueden capacitarnos para vencer las tentaciones; pero Dios quiere que, por nuestra parte, usemos frecuentemente de esta violencia con nosotros mismos, porque entonces nos suplirá después con su gracia, socorrerá nuestra debilidad y nos capacitará para obtener la victoria. Esta resolución nos quita todo obstáculo para seguir adelante, y al mismo tiempo nos da gran valor, porque nos da la seguridad de estar en gracia de Dios. San Francisco de Sales escribe: "La mejor seguridad que podemos poseer en este mundo de estar en gracia de Dios, no consiste ciertamente en sentir que tenemos su amor, sino en un puro e irrevocable abandono de todo nuestro ser en sus manos, y en la firme resolución de no consentir jamás el pecado, ni grande ni pequeño." Esto es lo que significa tener una conciencia delicada. Obsérvese que una cosa es tener una conciencia delicada y otra una conciencia escrupulosa. Ser de conciencia delicada es requisito para llegar a ser santo; pero ser escrupuloso es un defecto y hace daño; y por esta razón debemos obedecer a nuestros directores, y elevarnos por encima de los escrúpulos, que no son otra cosa que alarmas vanas e irrazonables.

II.

Por eso es necesario resolverse a elegir lo mejor; no sólo lo que es agradable a Dios, sino lo que más le agrada, sin reserva alguna. San Francisco de Sales dice: "Debemos comenzar con una resolución fuerte y constante de entregarnos enteramente a Dios, y protestarle que para el futuro deseamos ser suyos sin ninguna reserva, y después debemos renovar a menudo esta misma resolución." San Andrés Avellini hizo voto de avanzar diariamente en la perfección. No es necesario (que todo el que desee ser santo lo haga objeto de un voto); pero debe esforzarse cada día por dar algunos pasos adelante en la perfección. San Lorenzo Justiniano ha escrito: "Cuando una persona progresa realmente, siente en sí misma el deseo continuo de avanzar; y cuanto más mejora en la perfección, más aumenta este deseo; porque a medida que su luz interior aumenta cada día más y más, se parece a sí mismo que siempre le falta alguna virtud, y que no hace ningún bien; y si, por casualidad, es consciente de algún bien que hace, siempre le parece muy imperfecto, y hace poca cuenta de ello. La consecuencia es que está continuamente trabajando para adquirir la perfección sin sentirse nunca cansado."

MIÉRCOLES DE LA OCTAVA DE LA ASCENSIÓN

Meditación de la mañana

EL AMOR DIVINO NOS FORTALECE

"Fortis est ut mars delectio".

El amor es fuerte como la muerte-(Cánticos viii. 6). Como no hay poder creado que pueda resistir a la muerte, así con el alma que ama a Dios no hay dificultad que el amor no pueda vencer. Oh Jesús mío, envía tu Espíritu Santo para que venga y me fortalezca para hacer y sufrir algo por tu amor antes de que la muerte me alcance.

I.

Fortis est ut mars delectio. El amor es fuerte como la muerte.

Como no hay poder creado que pueda resistir a la muerte, así para el alma que ama a Dios, no hay dificultad que no ceda al amor. Cuando el alma que ama quiere agradar a su Amado, el amor vence todas las pérdidas, desprecios y penas: "Nada es tan difícil sino para ser vencido por el fuego del amor". Esta es la marca más segura para saber si un alma ama realmente a Dios, es serle tan fiel cuando las cosas son adversas como cuando son prósperas. San Francisco de Sales dice: "Dios es tan amable cuando nos castiga como cuando nos consuela, porque hace ambas cosas por amor."

Oh Dios de mi alma, digo que Te amo, y sin embargo, ¿qué hago por Tu amor? Nada. Es señal, pues, de que o no Te amo, o Te amo demasiado poco. Envía, pues, oh Jesús, el Espíritu Santo sobre mí, y ven y fortaléceme para hacer y sufrir algo por Tu amor antes de que la muerte me alcance. No permitas, Señor, que me vaya de esta vida frío e ingrato, como he sido hasta ahora. Dame fuerza para amar los sufrimientos, a causa de los muchos pecados por los que he merecido el infierno. Oh Dios mío, que eres todo bondad y todo amor, Tú deseas habitar en mi alma, de la que tantas veces Te he expulsado; ven y toma posesión de ella; habita en ella y hazla toda Tuya.

II.

Cuando Dios más nos aflige en esta vida, más nos ama. San Juan Crisóstomo consideraba más feliz a San Pablo encadenado que a San Pablo arrebatado al tercer cielo. Por eso los santos Mártires, en medio de sus tormentos, se regocijaban y daban gracias a Dios por el gran favor que les había conferido al permitirles sufrir por su amor. Y los demás Santos, cuando faltaban tiranos que los afligiesen, se convertían en sus propios atormentadores por las penitencias que se imponían a sí mismos, para agradar a Dios. San Agustín dice: "El que ama, o no siente el trabajo, o el trabajo mismo es amado".

Te amo, Señor mío; y si te amo, Tú estás conmigo, como me asegura San Juan: El que permanece en la caridad, permanece en Dios, y Dios en él- (I Juan iv. 16). Por tanto, ya que Tú estás conmigo, aumenta las llamas, las cadenas de tu amor, para que no desee, ni busque ni ame a otro que a Ti, y así, atado por tu amor, no me separe nunca más de Ti. Deseo, oh Jesús, ser Tuyo, ser todo Tuyo. Oh María, mi Reina y abogada, alcánzame el amor y la santa perseverancia.

Lectura espiritual

IR A LA SANTA COMUNIÓN

De todos los Sacramentos, el Sacramento adorable del altar es el más excelente. Los demás Sacramentos contienen los dones de Dios, pero la Sagrada Eucaristía contiene a Dios mismo. De ahí que Santo Tomás diga que los demás Sacramentos han sido instituidos por Jesucristo para preparar a los hombres a recibir o administrar la Sagrada Eucaristía, que, según el santo Doctor, es la consumación de la vida espiritual, porque de este Sacramento se deriva toda la perfección del alma. Porque toda perfección consiste en la unión con Dios; y de todos los medios para unir el alma a Él, ninguno mejor que la Sagrada Comunión, por la cual, como Jesucristo mismo ha dicho, el alma se hace como una sola cosa con Él, El que come mi carne... permanece en mí y yo en él - (Juan vi. 57). De ahí que San Juan Crisóstomo diga que Jesús nos ha dado su Cuerpo bajo la especie de pan para que seamos una sola cosa con Él. Y San Cirilo de Alejandro enseña que como dos pedazos de cera derretidos juntos se convierten en uno, así nosotros, por la Sagrada Comunión, estamos unidos de manera similar con Jesucristo.

Nuestro Salvador instituyó este Sacramento bajo la forma de alimento para mostrar que, como el alimento corporal se transforma en nuestra carne, así este Pan celestial se convierte en una cosa con nosotros; pero con esta diferencia, que el alimento terrenal se convierte en nuestra sustancia, mientras que este Pan divino transforma a los que comen en Jesucristo. Esta es la razón por la que Ruperto hace decir a nuestro Señor: "Comed, y seréis por gracia lo que yo soy por naturaleza". Y esto es lo que nuestro Señor se dignó decir un día a San Agustín: "No me transformaré en vosotros, sino que vosotros os transformaréis en mí". El principal efecto de este Sacramento es conservar en el alma la vida de la gracia. De ahí que se le llame pan; pues así como el pan terrenal sustenta la vida corporal, así este Pan celestial conserva la vida del alma que consiste en la gracia de Dios.

La Eucaristía es, según el Concilio de Trento, la medicina divina que purifica el alma de las faltas veniales y la preserva de los pecados mortales. Como una corriente de agua, este Sacramento apaga el ardor de las pasiones por las que somos consumidos. Aquel en cuya alma se enciende la llama de alguna pasión particular, acérquese a la Sagrada Comunión, y encontrará la pasión totalmente destruida, o al menos en gran medida. "Si alguno de vosotros -dice San Bernardo- no experimenta tan frecuentes o tan violentas mociones de ira, de envidia o de lujuria, dé gracias al Cuerpo del Señor que produce fruto en su alma." El Doctor Angélico enseña que la Comunión nos da fuerza para vencer todos los ataques del demonio. "Repele todo asalto de los demonios". San Juan Crisóstomo afirma que cuando recibimos la Sagrada Eucaristía, los demonios son puestos en fuga, y los Ángeles vuelan en nuestra ayuda. Además, este Sacramento infunde en el alma una gran paz interior, una fuerte inclinación a la virtud y una gran disposición a practicarla y facilita así el caminar por la senda de la perfección.

La Sagrada Comunión, como enseña Santo Tomás, infunde en el corazón la caridad divina. Jesucristo protestó que no había venido al mundo para otra cosa que para encender en nuestras almas el fuego santo del amor divino. Fuego vengo a echar en la tierra, ¿y qué quiero sino que se encienda? -(Lucas xii. 49). Decía el Venerable Padre Olimpio, de la Orden de los Teatinos, que no hay Misterio de la Redención más apto para inflamarnos con el amor de Jesucristo que el Sacramento del altar, en el que Él se nos da enteramente y derrama todo su amor. Por eso, hablando de la institución de este Sacramento, dice San Juan: Jesús, sabiendo que había llegado su hora de pasar de este mundo al Padre, habiendo amado a los suyos que estaban en el mundo, los amó hasta el extremo (Juan xiii. i). Los amó hasta el extremo, es decir, según los comentaristas, los amó hasta el límite de sus fuerzas. De ahí que el Concilio de Trento dijera que en este Sacramento Jesús "derramó, por así decirlo, todas las riquezas de su amor divino hacia el hombre". La Sagrada Comunión ha sido llamada por Santo Tomás "el Sacramento del amor"; y por San Bernardo "el amor de los amores". Santa María Magdalena de Pazzi solía llamar al día de la Comunión "el día del amor"; y decía que un alma después de la Comunión podría exclamar con Jesús agonizante en la Cruz: ¡Está consumado! Porque después de haberse dado a mí, Dios no tiene nada más que darme; ni yo puedo desear nada más de Él.

Meditación vespertina

LA PRÁCTICA DEL AMOR DE JESUCRISTO
VI. MEDIOS PARA EVITAR LA TIBIEZA Y ALCANZAR LA PERFECCIÓN

I.

Hay que comenzar pronto, sin esperar al día siguiente. Quién sabe si después tendremos tiempo o no. El Eclesiastés nos aconseja: Todo lo que pueda hacer tu mano, hazlo con empeño- (Eclesiastés ix. 10). Lo que puedas hacer, hazlo pronto, y no lo dejes para más tarde; y aduce la razón de por qué: Porque ni el trabajo, ni la razón, ni la sabiduría, ni el conocimiento estarán en el infierno, adonde te apresuras. Porque en la otra vida no hay más tiempo para trabajar, ni libre albedrío para merecer, ni prudencia para obrar bien, ni sabiduría o experiencia para tomar buen consejo, pues después de la muerte lo hecho, hecho está. Una monja del convento de Torre de Specchi, en Roma, que se llamaba Sor Buenaventura, llevaba una vida muy tibia. Vino un religioso, el padre Lancisio, a dar los ejercicios espirituales a las monjas, y sor Buenaventura, no sintiendo ninguna inclinación a sacudirse su tibieza, comenzó a escuchar los ejercicios sin buena voluntad. Pero al primer sermón, fue ganada por la gracia divina, de modo que inmediatamente fue a los pies del Padre que predicaba, y le dijo, con un tono de verdadera determinación: "Padre, quiero hacerme santa, y pronto santa." Y, por la asistencia de Dios, así lo hizo; pues sólo vivió ocho meses después de aquel suceso, y durante ese corto tiempo vivió y murió como santa.

II.

Dijo David: Y dije, ahora he comenzado- (Salmo lxxvi. 11). Así también habló San Carlos Borromeo: "Hoy comienzo a servir a Dios". Y debemos actuar de la misma manera que si hasta ahora no hubiéramos hecho bien alguno; porque, en efecto, todo lo que hacemos por Dios no es nada, ya que estamos obligados a hacerlo. Resolvámonos, pues, cada día a comenzar de nuevo a pertenecer enteramente a Dios. Tampoco nos detengamos a observar qué o cómo actúan los demás. Son pocos los que llegan a ser verdaderamente santos. San Bernardo dice: "No se puede ser perfecto sin ser singular" Si quisiéramos imitar la común carrera de los hombres, deberíamos permanecer siempre imperfectos, como en su mayor parte lo son ellos. Debemos superarlo todo, renunciar a todo, para ganarlo todo. Santa Teresa decía: "Porque no llegamos a dar todo nuestro afecto a Dios, así tampoco Él nos da todo su amor". Oh Dios, ¡qué poco es todo lo que se da a Jesucristo, que ha dado su Sangre y su vida por nosotros!". Por mucho que demos", dice el mismo Santo, "no es más que fango, en comparación de una sola gota de Sangre derramada por nosotros por nuestro Bendito Señor." Los santos no saben escatimar, cuando se trata de agradar a un Dios que se entregó por entero, sin reservas, para obligarnos a no negarle nada. San Crisóstomo escribió: "Te lo dio todo y no se guardó nada para Sí". Dios se ha entregado por entero a ti; no hay, pues, excusa para que te comportes reservadamente con Dios. Incluso ha muerto por todos nosotros, dice el Apóstol, para que cada uno de nosotros viva sólo para Aquel que murió por nosotros: Cristo murió por todos, para que también los que viven no vivan ahora para sí mismos, sino para Aquel que murió por ellos-(2 Corintios v. 15).

JUEVES DE LA OCTAVA DE LA ASCENSIÓN

Meditación de la mañana
EL AMOR DIVINO HACE QUE DIOS HABITE EN NUESTRAS ALMAS
"Dulcis Hospes Animae".

El Espíritu Santo es llamado Dulce Huésped del Alma. Esta fue la gran promesa hecha por Jesucristo a los que le aman: Si me amáis, guardad mis mandamientos; y yo rogaré al Padre, y os dará otro Paráclito, para que esté con vosotros para siempre - (Juan xiv. 15, 16).

I.

El Espíritu Santo es llamado Dulce Huésped del Alma. La gran promesa hecha por Jesucristo a los que le amasen fue ésta: Si me amáis, guardad mis mandamientos. Y yo rogaré al Padre, y os dará otro Paráclito, para que esté con vosotros para siempre- (Juan xiv. 15, 16). Por lo tanto, el Espíritu Santo nunca abandonará al alma, si el alma no lo aleja: Él no abandona, a menos que él sea abandonado.

Dios, pues, habita en nuestras almas cuando le amamos, pero declara que no está satisfecho de nosotros a menos que le amemos de todo corazón. San Agustín escribe que el Senado Romano no quiso admitir a Jesús en el número de sus dioses, porque decían que era un Dios orgulloso, que no quería que se adorara a nadie más que a sí mismo. Y así es; Él no admitirá un compañero en el corazón que lo ama; Él debe morar allí solo, y ser el único objeto amado. Y cuando ve que no es el único objeto amado, siente celos, por así decirlo, como escribe San Juan Crisóstomo, de aquellas criaturas que se reparten con Él un corazón que desea tener enteramente para Sí. ¿Crees que la Escritura dice en vano? Envidiar codicia el espíritu que mora en vosotros- (Santiago iv. 5).

Oh Dios mío, veo que Tú deseas que yo sea todo Tuyo. Te he expulsado muchas veces de mi alma y, sin embargo, no te dignas volver a mí y unirte a mí. Oh, toma ahora posesión de todo mi ser. Me entrego hoy enteramente a Ti.

II.

En una palabra, como dice San Jerónimo, Jesús es celoso. Por eso el Esposo celestial alaba al alma que, como la tórtola, vive sola y oculta del mundo: Tus mejillas son hermosas como las de la tórtola-(Cant. i. 9), porque Él desea que el mundo no tome parte alguna de ese amor que Él desea tener enteramente para Sí. De nuevo, la esposa es alabada porque es un jardín cerrado-(Cánticos iv. 12). Un jardín cerrado contra todo amor mundano. ¿Puede ser que Jesús no merezca todo nuestro amor? "Te dio todo su ser", dice San Juan Crisóstomo, "sin dejar nada para sí" Te ha dado su Sangre y su vida; nada más le queda por darte.

Acógeme, oh Jesús, y haz que, en el futuro, no viva ni un momento privado de tu amor. Tú me buscas y yo sólo te busco a Ti. Tú deseas mi alma, y mi alma no desea a nadie más que a Ti. Tú me amas, y yo Te amo; y porque Tú me amas, átame de tal manera a Ti, que nunca más pueda separarme de Ti. Oh Reina del Cielo, ruega por mí.

Lectura espiritual

COMULGAR CON FRECUENCIA

¿Cuál de los dos, pregunta Casiano, es más humilde, el hombre que comulga a menudo o el que comulga pocas veces? Responde que es más humilde el que recibe con frecuencia a Jesucristo, porque conoce sus flaquezas, y por eso busca con más frecuencia el remedio de su enfermedad. El Doctor angélico dice que, aunque abstenerse de comulgar por humildad y temor es agradable a Dios, el amor y la confianza que inducen a un alma a recibirle son más aceptables a sus ojos. El amor y la esperanza, a los que constantemente nos exhortan las Escrituras, son preferibles al temor.

Tú dirás: No sé si estoy en estado de gracia. Pero yo pregunto: ¿esperas que un ángel venga del cielo para asegurarte que estás en gracia? ¿No os basta con la seguridad de vuestro confesor? Deberíais confiar más en el testimonio del ministro de Dios que en las revelaciones de todos los ángeles del Paraíso; porque al recibir una comunicación de los ángeles, puede haber una ilusión, pero al escuchar al confesor que, a vuestro respecto, ocupa el lugar de Dios, no hay peligro de engaño. Siempre, pues, que vuestro Padre espiritual os permita comunicaros, tened cuidado de no obedecer a las sugestiones del demonio absteniéndoos de comulgar por miedo y escrúpulos.

No me atrevo, diréis, a comunicarme a menudo, porque cometo constantemente faltas y nunca me enmiendo. Cuanto más grandes te parezcan tus flaquezas, tanto más frecuentemente debes buscarles remedio en la sagrada Comunión. "Porque", dice San Ambrosio, "siempre peco, siempre debo usar un remedio". Apuntalamos los muros que se inclinan, no para hacerlos erguir, sino para evitar que se caigan. Dices que no percibes en ti ninguna enmienda. ¿Mejorarás sin la ayuda de la Sagrada Comunión? No; por el contrario, empeorarás cada día. El padre Granada dice que "el que quiere curarse de sus enfermedades no debe abstenerse de este gran remedio." El solo recuerdo de haber comulgado por la mañana, y el pensamiento de tener que hacerlo al día siguiente, hace a la persona más vigilante y más atenta a la corrección de sus faltas. Además, el Sacramento mismo infunde un aumento de luz y fuerza en el alma. Los teólogos suelen afirmar que la Sagrada Eucaristía produce más gracia que todos los demás Sacramentos, porque contiene al mismo Jesucristo, que es el Autor de la gracia. Un regalo que un príncipe hace con su propia mano es más valioso que los dones que dispensa a través de las manos de otros.

Diréis: Me siento distraído, frío y sin devoción. ¿Qué entiendes por devoción? Si te refieres al fervor sensible, te digo que no es necesario: basta tener fervor en la voluntad, o la determinación de hacer lo que sabes que agrada a Dios.

Esta es la verdadera devoción y fervor que Dios exige de ti; y aunque no sientas este fervor de la voluntad, debes, no obstante, comulgar para obtenerlo por medio del Santo Sacramento. Pues si te abstienes de comulgar porque no tienes fervor sensible, imitarás, como dice Gerson, la locura de los que, cuando tienen frío, se niegan a acercarse al fuego porque no sienten calor. Según San Lorenzo Justiniano, este Sacramento produce a veces su efecto, aunque no lo percibamos. San Buenaventura dice: "Aunque te sientas tibio, acércate con confianza; pues cuanto mayor es tu enfermedad, más necesidad tienes de un médico." No te desanimes de comulgar con frecuencia porque experimentes más devoción cuando comulgas pocas veces que cuando lo haces a menudo. El que come pocas veces, come con gran afán, pero con menos provecho; y, si comulgas pocas veces, tal vez sientas un poco más de fervor sensible, pero también recibirás menos fruto; porque tu alma deseará el alimento que da fuerza para evitar los pecados y las imperfecciones. No busques, pues, la devoción sensible en tus Comuniones. Comunícate sólo con el fin de unir más estrechamente tu alma a Dios, y ten por seguro que, cuantas veces te comuniques con este fin, tus Comuniones producirán grandes frutos.

Meditación vespertina

LA PRÁCTICA DEL AMOR A JESUCRISTO

VII.-MEDIOS PARA EVITAR LA TIBIEZA Y ALCANZAR LA PERFECCIÓN
I.

El tercer medio para hacerse santo es la oración mental. Juan Gerson escribe: "Quien no medita en las verdades eternas no puede, sin un milagro, llevar la vida de un cristiano. La razón es, porque sin la oración mental la luz nos falla, y caminamos en la oscuridad. Las verdades de la fe no se ven con los ojos del cuerpo, sino con los ojos de la mente, cuando meditamos; el que no medita en ellas, no las ve, y por eso anda en tinieblas; y estando en tinieblas, se apega fácilmente a las cosas sensibles, por cuya causa llega luego a despreciar las eternas." Santa Teresa escribía así al obispo de Osma: "Aunque parezca que no descubrimos en nosotros ninguna imperfección; sin embargo, cuando Dios abre los ojos del alma, lo que suele hacer en la oración, entonces aparecen claramente." Y San Bernardo había dicho antes que quien no medita "no se aborrece a sí mismo, sencillamente porque no se conoce." "La oración -dice el Santo- regula los afectos y dirige las acciones"; mantiene en orden los afectos del alma, y dirige a Dios todas nuestras acciones; pero sin oración los afectos se apegan a la tierra, las acciones se conforman a los afectos, y de este modo todo corre al desorden.

II.

En la vida de la Venerable Sor María Crucificada de Sicilia leemos un ejemplo terrible de esto. Mientras esta sierva de Dios oraba, oyó a un demonio que se jactaba de haber conseguido retirar a una religiosa de la oración comunitaria; y vio en espíritu que, después de esta omisión, el demonio la tentaba a consentir en un pecado grave, y que estaba a punto de ceder. Inmediatamente la abordó, y con una oportuna amonestación evitó que cayera. Santa Teresa decía que "quien deja la oración" se convierte muy pronto en una bestia bruta o en un demonio".

Oh Jesús, Amor mío, me arrepiento de mi tibieza, estoy decidida a amarte todo lo que pueda, y deseo llegar a ser santa; y deseo llegar a ser santa por esta razón, para darte placer, y para amarte sobremanera en esta vida y en la otra. Yo no puedo hacer nada por mí mismo, pero Tú puedes hacer todas las cosas; y sé que Tú deseas que me convierta en santo. Veo ya por tu gracia que mi alma sólo suspira por Ti y no busca otra cosa que a Ti. No deseo vivir más para mí mismo; Tú deseas que sea enteramente Tuyo, y yo deseo ser enteramente Tuyo. Ven y úneme a Ti y a Ti conmigo. Tú eres la Bondad Infinita; Tú eres Aquel que me ha amado tanto; Tú eres, en verdad, demasiado amoroso y demasiado encantador; ¿cómo, entonces, puedo amar nada más que a Ti? Prefiero Tu amor a todas las cosas de este mundo; Tú eres el único objeto, el único fin de todos mis afectos. Dejo todo para ocuparme únicamente en amarte a Ti, mi Redentor, mi Consolador, mi Esperanza, mi Amor y mi Todo.

VIERNES DE LA OCTAVA DE LA ASCENSIÓN

Meditación de la mañana

EL AMOR DIVINO UN LAZO SAGRADO QUE UNE EL ALMA A DIOS

Como el Espíritu Santo es el vínculo indisoluble que une al Padre y al Verbo Eterno, así también es el vínculo que une nuestras almas y Dios. ¡Oh Amor, Tu vínculo es tan fuerte que es capaz de atar incluso a Dios y unirlo a nuestras almas!

I.

Así como el Espíritu Santo, que es Amor increado, es el vínculo indisoluble que une al Padre y al Verbo Eterno, así también une el alma con Dios: "La caridad es una virtud", dice San Agustín, "que nos une con Dios". De ahí que San Lorenzo Justiniano con gran alegría exclame: "¡Oh amor, qué fuerte es tu vínculo, que es capaz de unir a Dios!". Los lazos del mundo son lazos de muerte, pero los lazos de Dios son lazos de vida y de salvación: Sus lazos son un lazo saludable- (Eclesiástico vi. 31), porque los lazos de Dios, por medio del amor, nos unen con Dios, que es nuestra verdadera y única vida.

Antes de la venida de Jesucristo, los hombres se apartaban de Dios y, apegados a la tierra, se negaban a unirse a su Creador; pero nuestro amoroso Señor nos ha atraído hacia Él mediante los lazos del amor, como predijo el profeta Oseas: Los atraeré con las cuerdas de Adán, con los lazos del amor- (Osee xi. 4). Estos lazos son Sus beneficios, Sus luces, Sus llamadas a amarle, y Sus promesas del Cielo; pero, sobre todo, son los dones que Jesucristo nos ha concedido al darnos a Sí mismo en el Sacrificio de la Cruz, y en el Sacramento del Altar, y finalmente al enviar sobre nosotros el Espíritu Santo.

Mi querido Jesús, Tú has hecho demasiado para obligarme a amarte, has pagado demasiado caro para comprar mi amor; demasiado ingrato, por lo tanto, sería yo si Te amara poco, o dividiera mi corazón entre Ti y las criaturas, después de haber derramado Tu Sangre y entregado Tu vida por mí. Deseo desprenderme de todo lo demás, para entregarte todo mi afecto. Pero soy demasiado débil para realizar este deseo; Tú, que me lo inspiras, dame fuerza para realizarlo.

II.

El profeta Isaías exclama: Suelta las cadenas de tu cuello, cautiva hija de Sión- (lii. 2). Oh alma mía, tú que has sido creada para el Cielo, desata de tu cuello las ataduras de la tierra y únete a Dios con los lazos del amor. Ten caridad, que es el vínculo de la perfección- (Colosenses iii. 14). El amor es un vínculo que une consigo todas las demás virtudes y perfecciona el alma. "Ama", dice San Agustín, "y haz lo que quieras". Sí, ama a Dios y haz lo que quieras, porque quien ama a Dios, evita cuidadosamente dar alguna ofensa a su Amado, y procura en todo agradarle.

Oh Jesús mío, traspasa mi pobre corazón con el dulce dardo de Tu amor, para que siempre languidezca con el deseo de Ti, y me disuelva con el amor de Ti. Que siempre te busque sólo a Ti, te desee sólo a Ti y te encuentre sólo a Ti. Oh Jesús, sólo Te deseo a Ti. Concédeme repetir siempre durante la vida, y especialmente en la hora de mi muerte: Te deseo sólo a Ti. Oh María, Madre mía, ruega para que, de ahora en adelante, nunca desee otra cosa que a Dios.

Lectura espiritual

COMULGAR CON FRECUENCIA

Dices de nuevo Me abstengo de comulgar para escapar a la censura de los demás que ven mis imperfecciones y me reprenden por comulgar tan frecuentemente. A este pretexto respondo: Si comulgas con el consejo de tu director, y por un motivo de avanzar en el amor divino o de corregir tus defectos, no te turben las quejas o censuras de los demás. Según el Beato Juan de Ávila, los que censuran a otros por comulgar con frecuencia desempeñan el oficio del demonio. ¿Harás, pues, caso de sus observaciones? Escucha las palabras de San Francisco de Sales: "Si te preguntan por qué comulgas tan a menudo, diles que hay dos clases de personas que deben comulgar con frecuencia: los perfectos, para conservar la perfección, y los imperfectos, para alcanzar la perfección; los fuertes, para no debilitarse, y los débiles, para fortalecerse; los enfermos, para curarse, y los sanos, para prevenir la enfermedad. Y en cuanto a ti, diles que, por ser imperfecto, débil y enfermo, necesitas comulgar con frecuencia. Diles que todos los que están libres de ocupaciones mundanas porque tienen la oportunidad, y todos los que están ocupados en ellas, porque tienen necesidad de la Comunión, deben comulgar con frecuencia." Para concluir, dice: "Filotea, comulga a menudo, y lo más a menudo posible, con el consejo de tu Padre espiritual; y créeme que, como las liebres de nuestros montes se vuelven blancas porque sólo se alimentan de nieve, así, comiendo la pureza misma en este Sacramento te volverás toda pura." A Santa Francisca de Roma, cuando iba a comulgar, le dijo el demonio: "¿Cómo puedes tú, que estás tan llena de pecados veniales, atreverte a recibir al Cordero Inmaculado?". Percibiendo que el enemigo quería privarla de la Comunión, ella lo desterró escupiéndole en la cara. Inmediatamente se le apareció la Santísima Virgen y, después de alabar su conducta, le dijo que nuestros defectos, en vez de ser un obstáculo, debían ser un estímulo para comulgar, ya que en la Comunión encontramos el remedio de todas nuestras miserias.

Quizá diréis: No tengo tiempo para prepararme como es debido a la Santa Comunión. Respondo: si tu tiempo lo empleas en ocupaciones o discursos inútiles, entonces tu excusa es frívola. Pero si te ocupas en cumplir los deberes de tu oficio, o de la obediencia, ten por seguro que el cumplimiento de estos deberes, con miras a agradar a Dios, será una excelente preparación para la Comunión. Santa María Magdalena de Pazzi estaba una vez ocupada en hacer pan, cuando sonó la campana para la Comunión; obedeció instantáneamente a la llamada, y en un éxtasis recibió el Santo Sacramento. De ahí que acostumbrara a decir a sus Hermanas: "Ofreced a Dios todas vuestras acciones como preparación para la Comunión, hacedlas con intención de agradarle, y comulgad". Siempre que la falta de tiempo se deba a que estáis ocupadas en el cumplimiento de vuestros deberes, en el cuidado de los enfermos o en la realización de cualquier obra de caridad inaplazable, no os abstengáis nunca de comulgar por no tener tiempo suficiente para la preparación. Pero procura evitar en lo posible todas las conversaciones y diversiones innecesarias, y cuando preveas que por la mañana no tendrás tiempo de prepararte para la Comunión, procura la víspera hacer alguna preparación, leyendo un libro de piedad y haciendo los actos que deben hacerse por la mañana; o levántate un poco antes de la hora acostumbrada y emplea el tiempo de que dispongas en prepararte para el Santísimo Sacramento. ¡Oh, qué grandes y continuos progresos hacen en el amor divino los que, con vivo deseo, frecuentan la sagrada Comunión! ¡Cuán maravillosamente los atrae el Señor a su amor! Santa María Magdalena de Pazzi vio una vez un alma que sufría en el Purgatorio por haber omitido por descuido una Comunión. Y leemos en su Vida que varias veces rompió a llorar porque una Hermana de su Comunidad se abstuvo de la Comunión por negligencia. Tened por seguro que de todas vuestras devociones no hay ninguna más querida a Jesucristo que vuestras Comuniones. Porque toda perfección consiste en una perfecta unión con Dios; y la Sagrada Comunión es la acción que une más estrechamente el alma a Jesús, y por consiguiente no podéis hacer nada más agradable a sus ojos. De ahí que la misma Santa María Magdalena de Pazzi solía decir: "Antes moriría que omitir una Comunión permitida por la obediencia".

Meditación vespertina
LA PRÁCTICA DEL AMOR A JESUCRISTO
VIII.-LOS MEDIOS PARA EVITAR LA TIBIEZA Y ALCANZAR LA PERFECCIÓN

El que deja la oración, dejará de amar a Jesucristo. La oración es el horno bendito donde se enciende y se mantiene vivo el fuego del santo amor: Y en mi meditación arderá un fuego- (Salmo xxxviii. 4). Decía Santa Catalina de Bolonia: "Quien renuncia a la práctica de la oración rompe la cadena que une el alma a Dios". De donde se sigue que el demonio, encontrando al alma fría en el amor divino, tendrá poca dificultad en inducirla a participar de algún que otro fruto venenoso, Santa Teresa decía, por el contrario: "El que perseverare en la oración, tenga por cierto, que con cuantos pecados le rodeare el demonio, acabará el Señor por llevarle al remanso de la salvación". En otro lugar dice el Santo: "Quien no se detiene en el camino de la oración, llega tarde o temprano". Y en otro lugar escribe que por eso el demonio se afana tanto en apartar a las almas de la oración, porque bien sabe que ha dejado de ganar a los que perseveran fielmente en la oración.

¡Oh, cuán grandes son los beneficios que se derivan de la oración! En la oración concebimos pensamientos santos, practicamos afectos devotos, excitamos grandes deseos y formamos resoluciones eficaces de entregarnos enteramente a Dios; y así el alma es inducida por Él a sacrificar los placeres terrenales y todos los apetitos desordenados. Decía San Luis Gonzaga: "Nunca habrá mucha perfección sin mucha oración". El que anhela la perfección, fíjese bien en este notable dicho del Santo.

II.

No se debe ir a la oración para gustar la dulzura del amor divino; quien reza por tal motivo perderá el tiempo, o al menos sacará poco provecho de ello. Se debe ir a la oración únicamente para agradar a Dios, es decir, únicamente para saber cuál es la voluntad de Dios respecto a él y para pedirle ayuda para ponerla en práctica. El Venerable Padre Antonio Torres decía: "Llevar la cruz sin consuelo hace que las almas vuelen a la perfección. La oración sin consuelos sensibles confiere mayor fruto al alma. Pero lastimosa es la pobre alma que deja la oración por no hallar en ella gusto." Santa Teresa decía:

"Cuando un alma deja la oración, es como si se arrojase al infierno sin necesidad de diablos".

SÁBADO - VIGILIA DE PENTECOSTÉS

Meditación de la mañana
EL AMOR DIVINO ES UN TESORO QUE CONTIENE TODO BIEN
"Infinitus thesaurus hominibus".
El amor divino es ese tesoro por cuya compra, dice el Evangelio, debemos dejarlo todo; porque este amor nos hace partícipes de la amistad de Dios. Un tesoro infinito que los que lo usan se convierten en amigos de Dios.

I.

El amor divino es ese Tesoro, por cuya compra, como dice el Evangelio, el hombre debe dejarlo todo, pues este amor nos hace partícipes de la amistad de Dios: Un tesoro infinito para los hombres, que los que lo usan se convierten en amigos de Dios (Sabiduría vii. 14). "Oh hombres", dice San Agustín, "¿adónde vais en busca de cosas buenas? Buscad el único Bien en Quien están todas las cosas buenas". Pero no podemos encontrar el único Bien -a saber, Dios- si no renunciamos a las cosas de la tierra. Santa Teresa escribe: "Desprende tu corazón de las criaturas, y hallarás a Dios". Quien encuentra a Dios, encuentra todo lo que puede desear. Deléitate en el Señor, y él te concederá el deseo de tu corazón (Salmo xxxvi. 4). El corazón humano busca continuamente los bienes que pueden hacerle feliz, pero si los busca en las criaturas, por mucho que adquiera, nunca quedará satisfecho de ellos; pero si busca sólo a Dios, Dios satisfará todos sus deseos. ¿Quiénes, sino los santos, son más felices en este mundo? ¿Por qué? Porque sólo desean y buscan a Dios. Cierto príncipe, que iba a la caza, vio a un solitario que corría velozmente por el bosque, y le preguntó qué buscaba en aquel lugar desierto. El solitario respondió: "Y tú, oh príncipe, ¿qué buscas?". El príncipe: "Voy en busca de fieras". "Y yo", dijo el ermitaño, "voy en busca de Dios". Dios mío, hasta ahora nc te he buscado a Ti, sino a mí mismo y a mis propias gratificaciones, y por ellas te he vuelto la espalda, mi soberano Bien. Pero me consuelan las palabras de Jeremías: El Señor es bueno con el alma que lo busca-(Lamentaciones iii. 25). Estas palabras me aseguran que Tú, mi Dios, eres todo bondad para el que Te busca.

II.

El tirano ofreció a San Clemente oro y piedras preciosas si renunciaba a Jesucristo; ante lo cual el Santo exclamó con un profundo suspiro: "¡Ay, Dios se pone en competencia con un poco de fango!". ¡Feliz aquel que conoce el valor del tesoro del amor divino y busca obtenerlo! Quien lo obtenga se despojará de todo lo demás, para poseer sólo a Dios. "Cuando la casa está en llamas", dice San Francisco de Sales, "todos los bienes son arrojados por las ventanas". Y el Padre Pablo Segneri el Joven, un gran siervo de Dios, solía decir que el amor era un ladrón que nos robaba todos los afectos mundanos, para que podamos decir con toda verdad: "¿Qué deseo sino a Ti solo, Dios mío?".

Mi amado Salvador, conozco el mal que he cometido al abandonarte, y me arrepiento de todo corazón. Sé que Tú lo eres todo, Tesoro infinito. No abusaré de la luz. Abandono todas las cosas y Te elijo como mi único Amor. Mi Dios, mi Amor, mi Todo, Te amo, Te deseo, suspiro por Ti. Ven, oh Espíritu Santo, y destruye en mí con tu fuego sagrado todo afecto que no tenga a Ti por objeto. Haz que sea todo Tuyo y que conquiste todo para agradarte. Oh María, mi abogada y mi Madre, ayúdame con tus oraciones.

Lectura espiritual

PREPARACIÓN PARA LA SANTA COMUNIÓN

San Francisco de Sales dice, que nuestro Salvador nunca puede ser visto más amable y más tierno, en todo lo que Él ha hecho por nosotros, que en la Santa Comunión, en la cual Él, por así decirlo, se aniquila a Sí mismo y se convierte en Alimento, para poder unirse a los corazones y cuerpos de Sus fieles. Por eso decía también el docto Gerson que no había medio más eficaz que la Sagrada Comunión para encender en nuestras almas la devoción y el santo amor de Dios.

Y, en efecto, si hablamos de hacer algo agradable a Dios, ¿qué puede hacer un alma más agradable a Él que comulgar? San Dionisio nos enseña que el amor tiende siempre a la unión perfecta; pero ¿cómo puede un alma estar más perfectamente unida a Jesús que de la manera de que Él mismo habla, diciendo: El que come mi carne y bebe mi sangre permanece en mí y yo en él (Jo. vi. 57). San Agustín dice, que si cada día recibes este Sacramento, Jesús estará siempre contigo, y avanzarás siempre en el amor divino.

Además, si se trata de curar nuestras enfermedades espirituales, ¿qué remedio más seguro podemos tener que la Sagrada Comunión, que es llamada por el sagrado Concilio de Trento "un remedio por el cual podemos ser liberados de las faltas diarias y ser preservados de los pecados mortales."

¿De dónde viene, pregunta el Cardenal Bona, que en tantas almas veamos tan poco fruto de la Comunión frecuente, y que recaigan constantemente en las mismas faltas? Responde: "La culpa no está en el Alimento, sino en la disposición de quien lo recibe". ¿Puede un hombre, dice Salomón, esconder fuego en su seno, y no arder su ropa? (Proverbios vi. 27). Dios es fuego consumidor. Él mismo viene en la Sagrada Comunión para encender este fuego divino; ¿cómo es, entonces, dice Guillermo de París, que vemos un milagro tan diabólico como que las almas permanezcan frías en el amor divino en medio de tales llamas?

Todo proviene de la falta de disposiciones adecuadas, y especialmente de la falta de preparación. El fuego inflama inmediatamente la madera seca, pero no la verde, pues esta última no es apta para arder. Los Santos sacaban gran provecho de sus Comuniones porque se preparaban con mucho cuidado. San Luis Gonzaga dedicaba tres días a su preparación para la Sagrada Comunión, y tres días los pasaba en acción de gracias a su Señor.

Para prepararse bien a la sagrada Comunión, un alma debe estar dispuesta en dos puntos principales: debe estar desprendida de las criaturas y tener un gran deseo de avanzar en el amor divino.

En primer lugar, el alma debe desprenderse de todas las cosas y alejar de su corazón todo lo que no sea Dios. El que está lavado, dice Jesús, no necesita sino lavarse los pies, sino que está completamente limpio (Juan xiii. 10). Lo cual significa, como lo explica San Bernardo, que para recibir este Sacramento con gran fruto, no sólo debemos estar limpios de pecados mortales, sino que también nuestros pies deben estar lavados, es decir, debemos estar libres de todos los afectos terrenales; porque, al estar en contacto con la tierra, excitan una especie de repugnancia en Dios, y ensuciando el alma, impiden los efectos de la Santa Comunión.

Santa Gertrudis preguntó a Nuestro Señor qué preparativos le pedía para la sagrada Comunión; y Él le respondió: "Sólo te pido que vengas vacía de ti misma, para recibirme".

En segundo lugar es necesario, en la Sagrada Comunión, tener un gran deseo de recibir a Jesucristo y su santo amor. En este sagrado Banquete, dice Gerson, sólo los hambrientos reciben su saciedad; y ya la Santísima Virgen María había dicho lo mismo:

A los hambrientos colmó de bienes -(Lucas i. 53). Como Jesús, escribe el bienaventurado Padre Ávila, vino a este mundo sólo después de haber sido mucho y largamente deseado, así sólo entra en un alma que lo desea; porque no conviene que se dé tal Alimento a quien lo aborrece. Nuestro Señor dijo un día a Santa Matilde: "Ninguna abeja vuela con tanto ímpetu a las flores, para chupar su miel, como yo vuelo a las almas en la Sagrada Comunión, impulsado por la violencia de mi amor". Siendo, pues, tan grande el deseo de Jesucristo de entrar en nuestras almas, es justo que también nosotros tengamos un gran deseo de recibirle a Él y a su divino amor en la Sagrada Comunión. San Francisco de Sales nos enseña que el objeto principal que un alma debe tener en vista al comulgar debe ser, avanzar en el amor de Dios; ya que El, quien por amor solamente se da a si mismo a nosotros, debe ser recibido por amor.

Meditación vespertina

LA PRÁCTICA DEL AMOR A JESUCRISTO

IX. MEDIOS PARA EVITAR LA TIBIEZA Y ALCANZAR LA PERFECCIÓN

I.

De la práctica de la oración resulta que la persona piensa constantemente en Dios. "El verdadero amante -dice Santa Teresa- tiene siempre presente al amado. Y de aquí resulta que las personas de oración hablan siempre de Dios, sabiendo, como saben, cuán grato es a Dios que sus amantes se deleiten en conversar de Él, y del amor que les tiene, y que así se esfuercen en encenderlo en los demás." El mismo Santo escribió: "Jesucristo está siempre presente en las conversaciones de los siervos de Dios, y se complace mucho en ser objeto de sus delicias."

La oración, además, crea ese deseo de retirarse a la soledad, para conversar a solas con Dios, y para mantener el recogimiento interior en el cumplimiento de los deberes externos necesarios; digo necesarios, como la administración de la propia familia, o del cumplimiento de los deberes que nos exige la obediencia; porque el hombre de oración debe amar la soledad, y evitar disiparse en asuntos superfluos e inútiles, pues de lo contrario perderá el espíritu de recogimiento, que es un gran medio de conservar la unión con Dios: Mi hermana, mi esposa, es un jardín cerrado -(Cánticos iv. 12).

II.

El alma desposada con Jesucristo debe ser un jardín cerrado a todas las criaturas, y no debe admitir en su corazón otros pensamientos, ni otros negocios, sino los de Dios o para Dios. Los corazones abiertos nunca llegan a ser santos. Los santos, que tienen que trabajar para ganar almas para Dios, no pierden el recogimiento en medio de todos sus trabajos, ya sea de predicación, de confesión, de reconciliación de los enemigos o de asistencia a los enfermos. La misma regla vale para los que tienen que aplicarse al estudio. Cuántos, por exceso de estudio y deseo de llegar a ser doctos, no llegan a ser ni santos ni doctos, porque la verdadera ciencia consiste en la ciencia de los santos, es decir, en saber amar a Jesucristo; mientras que, por el contrario, el amor divino trae consigo el conocimiento y todo bien: Todos los bienes me vienen juntamente con ella- (Sabiduría vii. 11), es decir, con la santa caridad. San Juan Berchmans tenía un amor extraordinario por el estudio, pero por su gran virtud nunca permitió que el estudio interfiriera con sus intereses espirituales. El Apóstol nos exhorta: No ser más sabios de lo que conviene ser sabios, sino ser sabios en la sobriedad- (Romanos xii. 8), Un sacerdote especialmente debe tener conocimiento; debe saber cosas, porque tiene que instruir a otros en la Ley Divina: Porque los labios del sacerdote guardarán conocimiento, y buscarán la ley en su boca- (Malachi ii. 7). Debe tener conocimiento, pero hasta la sobriedad. El que deja la oración por el estudio demuestra que en su estudio se busca a sí mismo y no a Dios. El que busca a Dios deja el estudio (si no es absolutamente necesario) para no omitir la oración.